集人文社科之思 刊专业学术之声

集 刊 名：知识产权与市场竞争研究
主办单位：武汉大学知识产权与竞争法研究所
　　　　　湖北省法学会竞争法学研究会
主　　编：宁立志

JOURNAL OF INTELLECTUAL PROPERTY AND MARKET COMPETITION No.6

学术顾问（以姓氏笔画为序）

王　健　王先林　王艳林　王晓晔
孔祥俊　李友根　吴汉东　时建中
林　平　易继明　郑友德　郑鹏程
徐士英　黄　勇　谢晓尧　漆多俊

编　　委（以姓氏笔画为序）

王德夫　邓社民　宁立志　刘　华
刘旭霞　孙　晋　李　强　范长军
周　围　秦天宝　聂建强　彭学龙

本辑执行主编

周　围

第6辑

集刊序列号：PIJ-2018-340
中国集刊网：www.jikan.com.cn
集刊投约稿平台：www.iedol.cn

JOURNAL OF
INTELLECTUAL PROPERTY AND
MARKET COMPETITION

No.6

知识产权与市场竞争研究

宁立志 ● 主编

第 6 辑

社会科学文献出版社
SOCIAL SCIENCES ACADEMIC PRESS (CHINA)

卷首语

在学界各位同仁的鼓励与支持下,《知识产权与市场竞争研究》已经顺利出版了五辑。本书作为第六辑,仍聚焦于知识产权法和竞争法领域的理论探讨及实务研究,考虑选题性质、收稿时间等因素,精选出了 12 篇文章,分别收录于"改革开放与市场规制法学"专题、"理论聚焦"、"学术专论"以及"判解/实务研究"四个栏目中。

"改革开放与市场规制法学"专题栏目共收录了 2 篇文章,分别聚焦我国改革开放 40 多年以来知识产权法与反不正当竞争法的实践或理论成就与未来展望。宁立志教授和王宇博士的长文《中国知识产权法治四十年:回顾与展望》将改革开放 40 多年中国知识产权法治的点滴成果进行了整合与提炼,对法律制度、行政管理、行政执法、"民法典"对知识产权的制度安排等热点问题进行了回应。同时,文章还结合时代背景对新型知识产品的法律问题以及创新驱动发展等国家战略的实施情况进行了梳理和分析。而周围和文静的《中国反不正当竞争法的演进、发展与展望》则从历史演进、研究热点与未来展望三个角度对中国反不正当竞争法的学术研究成果进行了梳理。中国《反不正当竞争法》诞生和发展中的波折是改革开放 40 多年最好的注脚,对中国《反不正当竞争法》研究成果的梳理和分析有助于总结既有研究的历史贡献和发展趋势,为在全面推进依法治国的战略机遇期实现《反不正当竞争法》的进步和完善指明方向。

"理论聚焦"栏目共收录了 3 篇文章,以期聚焦前沿法律问题,深剖背后法学理论。本栏目的第一篇文章是杜颖教授和魏婷的《互联网不正当竞争行为中的商业道德认定问题研究》,该文深入探讨了互联网技术大背景下,由于网络新兴技术的专业性、前沿性与特殊性,商业道德的认定标准和思路，需要遵循特定的逻辑，对诚实信用原则、行业自律管理、司法创设细则进行考量。苏成子的《〈反不正当竞争法〉"互联网专条"兜底条款的构成要件研究》针对《反不正当竞争法》第 12 条第 2 款第 4 项的构成要件进行了细致分析，厘清了技术竞争、竞争机制和法律介入之间的逻辑关系。文章还强调，在网络空间里，竞争机制是否被扭曲需要回溯到该竞争所处的网络空间的架构之中进行讨论。段宏磊副教授与邱隽思博士的《〈反垄断法〉中农业适用除外条款的审视与修正》则聚焦《反垄断法》的农业适用除外条款，通过比较域外农业适用除外制度的立法模式指出了我国相关规定在发挥农业产业政策功能和规制农业经销环节限制竞争行为方面的缺陷。文章结合当前《反垄断法》修订的时代背景从主体和行为等角度探讨了农业适用除外条款的修正路径。

"学术专论"栏目共收录了 5 篇文章，分别针对大数据时代的市场竞争风险、公平竞争审查制度的例外规定、用户生成内容的著作权保护、人工智能生成物著作权归属以及遗传资源数字序列信息的保护等问题进行了富有见地的探索。王德夫博士在《论大数据时代的市场竞争风险和法律应对》中强调，数据信息正在成为市场竞争的主要因素，甚至成为市场基础设施，并使得基于数据信息的不正当竞争行为和垄断行为具有更强的隐蔽性与复杂性。这需要在有关法律制度继续发展、完善的同时，为相关产业的发展留下足够的空间，也要应对潜在的数据信息滥用带来的风险。张楚璇在《我国声音商标显著性的判断标准探究》中围绕声音商标这种新型商标种类的注册及使用中的显著性问题进行了分析，通过对传统"分级法"的适应性改造以满足对声音商标设计或申请注册的需要。关梦颖在《用户生成内容的著作权保护模式浅析》中尝试着建立涉及版权过滤系统、知识共享、版权追踪机制、平台责任、集体管理模式等的用户生成内容保护模式，以应对用户生成内容对传统著作权法的冲击。陈曦的《激励理论视野下的人工智能生成物著作权归属研究》则从激励理论出发，否定了人工智能的"社会人"属性，指明其无法成为权利主体。对于人工智能生成物的著作权归属，作者认为应根据版权体系国家的独创性标准来判断，在构成作品的情况下以激励理论为进路进行判断。刘庆博士的《遗传资源数字序列信息的法律保护研究》分别从数字序列信息的使用类型和程度、对粮食安全的影响和数字序列信息在粮农遗传资源利用中的角色三个方面探讨了遗传资源数字序列信息的保护问题。

"判解/实务研究"栏目共收录了2篇文章。黄晋副研究员聚焦"飞书"与"微信"的封禁事件，从平台动态竞争、合同自由原则、平台经营者发展自治等角度对平台经营者之间的竞争纠纷进行了细致分析，并强调适用法律理论应与经济社会发展实践相一致。司法和反垄断执法机构对互联网新兴领域的监管有必要保持相对谨慎的态度，对搭便车等不正当竞争行为应保持零容忍态度，以维护市场的公平竞争和保护消费者的利益。张广亚所译的 Claus Cammerer 的《中国〈反不正当竞争法〉的修订》一文则从域外学者的专业角度介评了我国 2017 年修订《反不正当竞争法》的相关内容、修法亮点以及可进一步完善之处，呈现的是域外业界对中国立法实践全面又不无侧重的关切。

《知识产权与市场竞争研究》的出版离不开各位作者以及出版社工作人员的热情支持和无私奉献，希望在新冠肺炎疫情期间艰难诞生的第六辑能够真正起到凝聚学术共识、研拟法治策略的作用，为推动中国知识产权法与竞争法理论与实务研究的不断深入和发展略效绵力。

知识产权与市场竞争研究

第 6 辑
2020 年 11 月出版

"改革开放与市场规制法学" 专题

中国知识产权法治四十年：回顾与展望 …………… 宁立志 王 宇 / 3

中国反不正当竞争法的演进、发展与展望 ………… 周 围 文 静 / 71

理论聚焦

互联网不正当竞争行为中的商业道德认定问题研究
　　……………………………………………… 杜 颖 魏 婷 / 109

《反不正当竞争法》"互联网专条"兜底条款的构成要件研究
　　——以网络空间的架构为切入点 ……………………… 苏成子 / 129

《反垄断法》中农业适用除外条款的审视与修正
　　………………………………………………… 段宏磊 邱隽思 / 149

学术专论

论大数据时代的市场竞争风险和法律应对 ………………… 王德夫 / 163

我国声音商标显著性的判断标准探究 ……………………… 张楚璇 / 185

用户生成内容的著作权保护模式浅析 ……………………… 关梦颖 / 205

激励理论视野下的人工智能生成物著作权归属研究 ……… 陈 曦 / 222

遗传资源数字序列信息的法律保护研究 …………………… 刘 庆 / 238

判解/实务研究

从飞书与微信纠纷看平台竞争问题 ………………………… 黄 晋 / 259

中国《反不正当竞争法》的修订
　　………………………〔德〕克劳斯·卡默勒 著 张广亚 译 / 269

征稿启事 …………………………………………………………… / 284

「改革开放与市场规制法学」专题

中国知识产权法治四十年：回顾与展望

宁立志　王　宇[*]

内容提要：改革开放40多年见证了我国知识产权法律制度从无到有、从被动封闭到主动开放、从单薄到丰富的艰难缔造历程，知识产权行政管理部门的设立、拆分与重组，知识产权行政执法机制的建立与改革，具有中国特色的"双轨制"知识产权保护模式应运而生。知识产权作为私权，是民事财产权利的重要组成部分，适逢"民法典"编纂的契机，"民法典"对知识产权的制度安排，成为知识产权法学界与民法学界热议的焦点。尽管知识产权是私权——这一本质属性不可动摇，但知识产权的垄断性特征以及知识产权创造、运用、保护和管理过程中与公共利益的诸多关联，使公权力的介入必不可少。同时，科技浪潮下，新型知识产品不断出现，人工智能、大数据、3D打印等科技领域的知识产权问题日益突出，对知识产权法律制度的发展和变革提出了新的要求。此外，创新驱动发展战略、"一带一路"倡议以及自由贸易区战略等的实施，也急需知识产权制度的回应。

关键词：知识产权　法律制度　行政执法　司法实践　法治建设

---

[*] 宁立志，法学博士，武汉大学法学院教授、博士生导师，武汉大学知识产权与竞争法研究所所长；王宇，武汉大学知识产权与竞争法研究所博士研究生。

一 对制度的回顾：从艰难缔造到发展壮大
——中国知识产权法治体系的构建与完善

（一）历史视角下的中国知识产权法制构建

新中国成立后很长一段时间内，我国知识产权制度基本处于缺位状态。随着改革开放和市场经济的发展，知识产权保护的社会需求逐步显现，加之西方国家的干预，我国知识产权法制先后经历了从无到有、从被动封闭到主动开放、从单薄到丰富的艰难缔造历程。

1. 从无到有

（1）1982年《中华人民共和国商标法》

若要追溯"商标"的起源，早在1000多年前的北周时期，已有陶器制作者开始在自己制作的陶器上署名。后伴随民间商事活动日益繁盛，为了区别商品来源，商事主体们纷纷以产地或者制作者名称为标识原型，在自己制造的瓷器、金属器皿等商品上刻以不同形状的阴文或者阳文。其中，最为人们熟知的古代商标应属北宋时期的"白兔"，该标识主要由文字和图形要素组成，被济南一家针铺印刻于铜板之上，用作印刷广告的模板。那时的"白兔"实际上已经具备区别来源、广告宣传等商标功能。

尽管我国商事主体对商业标识的使用早于西方国家，但我国商标制度的发展并未一直保持领先。世界上第一部具有近代意义的商标法（《关于以使用原则和不审查原则为内容的制造标记和商标的法律》）于1857年产生于法国，此后在《保护工业产权巴黎公约》和《商标国际注册马德里协定》等条约的影响下，英国、美国、德国、日本等国家于19世纪也都颁布了自己的商标法。而我国直至1902年与英国签订《续议通商行船条约》才首次将商标保护的相关内容成文化。

1904年，在外因作用下，清政府颁布了《商标注册试办章程》。尽管在此之前，如清朝乾隆年间，已实行过布业专用商标制度等，但《商标注册试办章程》是我国历史上第一部以成文法的形式对商标注册等事项进行专门规定的法律法规。这比世界上第一部商标法的产生晚了近五十年。新中国成立后，仅1950年，我国就颁布了11部法律法规，包括政务院颁布的《商标注册暂行条例》。该条例对商标申请、审查、注册等内容进行了规定。1954年，中央工商行政管理局开始对所有未注册商标进行登记，于1957年推出《中央工商行政管理局关于实行商标全面注册的意见》（简称《意见》），该《意见》得到国务院的批准和转发。1963年，我国颁布《商标管理条例》，强调商标行政管理，至此我国正式实行商标强制注册（即商标全面注册）制度。尽管新中国成立后，我国相继制定并颁布了诸多政策和法规，试图推动商标制度的发展，但在当时的计划经济体制下，商标一度被归为"资产阶级法权残余"，受到诸多批评和排斥，商标工作也屡屡遭到否定，商标管理机构甚至面临被撤销的境地。直至改革开放前，我国只有3万多件注册商标，且大部分为外国注册商标或者出口注册商标。[①]

1979年，为贯彻改革开放的政策，中央工商行政管理局成立专门立法小组，耗时三年，1982年全国人大常委会发布《中华人民共和国商标法》（下文简称《商标法》），并同时废止1963年国务院公布的《商标管理条例》。1982年《商标法》不仅是新中国成立后的第一部商标法，同时也是中国知识产权法律制度建设过程中颁布的第一部单行法。尽管在改革开放政策下，市场环境变化巨大，特定历史条件下颁布的《商标法》很快显现出与社会经济发展的不适，仍然不可否认1982年《商标法》对于推动我国知识产权法制建设、知识产权行政管理机构完善以及知识产权专业人才培养具有重大意义。

总体而言，1982年《商标法》主要实现了以下几点突破。第一，确立了"保护商标专用权"为《商标法》立法宗旨。商标权具有垄断属性——

[①] 董葆霖：《商标法律制度在改革开放中与时俱进——中国商标法律制度的回顾与展望》，载杨铁军主编《纪念改革开放30周年暨中国知识产权发展论坛论文集》，知识产权出版社，2009，第38页。

这一外部特征在长期实行计划经济的市场环境中，很难为人们所接受。新中国成立后的很长一段时间内，人们对于"商标是资产阶级法权残余"的观念仍深信不疑。因此，能够将"保护商标专用权"确立为《商标法》的立法宗旨，实为一大突破。第二，终结了"商标强制注册"的时代。自1957年中央工商行政管理局推出《中央工商行政管理局关于实行商标全面注册的意见》以来，我国一直实行"商标全面注册原则"，即不论大中小企业还是个体工商户，不论农业、林业还是交通运输业，只要在商业活动中需要使用商标，一律要求强制注册。直到1982年《商标法》，确立"商标自愿注册原则"，同时保留部分行业仍然适用商标强制注册的例外情况。第三，结束了注册商标无限期保护的时代，确立注册商标有效期为核准注册之日起十年。虽然从理论上而言，商事主体可以通过无限次续展注册商标获得对特定商业标识的永久占用，但实际上商标价值难以永存，商事主体也不可能无限期存续，作为私权客体的商标资源总会由于主动或者被动原因再次流回公共领域，以此保持私有资源和公共资源之间的动态平衡。此外，以十年为节点，给予商事主体再次审视商标价值、权衡维持或者放弃商标利弊的契机，也有助于激励商事主体累积并充分利用注册商标的价值。

（2）1984年《中华人民共和国专利法》

威尼斯是世界上第一个建立专利制度的国家，1474年颁布了第一部具有近代特征的专利法。1624年，英国颁布的《垄断法规》则被认为是具有现代意义的专利法的开端。此后，18世纪到19世纪，伴随工业革命的兴起，美国、法国和德国等西方工业国家陆续颁布了自己的专利法。从世界各国专利制度的产生和发展历程来看，专利制度与科技发展水平总是保持相当的匹配程度。工业革命从物质层面为科技创新提供丰富的基础资源和工具；而专利制度通过为科技创新者带来丰厚的经济回报，进一步激发社会主体的创新活力。在二者相互推动下，西方工业国家的科技水平和专利制度都得到了前所未有的发展。此外，各国还积极推动专利制度的区域化和国际化发展，先后达成《巴黎公约》、《专利合作条约》、《专利国际分类协定》以及《欧洲专利条约》等国际性或区域性公约。

由于历史原因，我国没能搭上工业革命的第一班列车，以至于专利制度的建立明显滞后于西方工业国家。戊戌变法期间，清政府已然意识到科技发展的重要性，并试图通过学习西方专利制度，鼓励发明创造，以挽救清政府岌岌可危的统治。1898 年，光绪帝亲自颁布《振兴工艺给奖章程》，但戊戌变法失败，该专利法规也随之夭折。此后，清政府由于忌惮专利制度可能为国外先进技术提供垄断保护，最终也并未颁布正式的专利法。

新中国成立以后，1950 年，政务院颁布《保障发明权与专利权暂行条例》——新中国第一个关于保护发明和专利的规范性法律文件。《保障发明权与专利权暂行条例》确认了中华人民共和国国民享有自愿决定是否申请发明权或者专利权的权利，明确了专利权和发明权的具体内容。同时，政务院《关于奖励有关生产的发明、技术改进及合理化建议的决定》规定，由政务院财政经济委员会管理全国有关发明、技术改进及合理化建议事宜，并承担有关指导和审查工作。1954 年，政务院《有关生产的发明、技术改进及合理化建议的奖励暂行条例》又对发明奖励标准和发明专利保护期限等内容作了进一步规定。此后，国务院还曾发布《发明奖励条例》，通过发给一定数额奖金的方式，鼓励人们开展发明创造活动，并鼓励发明创造的推广和应用，以促进科技和经济发展。但根据以上行政法规，发明权人或专利权人享有的权利都仅限于申请获得奖励报酬、在发明物上署名等，而发明成果的实施和处理权等一律归国家。

1973 年，时任中国国际贸易促进委员会法律部部长的任建新同志（后曾担任最高人民法院院长）率中国代表团参加世界知识产权组织领导机构会议，[①] 并于会后应邀参观了瑞士知识产权局和法国工业产权局。通过此次会议和参观了解，代表团成员充分意识到专利制度建立的必要性和迫切性。

[①] 中国国际贸易促进委员会（以下简称"贸促会"）并非政府机构，而是一个商会性质的组织，但在当时特殊的历史背景下，我国知识产权管理机构几乎停止了知识产权管理业务。因此，经外贸部报国务院批准，由贸促会以行政管理机关的名义代为行使部分职权。因而，在接到世界知识产权组织发来的照会邀请时，外交部仍然选择由我国当时唯一负责知识产权管理事务的机构——贸促会来处理。参见王正发《中国专利制度的叩门人》，《中国发明与专利》2009 年第 3 期。

1978年，中国派出第一个考察团赴日本进行调查研究，此后还分别走访了法国、南斯拉夫、联邦德国以及欧洲专利局和世界知识产权组织等机构。1979年4月，在高校、科研院所等组织和机构的支持下，我国成立专利法起草小组，正式开始专利法起草工作。同时，国家科委向国务院提出《关于我国建立专利制度的请示报告》（简称《请示报告》），根据赴外考察团的调查研究，结合发达国家的既有经验和最新发展，《请示报告》就我国专利制度应该采用的形式、专利的保护范围以及专利审批办法等专利制度建设方案提出了具体的建议。

1980年，国务院批准建立中国专利局，同意并转发了国家科委《关于我国建立专利制度的请示报告》，要求有关部门尽快制定专利法及相应的规章制度，迅速推开我国专利制度的建设进程。1981年3月，《中华人民共和国专利法（草案）》送国务院审订，国务院下发至各地方和部门征求意见。虽然反对之声不绝于耳，但专利制度的建设进程并未就此停住。经过充分征求意见，1984年3月12日，第六届全国人民代表大会常务委员会第四次会议审议通过了《中华人民共和国专利法》（下文简称《专利法》）。[①]

1984年《专利法》的颁布，标志着我国专利制度正式建立，从此打破了我国科技领域"大锅饭"的状态。根据《发明奖励条例》等法规，发明人虽能获得一定的经济回报，但奖励标准并不高，且科技创新的主力军——企业并不能据此受益，一定程度上抑制了企业的创新活力。1984年《专利法》明确规定，单位和个人可以作为（发明专利、实用新型专利或者外观设计专利的）专利权人，未经权利人许可，其他任何单位和个人不得实施。同时，《专利法》将某些特殊规则和方法排除出专利授权的范围，以更好地平衡个人私利与社会公益。专利制度的建立，于内，为市场主体（尤其是企业）享有科技创新成果提供了法律保障，有利于激发社会创新活力，提升科技发展水平；于外，建立与国际规则相匹配的专利制度，也有

---

① 《国家知识产权局发展大事记》，载田力普主编《历史的抉择 伟大的实践：国家知识产权局成立30周年纪念文集》，知识产权出版社，2009，第743~781页。

利于及时收集和了解国际最新科技发展状况,便于技术情报工作的开展,也为技术引进、吸引国际投资、开展国际贸易和科研合作提供制度支持。

(3) 1990 年《中华人民共和国著作权法》

中国古代有四大发明——造纸术、印刷术、指南针和火药。其中,造纸术和印刷术的发明与应用,极大地方便了文字作品的推广与传播。这一技术条件使著书立说者的权利保护有了现实需求。实际上,我国古代已经出现官方和非官方的"版权"保护措施,例如北宋统治者为《九经》监本提供的特殊保护,[①] 以及宋代书籍中出现的"翻刻必究"等版权保护声明。[②] 但是,如同商标法律制度和专利法律制度的发展命运,我国版权保护法律制度的发展并未与我国浩瀚的古代文明形成呼应。

1709 年,英国颁布世界上第一部版权法——《为鼓励知识创作而授予作者及购买者就其已印刷成册的图书在一定时期内之权利的法》(又称《安娜女王法》),该法的主要成就在于,废除了皇家颁发许可证的制度,直接确认了作者权利和出版者权利。[③] 1789 年法国《人权宣言》更是将著作权上升至人权高度,随后,法国颁布了《表演权法》和《作者权法》,并逐步提高了对作者精神权利的关注。

我国直至清政府统治末期,在西方国家的强大压力下,于 1908 年派代表参加了修订《伯尔尼公约》大会,并于 1910 年仓促颁布了中国历史上第一部成文的著作权法——《大清著作权律》,不论内容还是体例,该法都体现出对西方发达国家现有立法明显的借鉴痕迹。[④] 此后,北洋政府在《大清著作权律》的基础上,进行增删修改,制定颁布了《著作权法》,南京国民政府基本沿用了《著作权法》的体例和内容,于 1928 年重新颁布了《中华民国著作权法》。

---

① 参见郑成思《知识产权论》(第三版),法律出版社,2007,第 9 页。
② 参见冯翠银《中国古代版权保护历史演进》,《图书馆建设》2003 年第 3 期。
③ 参见郑成思《谈谈英国版权法》,《法学研究》1982 年第 1 期。
④ 参见杨明《制度与文本〈大清著作权律〉的历史审视》,《华中科技大学学报》(社会科学版)2013 年第 5 期。

新中国成立后，1979 年，国家版权局关于制定版权法的报告获得国务院批准，据此，国家版权局成立专门小组开始了版权法的起草工作。同时，国家版权局专门派研究小组赴国外考察，并接待来自美国、日本等国的政府代表团和知识产权企业代表以及国际知识产权组织的专家，以培训班、座谈会等形式进行版权立法和法治经验的交流。经过近十年的历程，1990 年 9 月 7 日，第七届全国人民代表大会常务委员会第十五次会议通过《中华人民共和国著作权法》（下文简称《著作权法》）。

1990 年《著作权法》作为继 1982 年《商标法》和 1984 年《专利法》之后，颁布的第三部知识产权单行法，标志着我国知识产权法律体系核心框架搭建完成。然而，面临相同的国际压力和市场环境，《著作权法》比《商标法》的颁布时间晚近十年，并非由于我国当时没有版权保护的社会需求。实际上，早在《著作权法》颁布以前，文化部就曾颁布《图书、期刊版权保护试行条例》《书籍稿酬试行规定》《关于颁发〈图书、期刊版权保护试行条例实施细则〉和〈图书约稿合同〉、〈图书出版合同〉的通知》以及《美术出版物稿酬试行办法》等规章，广播电影电视部曾颁布《录音录像出版物版权保护暂行条例》。相关行政法规、规章以及政策的并行保护，为我国 1990 年《著作权法》的制定赢得了更多时间和空间。

随着《著作权法》正式颁布，各类作品被纳入统一的法律保护体系之下，形成著作权与邻接权二元保护体系，明确了著作权兼具财产权利和人身权利的二元属性，并依据不同作品类型，设置了相应的保护范围和保护方式。此外，《著作权法》还通过权利限制规则的设置，平衡个人私利与社会公益。

1982 年《商标法》、1984 年《专利法》和 1990 年《著作权法》相继颁布，我国知识产权法律体系框架渐成，知识产权行政管理机构也相继完善。总体而言，以上知识产权单行法主要呈现三大特征。其一，知识产权单行法的制定和颁布是内因和外力共同推动的结果，且外力干扰因素明显。长期闭关锁国，导致我国的科技水平和法制完善程度与西方国家之间的差距十分明显。经过工业革命的西方强国，掌握着先进的技术和设备，与之相应的法律制度也相对完备，尤其是保护工业活动中智力创造成果的知识产权法。西方强国试图打开中国市场，而我国希望通过贸易与合作，学习西方先进技术和经验，但是知识产权制度的缺失使得各方目的难以达成。其二，新中国成立不久，清除资本主义残余仍然是政治活动的重要内容。商标、专利等工业活动中的智力成果往往被人们视为"资产阶级法权残余"，商标权、专利权和著作权本身的垄断属性看似也与人们追求共产主义的基本理念相冲突。因此，1982年《商标法》、1984年《专利法》和1990年《著作权法》的诞生实际上在内部都受到了不同程度的反对和阻碍，最终颁布的法律文本，也是在一定程度的妥协后得出的折中方案。其三，以上三部知识产权单行法均颁布于改革开放初期，市场经济结构面临转型，市场竞争环境发生巨大变化，加之上文述及的历史背景，很快，法律文本与社会现实显现出不适。

2. 从被动到主动

（1）仓促的封闭式立法

从世界各国知识产权法律制度的产生和发展历程来看，通常的逻辑顺序是：科技发展催生智力成果—知识产权保护需求显现—知识产权法律制度应运而生。科学技术对经济发展的影响日益增强，各国逐渐将视角从物质资源的占有转向知识产品的累积。我国由于历史原因，并未赶上西方第一波工业革命浪潮，加之对抗侵略、国内战争，长达一百多年的战乱严重阻碍了科技发展。

正是由于知识产权于资本累积的重要性日益凸显，西方强国也并不满足对我国物质资源的抢占。早在清政府统治时期，被迫与帝国主义签订的不平等条约中已经出现催促清政府制定知识产权法的条款。在强大的外力作用下，清政府只得"拼拼凑凑"，仓促颁布《大清著作权律》《商标注册试办章程》等多部知识产权法律。这些法律的体例和内容主要来源于西方发达国家的立法，不仅与清政府当时的社会经济发展水平不适，甚至直接被西方国家用作在华洋商掠夺利益的工具。虽然大部分法律文件由于各种原因并未得到真正实施，但这无疑拉开了西方国家干预我国内部立法的序幕。

面对与西方国家之间的巨大差距，集内部和外部力量发展科学和经济，成为新中国成立后的首要任务之一。然而，从内部视角——鼓励市场主体从事科学研究看，需要知识产权制度的激励和保障；从外部视角——引进西方国家先进的技术和方法看，需要以建立与国际水平接轨的知识产权制度为前提。在内部动因和外部力量的共同推动下，我国开始了艰难的知识产权法制建设。

一方面，西方国家迫切希望打开中国市场，利用其先进的产品和技术进行新一轮的"财富掠夺"；另一方面，中国知识产权制度缺失，可能导致知识产品被无偿使用、无端流失。因此，西方国家试图从各方施压，迫使我国加紧制定与国际水平接轨的知识产权保护制度。1979年，中美达成《中华人民共和国与美利坚合众国贸易关系协定》，要求贸易关系中的缔约双方给予对方相适应的知识产权保护。1991年，美国对中国发起"特殊301调查"，随后中美展开知识产权保护相关问题的谈判，先后达成并签署多个知识产权保护协议。尽管1978年中国与欧共体已经签订贸易协定，但其后，欧共体仍然要求，中欧之间适用中美知识产权保护协议中的大量条款。此后，我国与日本、瑞士、挪威以及瑞典等国也分别签订了保护知识产权的备忘录。

实际上，我国当时所处的科学和经济发展阶段对知识产权的保护需求，与西方国家要求我国达到的知识产权保护水平还存在较大差距。为了搭建更多渠道接收和吸取国外先进经验，尽快融入国际交流与合作，我国不得不在这种矛盾中做出迎合西方国家要求的选择。1980年，我国加入世界知识产权组织，并相继加入该组织管辖的多部国际条约。但是从无到有的过程总是坎坷而又艰难的，很长一段时期，在国内相关法律制度缺位的情况下，为了履行对已加入国际公约的承诺，我国只能直接依照国际公约为国外主体的知识产权提供保护，或者通过颁布或修改行政法规、规章的方式作出回应。例如，根据我国1985年加入的《保护工业产权巴黎公约》，成员国必须履行保护原产地名称的义务。在当时相关法律制度缺位的情况下，商标局仍旧要求各地方直接依照《保护工业产权巴黎公约》的相关规定对国外的原产地名称提供保护。根据我国 1989 年加入的《商标国际注册马德里协定》对保护地理标志（主要是证明商标）的要求，在我国《商标法》尚无相关保护规则的前提下，1993 年出台的《商标法实施细则》，增加了关于证明商标和集体商标的保护规定，并于随后出台行政法规——《集体商标、证明商标注册和管理办法》，直至 2001 年《商标法》第二次修改，才将"集体商标和证明商标以及地理标志"保护相关的内容纳入《商标法》，实现地理标志法律、行政法规和规章的并行保护。

这一时期，我国知识产权单行法的制定步骤大致为：国家机关或者有关组织提出报告，相关部门成立专门小组，派代表团赴域外国家或者有关组织进行参观访问，根据收集总结的资料，集结高校和科研院所力量，开始法律草案起草工作，再依照程序进行公开讨论和修改，最后提交审议通过。以上流程看似符合法案提出、形成、审议、表决和公布等立法程序，但由于立法时间极其仓促，信息传播不便捷，立法草案能够公开的范围十分有限，此外，我国内部对于是否建立知识产权制度的态度莫衷一是，加之西方国家干预，使得最终法律文本呈现的内容与我国社会现实并不完全协调。

（2）包容的开放式修法

一方面，由于我国知识产权法律制度的建立多受外力干预，并未真正体现我国社会现实需求；另一方面，改革开放使得我国社会经济结构和市场竞争环境发生巨大变化，知识产权法律制度与社会现实的不适性很快显现，修法活动被提上日程。截至 2018 年 9 月，我国《商标法》已经过 1992 年（9 处修改）、2001 年（47 处修改）和 2013 年（53 处修改），共三次修订；《专利法》已经过 1993 年（19 处修改）、2000 年（34 处修改）、2008 年（36 处修改），共三次修订；《著作权法》已经过 2001 年（53 处修改）、2010 年（2 处修改），共两次修订。根据《国务院 2018 年立法工作计划》，国务院将提请全国人大常委会审议《专利法修订草案》（国家知识产权局起草）和《著作权法修订草案》（国家版权局起草）。

就现阶段我国知识产权单行法及其实施细则的修订方向来看，知识产权保护的制度选择，基本符合我国的社会经济发展情况。① 以《商标法》修订为例。事实上，1993 年和 2001 年《商标法》修订在很大程度上还是为了迎合《与贸易有关的知识产权协议》（简称 TRIPS 协议）和《巴黎公约》等国际知识产权条约中关于成员方商标保护的最低标准。例如，2001 年《商标法》增加关于驰名商标保护以及驰名商标认定考虑因素等规定，并将"集体商标"和"证明商标"制度正式纳入《商标法》。但正因为过分关注国内法与国际公约的接轨，在驰名商标保护制度的具体规则设置中，忽视了我国市场环境的实际情形，以致该制度被市场主体滥用，一定程度上损害了市场竞争秩序。② 直至我国《商标法》第三次修改，从幅度和内容上更多地体现出与社会现实的贴合。例如，与《商标法》第二次修订新增的"驰名商标保护制度"相对应，此次修改针对驰名商标的认定主体和认定事由进行了明确规定，同时要求生产者、经营者不得将"驰名商标"字样用于商品、商品包装或者容器上，或者用于广告宣传、展览以及其他商业活动中，以防止驰名商标制度被滥用。此外，《商标法》第三次修订还关注到科技成果于商标管理活动中的应用，③ 以及《商标法》与《中华人民共和国反不正当竞争法》（下文简称《反不正当竞争法》）等其他法律制度的协调和衔接等。④

近年来，我国知识产权法律制度的修订过程，也逐渐体现出更高的开放性和包容性。以我国《著作权法》第三次修订为例。为更好地开展第三次《著作权法》修订工作，国家版权局专门成立"国家版权局著作权法修订工作领导小组"和"国家版权局著作权法修订工作专家委员会"，并委托专门的科研单位起草著作权法修订专家建议稿。同时，通过国家版权局官网和专函的方式，分别向社会公众，立法、司法和行政机关以及相关社会团体征求意见，组织或参与了针对特定领域、特定行业和特定部门的定向

---

① 参见吴汉东《中国知识产权法制建设的评价与反思》，《中国法学》2009 年第 1 期。
② 参见李士林《驰名商标废止论》，《中共福建省委党校学报》2005 年第 12 期。
③ 例如，可以通过数据电文方式提交商标注册申请等有关文件。参见《商标法》第 22 条。
④ 参见《商标法》第 58 条。

征求意见专题会议，面对面听取相关利益主体的意见和建议。[①] 2012 年 3 月 31 日，国家版权局发布《著作权法（修订草案）》向全社会征求意见，据统计，不到两个月的时间，共收到意见和建议约 1560 份，涉及草案 81 个条款。

尽管立法者通常拥有丰富的学识和智慧，但仍无法克服其作为个体的局限性。互联网技术的普及，使得信息传播和反馈的便捷程度得到极大提升，法律制定和修改过程中可以通过更多渠道及时公开和获取修法建议和信息。目前，机构、组织甚至个人均可在修法意见征求期间，登录法规规章草案意见征集系统，线上提出修法意见；也可通过信函的方式，寄送纸质修法意见；或者以电子邮件的方式发送修法意见或建议。专业从事法律工作或者法律研究的组织或者人员，可以从理论和实践等角度提出专业意见；非法律专业人士和组织，也可从社会需求的角度对立法或者修法提出更多期望；甚至，相关市场从业人员或者组织可利用工作经验优势，提供更多与立法相关的社会数据和信息，供立法人员参考。

良好的法律制度应该准确反映社会的现实需求。承前所述，我国知识产权制度的产生和成长曾遭受外力干预。但是，随着我国科技和经济迅速发展，综合国力显著增强，国际话语权提升，国家主权能够得到有力维护。21 世纪，加入世界贸易组织以后，尤其在 2008 年全球经济危机中，我国展示的大国作风和实力，得到了国际社会的普遍认可和尊重。在综合国力的支撑下，我国将发挥更大的主观能动性推动知识产权法制进一步发展。

3. 从单薄到丰富

（1）知识产权客体逐步扩张

现有知识产权客体范围的扩张。从商标的法定构成要素来看，1982 年《商标法》规定，商标的构成要素为文字、图形或者其组合；2001 年《商标法》将商标的构成要素扩展为文字、图形、字母、数字、三维标志和颜色组合，以及以上要素的组合；2013 年《商标法》纳入了声音商标的保护。

[①] 参见《关于〈中华人民共和国著作权法〉（修订草案）送审稿的说明》。

从《商标法》保护的商标类型来看，1982 年《商标法》规定，依法核准注册的"注册商标"受法律保护，且仅对商品商标进行了规定；1993 年《商标法》增加了关于服务商标的规定（有关商品商标的规定，适用于服务商标）；2001 年《商标法》将证明商标和集体商标正式列为与商品商标和服务商标并列的注册商标类型；2013 年《商标法》则增加了关于部分未注册商标保护的规定。从《著作权法》修订内容来看，2001 年《著作权法》较 1990 年《著作权法》在作品类型中增加列举了杂技艺术作品、建筑作品、以类似摄制电影的方法创作的作品、地图、示意图等图形作品和模型作品等。此外，司法实践还将音乐喷泉等《著作权法》尚未明确列举的类型纳入作品范畴，提供法律保护。[①] 从《专利法》的修订来看，为了于知识产权制度中更好地体现个人私利与社会公益的平衡，1984 年《专利法》第 25 条曾规定：科学发现，智力活动的规则和方法，疾病的诊断和治疗方法，食品、饮料和调味品，药品和用化学方法获得的物质，动物和植物品种，用原子核变换方法获得的物质等均不授予专利权。后伴随社会经济发展，1993 年《专利法》取消了食品、饮料和调味品，药品和用化学方法获得的物质不得授予专利权的规定，扩展了可授予专利权的技术方案和方法的范围。

新型知识产权客体类型的扩张。知识产权作为一个开放的权利体系，能够伴随科技发展和创新，不断吸纳新的客体类型。1990 年《著作权法》的颁布，标志着我国建立了以商标、专利和作品为主要客体的知识产权保护体系。1993 年，《反不正当竞争法》明确了商业秘密的概念和保护方式，并为知名商品特有的名称、包装和装潢提供法律保护，此时《反不正当竞争法》还未明确商业秘密的知识产权客体属性。1997 年，国务院发布《中华人民共和国植物新品种保护条例》，明确植物新品种应当具有新颖性、特异性、一致性和稳定性等特征，并对植物品种权的内容、归属、授权条件、申请受理、审查批准以及保护期限等进行了详细规定。2001 年，国务院颁

---

① 参见北京市海淀区人民法院（2016）京 0108 民初 15322 号民事判决书。

布《集成电路布图设计保护条例》，确认布图设计是智力劳动成果，具有独创性的布图设计的创作者可依法获得布图设计专有权。2001年《商标法》明确了地理标志的概念和排除性使用规则。此后，国务院公布的《中华人民共和国商标法实施条例》还规定地理标志可以作为证明商标或者集体商标申请注册。2017年《中华人民共和国民法总则》颁布，第123条明确列举了作品，发明、实用新型、外观设计，商标，地理标志，商业秘密，集成电路布图设计，植物新品种等知识产权客体类型，并设保留条款——"法律规定的其他客体"。可见，伴随科学技术的发展，科技成果日渐丰富，知识产权客体范畴也在不断充实。

（2）知识产权法律类型和层级不断完备

知识产权法律法规类型的完备。1982年《商标法》颁布后，1984年和1990年，国家相继颁布《专利法》和《著作权法》。此后，1993年《反不正当竞争法》出台，主要从维护市场竞争秩序的视角为商业秘密和知名商品特有的名称、包装、装潢提供法律保护。1997年，国务院发布《植物新品种保护条例》，2001年发布《集成电路布图设计保护条例》，分别规定了植物新品种权和集成电路布图设计权。

知识产权法律法规层级的丰富。《商标法》、《专利法》和《著作权法》等单行法相继出台后，最高人民法院分别就案件管辖、审判分工等问题发布了司法解释性质文件；国务院则分别针对各知识产权单行法制定并颁布《商标法实施细则》（现已修改为《商标法实施条例》）、《专利法实施细则》和《著作权法实施条例》；针对特殊智力成果的保护需求，国务院还曾发布《奥林匹克标志保护条例》和《世界博览会标志保护条例》等行政法规。相应部门也就特定事项或者特定行业适时发布了诸如《专利审查指南》《专利代理条例》《专利实施强制许可办法》《商标实质审查规程》《商标代理管理办法》《互联网著作权行政保护办法》《著作权行政投诉指南》等法规和规章。各地方也针对自身科技发展状况和法制完善水平发布了地方性法律法规，例如，《广东省专利保护条例》、《重庆市专利促进与保护条例》、《北京市发明专利奖励办法》以及《北京市展会知识产权保护办法》。

此外，民法、经济法（主要指反不正当竞争法和反垄断法）、刑法、行政法、民事诉讼法、刑事诉讼法等其他法律部门也从事前规制和事后救济等多个方面为知识产权提供法律保护和救济。目前，我国已基本形成法律、行政法规、部门规章以及地方性法规等多维度、多层次的知识产权法律体系。但社会现实总在不断变化，立法仍然应紧跟社会需求，适时更新现有法律制度，有针对性地制定地理标志、遗传资源、传统知识等领域的特殊法律保护制度；还需与互联网、电子商务和大数据等新业态的飞速发展相呼应，制定相应的知识产权保护规则，进一步完善中国特色知识产权法律保护体系。

（二）对"创新"和"效率"的渴求——强力的知识产权综合管理

"推进知识产权综合管理改革是深化知识产权领域改革、破解知识产权支撑创新驱动发展瓶颈制约的关键，对于切实解决地方知识产权管理体制机制不完善、保护不够严格、服务能力不强、对创新驱动发展战略缺乏强有力支撑等突出问题具有重要意义。"[1] 知识产权综合管理大体可分为知识产权行政管理和知识产权行政执法两个方面。[2] 知识产权行政管理，是指知识产权行政管理机关和取得相应行政授权的组织，依据知识产权法律规范管理国家有关知识产权事务，为公民和社会提供知识产权法律服务的行为。[3] 目前，我国行政管理机关职责的知识产权管理职责主要包括：行政授权、确权、服务以及政策制定等。按照执法机关的性质，知识产权行政执法可分为专业行政执法和知识产权行政管理机关直接执法。专业行政执法即由专业执法队伍履行知识产权执法职能，例如公安机关和海关等专业行政执法部门履行知识产权执法职能；知识产权行政管理机关直接执法，

---

[1] 国务院办公厅：《知识产权综合管理改革试点总体方案》（国办发〔2016〕106号）。
[2] 参见李顺德《知识产权综合管理与市场监管综合管理协调统一势在必行》，《中国发明与专利》2018年第4期。
[3] 参见李顺德《知识产权综合管理与市场监管综合管理协调统一势在必行》，《中国发明与专利》2018年第4期。

是指专利局、商标局、版权局等承担知识产权管理职责的部门，同时履行知识产权执法职能。

1. 知识产权"分别管理"向"二合一""三合一"模式转变

目前世界各国采用的知识产权行政管理模式大致可分为三类。其一，"分别管理"模式，即专利、商标和版权由不同行政机关分别管理，如我国在 2018 年机构改革之前实行的管理模式：国家版权局管理版权事务，国家工商行政管理总局管理商标事务，国家知识产权局管理专利事务，另由国家新闻出版广电总局、海关总署、商务部、文化部、农业部以及质检总局等部门分别承担相应的知识产权管理工作。文莱、埃及等少数国家目前仍实行该知识产权行政管理模式。其二，"二合一"管理模式，专利和商标事务统一由行政管理机关管理，通常称之为工业产权局或专利商标局，版权事务由文化部或版权局独立管理。目前美国、德国、日本和韩国等世界上大多数国家采用"二合一"知识产权行政管理模式。其三，"三合一"管理模式，将专利、商标和版权事务交由同一行政机关进行集中管理，以英国、加拿大以及我国香港和台湾地区为代表。

（1）我国知识产权行政管理体系的建立与完善

商标行政管理机构的建立与完善。1978 年，国务院发布《国务院关于成立工商行政管理总局的通知》，成立中华人民共和国工商行政管理总局。同时，县和县以上各级政府设工商行政管理局，县以下设工商行政管理所，主要负责商标统一审查、注册等管理工作。1999 年，国家质量技术监督局发布《原产地域产品保护规定》（已失效），并设立原产地域产品保护办公室，负责原产地名称的保护工作。此后，国家质量技术监督局与国家出入境检验检疫局合并为国家质量监督检验检疫总局，继续负责我国地理标志的行政保护工作，同时对国外地理标志在我国的使用进行保护和规制。

专利行政管理机构的建立与完善。1980 年，根据《关于国务院机构设置的通知》和《中国专利局内设机构及其职责》，中国专利局成立，此后各地方相继成立专利管理部门。1990 年，根据《国家科委、中国专利局关于加强专利管理工作的通知》，确认了专利管理机关具有执法和管理的双重职能。1993年国务院机构改革，将中国专利局列为国务院直属事业单位。1998年，中国专利局更名为国家知识产权局，作为国务院直属行政机构。

版权管理机构的建立与完善。1985年，经文化部建议，国务院批准设立国家版权局，主管全国著作权管理工作，与国家出版局为一个机构、两块牌子，均属文化部领导。1993年，在国务院机构改革中，新闻出版署与国家版权局仍旧一个机构两块牌子，作为国务院的直属机构。国家版权局主管全国著作权管理工作，并且代表国家处理涉外知识产权关系，对内对外都单独行使职权。2013年，国务院机构改革方案中，将国家新闻出版总署和国家广播电影电视总局的职责进行整合，组建国家新闻出版广电总局，并加挂国家版权局的牌子。

植物新品种权及其他知识产权行政管理机构的建立与完善。1999年，农业部成立专门的植物新品种保护工作领导小组和植物新品种保护办公室，同时，国家林业局也新增保护林业植物新品种等职能。此后，商务部、科学技术部、国家标准化管理委员会、海关总署等行政机关分别成立有关工作领导小组，负责打击侵犯知识产权和制造假冒伪劣商品行为、出入境商品检验等与知识产权保护相关的行政事务。

1978年，国家工商行政管理总局的成立，标志着我国正式拉开组建知识产权行政管理体系的序幕。直至2018年机构改革之前，近40年的时间，中央逐步建立起以国家知识产权局、国家工商行政管理总局商标局和国家版权局为核心，国家质量监督检验检疫总局、国家工商行政管理总局反垄断与反不正当竞争执法局、农业部、国家林业局、商务部、科学技术部、海关总署以及国家标准化管理委员会等为一体的知识产权行政管理体系，其分别从知识产权授权、确权和使用，知识产权法规政策制定以及知识产权保护等多个环节履行知识产权行政管理职能。地方层面，知识产权行政管理体系建立初期，我国几乎所有地区都延续了中央实行的知识产权分别管理模式，即主要由知识产权局负责专利管理工作，工商管理部门或者市场监管部门负责商标管理，版权局负责版权管理工作，文化部门承担版权执法职能。但各省知识产权管理部门的级别设置并不一致,采用的具体管理模式也不尽相同,相对应的行政管理权限也有所差异。部分地区知识产权管理部门是行政单位性质,例如北京市、上海市、湖北省的知识产权局等;部分地区知识产权管理部门属事业单位性质,例如四川省、山东省、湖南省的知识产权管理部门等。[①] 总体而言,我国从中央到地方建立起"多元""多层级"的知识产权行政管理体系,但级别和管理权限等设置较为混乱。

(2) 行政管理机构最新改革与职能转变

地方知识产权行政管理机构改革的优先尝试。在中央进行行政管理机构改革之前,各省市已纷纷"试水"。早在2004年,深圳市知识产权局即从科技局中独立,将专利和著作权管理机构合二为一,进行统一管理,形成了知识产权"二合一"综合管理模式。尽管,由于各方原因,深圳市采用的"二合一"综合管理模式不同于世界各国普遍采用的专利和商标统一管理"二合一"模式,但深圳市利用其作为国家"综合改革配套试验区"优势,积极摸索更先进和更实用的管理模式,为地方知识产权综合行政管理模式改革提供了可循经验。2014年,上海市委市政府也开始探索知识产权综合管理改革问题,2015年在浦东建立起全国第一家集专利、商标和著作权为一体,集知识产权服务、知识产权管理和知识产权执法于一身的"三合一"独立知识产权局,形成一体化的知识产权综合管理体制。同年,福建自贸试验区厦门片区和平潭片区也设立了集知识产权管理和知识产权执法职能于一身的知识产权局,综合管理专利、商标和著作权。2017年,国家知识产权局发布《关于确定知识产权综合管理改革第一批试点地方的函》,确定福建厦门等六地为知识产权综合管理改革试点地方,按照《知识产权综合管理改革试点总体方案》实施改革。

在地方进行知识产权行政管理机构改革试点取得良好成效以后,中央

---

① 参见徐波、刘辉《知识产权综合管理改革背景下知识产权行政执法探析》,《电子知识产权》2018年第1期。

开始全面推进知识产权行政管理机构的改革。2018年2月28日，十九届中央委员会第三次全体会议通过《中共中央关于深化党和国家机构改革的决定》，提出在国家机构改革中要完善市场监管和执法体制，深化行政执法体制改革，统筹配置行政处罚职能和执法资源，同时，推动整合同一领域或相近领域执法队伍，实行综合设置。2018年3月17日，第十三届全国人民代表大会第一次会议审议并通过《国务院机构改革方案》，国务院组建国务院直属机构——国家市场监督管理总局，将国家工商行政管理总局、国家质量监督检验检疫总局、国家食品药品监督管理总局的职责，以及国家发展和改革委员会的价格监督检查与反垄断执法、商务部的经营者集中反垄断执法和国务院反垄断委员会办公室等职责予以整合。此外，不再保留国家工商行政管理总局，将原国家知识产权局的职责、国家工商行政管理总局的商标管理职责、国家质量监督检验检疫总局的原产地地理标志管理职责进行整合，重新组建国家知识产权局，由国家市场监督管理总局管理。国家市场监督管理总局的组建，将专利、商标和原产地地理标志有关的行政确权、行政裁决等事务纳入国家知识产权局统一管理，由国家市场监管部门负责相关侵权纠纷行政执法。2018年中央知识产权行政管理机构改革，实现了中央层级专利和商标统一管理、版权单独管理的"二合一"管理模式，地方改革也随后或同步推进。

2. 知识产权行政管理手段与科技创新成果的结合

科技更新速度不断加快，文化生活日益繁盛，知识产权客体范围呈扩张趋势，知识产权权利类型逐渐增多；同时，知识产品数量增加，其存储和传输方式也发生了变化。此外，我国市场经济发展到一定阶段，政府和市场的关系急需转变，公权力与私权利的界限划分也面临更复杂的社会情形。基于以上变化和调整，知识产权行政管理手段须适时更新。

近年来，信息技术迅猛发展，几乎已渗透到生产生活的各个方面，传统的行政管理手段也在寻求与信息技术的融合与发展。电子政务建设的初始阶段，主要以实现传统政务信息化为目标，包括政务网络平台建设和政务应用系统建设。① 然而政务信息化本身并非行政管理与信息技术融合的最终形式。目前，大数据、物联网和云计算等信息技术发展趋于成熟，充分运用以上技术实现行政管理部门的资源整合，提升服务质量，提高服务效率，实现政府与公民和企业无缝对接，是行政管理与信息技术融合的新一轮目标。2015 年，国务院曾发布《促进大数据发展行动纲要》，指出运用大数据提升政府治理能力是大数据运用的新趋势，要求政府充分运用大数据技术，在注册登记、认证认可以及知识产权等方面主动提供更具针对性的服务，建立"用数据说话、用数据决策、用数据管理和用数据创新"的管理机制，推动政府治理能力现代化。

相对于其他行政管理机关而言，知识产权行政管理事务的开展对信息技术的依赖和契合程度要求相对更高。首先，知识产权的客体均以"无形信息"的形式存在。知识产权行政管理过程中通过电子信息的方式储存和传播知识产品信息与其本身的无形性特征高度契合。其次，信息技术便于知识产品的公开。法律赋予智力成果创造者排他性专有权利，除了通过设置权利限制规则平衡个人私利与社会公益，还要求相关主体以公开智力成果（商业秘密例外）的内容为获取权利保护的前提，以充实公知领域、避免重复开发。信息技术实现知识产权权利客体和权利内容电子化，便利了知识产品的公开与传播，符合知识产权授权的程序性要求。再次，知识产权行政管理效率和质量与政务电子化程度密切相关。专利权、商标权等知识产权的获取都需通过行政审批手续，信息技术的应用更好地连接政府与公民和企业，申请人可随时通过电子政务系统知晓行政审批手续的进展情况，方便及时补充证明材料等，不仅有助于节约行政审批程序中各步骤的时间，也有利于社会主体实时监督，保持行政审批的公开性和公正性。此外，信息技术于知识产权行政管理事务中的应用，还有助于降低权利获取

---

① 电子政务应用系统建设的主要内容包括：政务信息资源库建设、办公 OA 系统建设、业务应用系统建设、公共服务系统和信息服务系统建设和政府网站建设。参见中国电子政务网《从电子政务到智慧政务》，http://www.e-gov.org.cn/article-167434.html，最后访问日期：2018 年 9 月 21 日。

成本。例如 PCT 专利申请程序中，利用电子形式撰写和提交 PCT 申请时，根据请求书、说明书、权利要求书以及摘要文件是否使用字符码格式，给予 100 瑞士法郎到 300 瑞士法郎的减免额度。①

目前，为了应对庞杂的知识产权行政管理事务，世界各国也在纷纷推动科技手段在知识产权行政管理事务中的应用。2016 年，日本特许厅成立专门的"利用人工智能技术改进专利行政管理实效研究项目组"，希望通过人工智能技术的引入，改进专利审查和管理工作。通过对专利审查程序中的业务进行考量，根据 AI 技术替代的难易程度进行分类，从技术替代难度较低的涉及专利流程方面的工作，例如电子邮件自动回复、纸件申请的电子化，以及申请文件形式缺陷的审查等开始引进和推广 AI 技术。② 2016 年，联合国开发出一种人工智能翻译机（Wipo），运用神经网络算法，极大地提高了行政管理程序中翻译的效率和精准度。③ 此外，2018 年 5 月，世界知识产权组织在日内瓦专门就"知识产权行政管理用信通技术（通信技术）和人工智能问题"召开知识产权局会议，从国际角度讨论信息和通信技术战略，试图推动先进的信息技术系统和工具在各国知识产权行政管理事务中的应用。

尽管我国知识产权法制建设明显滞后于西方国家，但我国行政管理手段与最新科技手段的融合和发展状况与西方发达国家并未（也不应）显现明显差距。2004 年，国家知识产权局正式开通电子申请系统。自该系统适用以来，采用电子申请的比例逐年攀升，2016 年 7 月，采用电子文本的形式提交专利申请的比例已达到 92.4%，专利代理机构的电子申请率更高达 99.9%。2016 年 10 月，国家知识产权局在原电子申请系统的基础上进行再次升级，建立了中国专利受理及初步审查系统，不仅优化了此前专利初步

---

① 参见《专利合作条约实施细则》（2018 年 7 月 1 日起生效）收费表。
② 参见周俊等《日本特许厅引入人工智能优化专利审查和管理》，《中国发明与专利》2018 年第 1 期。
③ 参见曹建峰、祝林华《人工智能对专利制度的影响初探》，《中国发明与专利》2018 年第 6 期。

审查业务流程，升级了电子申请客户端，还新增了电子申请在线业务办理平台，进一步提高了专利电子申请的便捷性和安全性。① 目前，国家知识产权局已经建立电子申请客户端管理系统（EAC）、复审无效电子请求系统等配套电子申请系统。此外，国家知识产权局以及各地方知识产权行政管理机关还积极组办知识产权电子政务培训班。一方面，不断改进电子政务系统；另一方面，增强工作人员对电子政务系统的运用技能，从整体上提升知识产权行政管理的质量和效率。

3. 知识产权行政管理思路与"效率"价值的呼应

根据世界知识产权组织连同高校组织发布的2018全球创新指数（GII）排行榜，中国目前已上升至全球第17位，是唯一跻身前25位的发展中国家。② 由此可见，我国知识产权行政管理机关将面临更加繁重的行政管理事务和更高的行政管理要求。应对知识产权客体范围扩张、知识产权权利类型增多、知识产权客体的存储和传输方式变化、知识产品数量急增等现实情况，除了通过对现代化科技手段的运用，提升行政管理效率，还须切实深化"放管服"改革，简化行政管理程序，进一步实现行政管理效率的提升。

2018年3月5日，李克强总理在第十三届全国人大第一次会议的《政府工作报告》中提出：深化"放管服"改革。"放管服"，即简政放权、放管结合以及优化服务的简称，深化"放管服"改革，其核心是推动政府职能转变，更好处理政府和市场的关系。全面推行市场准入负面清单制度和"证照分离"改革，缩短商标注册周期和工程建设项目审批时间，作为政府推进简政放权和优化服务的具体措施，具有极高的可行性和重要的现实意义。

2016年，《市场准入负面清单草案（试点版）》已在天津、上海等四个省、直辖市试行，实践证明，通过预先划定政府职责边界，明确"法无授

---

① 参见国家知识产权局《关于中国专利受理及初步审查系统上线的业务通知》2016年10月14日。
② See Cornell University, INSEAD, WIPO, *Global Innovation Index* 2018（China）.

权不可为、法定职责必须为",预留给市场主体更多空间,有助于简政放权中"减法"的实现。周期过长、程序繁杂,是我国行政审批长期存在的普遍问题。就商标注册而言,尽管2013年《商标法》通过对异议程序的改革,于一定程度上缩短了商标注册周期,但"先异议后注册"的审查模式以及过于复杂的审查程序依旧使得商标注册周期过长。近年来,通过建设商标审查协作中心、推进商标注册申请电子化等系列改革措施,商标注册审查效率已得到明显提升。目前,我国商标注册审查平均周期已缩短至5个月,简政放权和优化服务改革于商标领域得以进一步实现。

但是,简政放权并不意味着"一放了之",切实可行的事中、事后监管制度仍然不可或缺。"双随机、一公开"办法随机抽取检查对象、随机抽取检查人员的监管方式,不仅有助于防范政府对市场的过度干预,同时也有助于降低"监管俘获"的发生概率;同时,公开检查结果则有助于打破市场监管的"信息瓶颈",实现政府信息系统的互联互通,形成统一的市场监管信息平台。

总之,通过市场准入负面清单制度和"证照分离"等改革措施的全面推进,为政府划定职责边界,防范政府"越权";同时,不断推进监管体制创新,以防政府"缺位"。通过各项法制化和便利化措施,有力回应经济体制改革的核心——处理好政府和市场的关系,使市场在资源配置中起决定性作用和更好发挥政府作用,进一步推动行政管理效率的提升。

(三) 国际规则与中国特色的结合——"双轨制"知识产权保护模式

近40年的发展,我国逐步建立起相对完备的知识产权保护体系,包括司法保护、行政保护、仲裁调解、行业自律、社会监督以及个人诚信管理等全范围、多角度的知识产权保护体系。其中,司法保护和行政保护作为知识产权保护的刚性手段,于知识产权保护体系中占据核心地位。

1. "双轨制"保护模式的建立背景

知识产权为私权,在民事主体的生产、生活中发挥着日益重要的作用,从法理学角度,民事权利纠纷应当寻求司法救济。但知识产权作为一项民事财产权利，还被市场主体用作重要的市场竞争工具，同时，知识产权权利的获取和运用还与公共利益具有十分紧密的关联。从 TRIPS 协议第三部分关于知识产权执法的相关规定来看，尽管民事诉讼程序相关条文的数量远多于行政执法程序和刑事程序相关条文，体现出 TRIPS 协议对知识产权纠纷采民事诉讼程序处理的倾向，但仍旧不可否认其对行政程序处理知识产权纠纷所持的肯定态度。

尽管"双轨制"知识产权保护模式目前被世界上大多数国家采用，但各国建立背景各不相同，其具体运作方式也有差异。第一，我国知识产权制度起初建立和发展的动力并非完全来源于社会需求，很大程度上依赖行政机关的主导和推动。因此，运用行政执法手段保护知识产权与知识产权制度的产生背景相适。第二，我国知识产权制度匆忙建立，知识产权专门审判机构缺位，司法系统中能够从事知识产权专业审判的人员亦十分紧缺。知识产权司法保护路径难以应对改革开放环境下日益繁杂的知识产权纠纷，以及西方国家关于严格保护知识产权的要求。知识产权行政管理机关通过履行相关管理职能，已经培养并储备了较多知识产权专业人才。借助行政管理机关的人才储备优势，强化知识产权保护是当时内外需求下的最优选择。第三，司法公正以程序公正为重要保障，以实体公正为根本目标。通过司法途径解决知识产权纠纷无法避开繁杂的程序，耗时长、成本高，不尽符合知识产权维权主体对效率价值的渴求。而行政机关实施具体行政行为兼具灵活性和效率性特征，能够有效弥补司法机关处理知识产权纠纷的不足。第四，知识产权在权利对象方面的特殊性及其鼓励创造的制度功能，需要行政公权力的介入。知识产权的对象是信息，权利主体无法对其像物权对象一般实施物理意义上的占有，因此知识产品的非排他性，使得权利人享有的知识产权（排他性权利）容易遭受侵犯，仅依靠私人手段难以有效保护。[1] 第五，知识产权虽为私权，但知识产品的创造，知识产权的获取、使用、管理和保护等各个阶段与公共利益的关联都十分紧密且难以割

---

[1] 参见曹博《知识产权行政保护的制度逻辑与改革路径》，《知识产权》2016 年第 5 期。

裂，公权力介入具有正当性。首先，知识产品多是由公共信息、公知技术的加工、整理和再创造获得。知识产权法定保护期限届满，获得排他性保护的知识产品会再次流入公共领域，实现公共领域与私人领域的动态互动。其次，并非任何智力成果都可成为知识产权的保护客体，无法满足知识产权授权标准的智力成果以及为了维护公共利益由立法排除在知识产权授权范围以外的某些方法或技术方案（例如医学诊断方法、疾病的诊断和治疗方法等被排除在专利授权的范围以外），不能成为知识产权的客体。再次，知识产权具有天然的垄断属性，一方面要保障知识产权主体拥有充分行使私权的自由，另一方面，也要通过权利内部限制和外部规制防止权利主体滥用私权，损害竞争秩序、损害公共利益。最后，知识产权保护制度，既要维护知识产权权利人的合法利益，也要兼顾资源有效配置、环境保护等公共利益。例如，知识产权侵权纠纷案件处理过程中，不当然首选停止使用责任承担方式，以及侵权物品不直接销毁，[①] 也是知识产权保护过程中对公共利益的考量。

因此，从我国知识产权制度的产生背景以及行政执法与司法保护各自的优势和局限性分析，以及知识产权的获取、运用、保护和管理等各阶段与公共利益的密切关联，借助行政机关（尤其是行政管理机关）的优势，适用行政执法与司法并行的"双轨制"知识产权保护模式，是我国特定历史背景下的应然选择。

2. "双轨制"保护模式的运行成效

（1）行政执法体系的专业化发展

从 TRIPS 协议关于知识产权行政执法规定的实践状况来看，在国际条约的支持下，世界上实行司法与行政执法"双轨制"知识产权保护模式的国家不在少数。例如，英国专利侵权纠纷可通过行政或者司法途径解决，墨西哥也在知识产权纠纷解决机制中并用司法和行政保护手段。因此，司

---

① 参见宁立志、李国庆《知识产权侵权物品"销毁"制度反思》，《江汉论坛》2014 年第 10 期。

法与行政执法并行并非我国知识产权纠纷解决机制所独有。但是，世界各国采用的"双轨制"保护模式大多为专业行政执法和司法保护并行，而我国行政执法体系下不仅包含专业行政执法（如：公安和海关等专业行政执法部门执法），还包括国家知识产权行政管理机关直接执法。[①] 因此，我国的知识产权"双轨制"保护模式，是国际规则与中国特色的结合。

根据上文的梳理，2018年我国国务院机构改革后，实现了知识产权行政"分散管理"向"二合一"模式的转型。但是，仅将知识产权行政管理部门进行简单的拆分和重组，并不能解决我国知识产权行政管理体制中重复执法、执法标准不一等问题。

首先，知识产权行政管理机关多头执法，导致行政权力介入标准不一。根据《著作权法》第48条，当著作权侵权行为"同时损害公共利益"时，著作权行政管理部门可行使相应处理职权——明确了著作权行政管理机关行使执法职权的前提条件为"同时损害公共利益"；而《商标法》和《专利法》则并未将知识产权侵权行为损害公共利益作为行政执法的前提条件。例如，《商标法》第60条规定："有本法第五十七条所列侵犯注册商标专用权行为之一，引起纠纷的，由当事人协商解决；不愿协商或者协商不成的，商标注册人或者利害关系人可以向人民法院起诉，也可以请求工商行政管理部门处理"该规定将行政执法和司法保护并列为"无差别"的平行纠纷解决途径，忽视了公权力行使的前提要件。其次，知识产权行政管理机关执法权限和力度不一。根据《专利法》第60条，应当事人请求，管理专利工作的部门对侵犯专利权的行为可以进行调解，但《专利法》并未赋予管理专利工作的部门查处专利侵权纠纷的职权，仅有权对假冒专利的行为进行处理和查处。而工商行政管理部门与其他知识产权行政管理机关相比，行政执法权限最宽，不仅有权对侵犯商标专用权的行为进行调解和处理，县级以上的工商行政管理部门还有权对涉嫌侵犯注册商标专用权的行为进行查处。

---

① 参见李顺德《知识产权综合管理与市场监管综合管理协调统一势在必行》，《中国发明与专利》2018年第4期。

目前，专利法和著作权法尚在修订过程中，从公布的草案来看，立法有进一步扩张管理专利工作的部门和著作权行政管理部门执法权限的趋势。例如，《著作权法》（第三次修订草案第三稿）删除了"同时损害公共利益"的规定，使得著作权行政管理部门同工商行政管理部门和管理专利工作的部门一样，不再以"损害公共利益"为介入著作权侵权纠纷的前提。而《专利法》（第四次修订草案第三稿）则为管理专利工作的部门增设了行使判定侵权损害赔偿的职权。尽管 2018 年，商标行政管理部门和管理专利工作的行政部门统一划归市场监督管理部门，但长期"各自为政"的行政执法理念使得各行政管理机关扩张执法权限的"积极性"日益高涨，不加以适当限制，恐难免对知识产权这一私权造成不当干预。

因此，简单地将知识产权行政管理部门进行重组，并不能解决知识产权行政管理与行政执法主体竞合导致执法权限扩张、执法标准不一等问题。为此，学界多位学者主张分离知识产权行政管理和知识产权行政执法职权，由行政管理机关负责知识产权管理和服务事务，由专业执法机关负责知识产权执法业务。① 甚至有学者对目前知识产权行政执法的正当性提出质疑。② 笔者以为，行政执法以维护公共利益为目标，若动用行政资源只为维护知识产权主体的个人私利，则不符合行政资源的使用机理。然而，知识产权作为私权，不论权利获得阶段，还是权利的行使与保护都与公共利益具有十分紧密的关联。同时，知识产权"双轨制"保护模式符合国际规则的要求，也是我国在特定历史背景下做出的理性选择，该模式长期运行已经与社会现实产生了不可贸然切断的关联。因此，在未来很长的一段时间内，行政执法还将作为司法保护的有效弥补途径，为知识产权的行使和保护提供重要保障。

---

① 参见赫然《关于我国知识产权执法问题的调查与分析》，《当代法学》2011 年第 5 期；李顺德《知识产权综合管理与市场监管综合管理协调统一势在必行》，《知识产权》2018 年第 4 期；曹博《知识产权行政保护的制度逻辑与改革路径》，《知识产权》2016 年第 5 期；许震宇《论我国知识产权行政管理体制的完善》，《莆田学院学报》2016 年第 4 期。
② 参见谢嘉图、张扬欢《"公共利益"视角下知识产权行政保护正当性反思》，《电子知识产权》2015 年第 9 期。

根据2018年机构改革后，国务院公布的关于《国家市场监督管理总局职能配置、内设机构和人员编制规定》，国家知识产权局与国家市场监督管理总局的职责分工较为明确，前者主要负责商标、专利执法工作的业务指导，通过制定并指导相关标准，建立机制，做好政策标准衔接和信息通报等工作；后者具体地负责组织指导相关执法工作。由此看来，建立统一的市场监管综合执法队伍，实行知识产权行政管理与行政执法的剥离，已经成为我国知识产权行政管理机构改革的趋势。

（2）司法保护体系的综合性改革

随着知识产权事业的发展，知识产权纠纷类型更加多元、数量急剧攀升，司法途径是解决知识产权民事、行政和刑事纠纷的最主要和最终途径，知识产权司法机构建设和审判改革也面临日益增大的压力。2009年，全国地方法院审结的知识产权一审民事案件、行政案件和刑事案件分别约3万件、2000件和3000件，截至2013年底，民事案件和刑事案件数量分别增加了两倍，行政案件也增长到3000多件，2015年，我国法院共受理各类知识产权案件共计约15万件。[①]

1985年，我国法院审理了第一起专利侵权案件，由于当时知识产权案件数量还较少，一律归到民庭或者经济庭审理。1993年，随着知识产权纠纷数量增多，知识产权纠纷问题的特殊性凸显，北京市第一中级人民法院设立了我国第一个知识产权审判庭。随后五年时间，全国相继20多家法院设立知识产权审判庭，许多未设立专门知识产权审判庭的法院也实际上将知识产权民事案件划归统一的审判庭，或者专设合议庭进行审理。[②]

科技快速更新，知识产权纠纷也常常涉及复杂的专业甄别和分析；同时，知识产权本身的特殊性，使得司法程序中的举证责任分配、归责原则适用以及责任承担方式的选择等都具有较大的特殊性；此外，知识产权案件还可能同时涉及民事赔偿、刑事犯罪和行政诉讼等相关问题。根据知识

---

① 参见《中国法院知识产权司法保护状况（2015年）》。
② 参见《最高人民法院关于全国部分法院知识产权审判工作座谈会纪要》（法〔1998〕65号）。

产权纠纷的性质将同一案件划分至不同的审判庭分别审理,可能由于各审判庭依据的诉讼法、审判理念各不相同,而在交叉案件中出现判决矛盾等问题。此外,各庭依据相同的案情,于司法审判中分别进行事实认定等,也在一定程度上造成司法资源浪费。因此,在知识产权审判庭模式的运用累积一定经验后,我国开始逐步摸索知识产权法庭/法院的建立。

实际上,早在1995年,上海浦东新区人民法院在审理假冒上海吉利有限公司"飞鹰"商标的民事、行政和刑事案件中,就创造性地集结浦东法院知识产权庭、行政审判庭和刑事审判庭,审理了此案件。① 1996年,经上海市高级人民法院批准,上海浦东新区人民法院成为第一个知识产权"三合一"审判机制的试行者。2006年,西安市中级人民法院率先在全国中级人民法院中实行知识产权案件民事、刑事和行政审判一体化改革。此后,武汉市中级人民法院也将原本由多个基层法院管辖的知识产权刑事、行政一审案件集中到一个具有部分民事案件管辖权的基层法院统一管辖。广东、浙江、山东等地法院也都纷纷"试水",开始摸索更合理有效的知识产权审判机制,或一步到位——建立民事、刑事和行政统一化的审判机制,或先行过渡——合并民事和刑事审判。2008年,国务院发布《国家知识产权战略纲要》,明确要求研究设置专门知识产权法庭,并探索建立知识产权上诉法院。

2014年,我国首家知识产权法院在北京设立。同时,最高人民法院发布《关于北京、上海、广州知识产权法院案件管辖的规定》,明确了知识产权法院的案件管辖范围,此外,针对北京、上海和广州知识产权市场环境的特殊性,为部分知识产权法院设置了特殊的管辖规则。2016年12月,国务院发布《国务院关于印发"十三五"国家知识产权保护和运用规划的通知》,要求全国范围内推进知识产权民事、刑事和行政案件"三合一"审理机制改革。

---

① 参见《中国最高人民法院拟设立综合知识产权法庭》,《法制日报》2008年7月14日。

3. "双轨制"保护模式的发展思路

"双轨制"保护模式运行初期,为应对国内外关于知识产权强力保护的诉求,特别是加入世界贸易组织前后,为了满足"入世"要求,有效遏制知识产权违法和犯罪行为,从政策制定到机构设置,行政执法主要呈扩张趋势。

2008 年,国务院印发《国家知识产权战略纲要》,规定:"加强司法保护体系和行政执法体系建设,发挥司法保护知识产权的主导作用……",以此明确知识产权司法保护的主导地位,而知识产权行政执法似有弱化之势。2011 年,国家知识产权局等十部委联合发布《国家知识产权事业发展"十二五"规划》,又要求加强知识产权行政执法,健全知识产权地方执法和服务体系,增加执法人员编制,并加大知识产权执法监督力度;同时,强化知识产权司法保护。[①] 仅从政策法规的表述来看,知识产权行政执法与司法保护之间的关系和侧重似乎并不明朗,学界对此也争议颇多。

有学者认为,从《专利法》三次修订的内容来看,我国已经呈现出知识产权行政执法逐渐弱化的趋势。首先,专利执法机关的权力范围有所缩限。1984 年和 1992 年《专利法》第 60 条均规定,专利管理机关处理专利侵权的行为,有权责令侵权人停止侵权,并赔偿损失;而 2000 年和 2008 年《专利法》则只规定了管理专利工作的部门仅有权责令停止侵权。根据"法无授权则不可为",专利行政管理机关的权限的确有所缩限。其次,专利执法机关地位弱化。如上文,1984 年和 1992 年《专利法》明确规定专利执法机关为"专利管理机关",而后的 2000 年和 2008 年《专利法》却将专利执法部门改为"管理专利工作的部门",据此,诸多地方政府并未设立专门的专利管理部门,而是在科技厅等部门下设立管理专利工作的部门,该部门甚至不是行政部门而是事业单位。此外,专利执法机构打击假冒专利案件的数量也有减少趋势。[②] 但也有学者认为,《专利法》三次修订的内容,恰

---

① 参见《国家知识产权事业发展"十二五"规划》,《中国发明与专利》2011 年第 11 期。
② 参见赫然《关于我国知识产权执法问题的调查与分析》,《当代法学》2011 年第 5 期。

恰体现出专利行政保护的力度明显得到强化，专利行政执法手段也得到了加强。① 笔者以为，学者们关于《专利法》数次修订内容到底体现出专利行政执法机关执法权限的扩张还是缩限的分析得出相反结论，并不源于对《专利法》修订内容本身的错误认识，而是其各自观察和对比的视角差异，以及范围的局限性所致。

就我国知识产权"双轨制"保护模式未来的发展思路，有观点认为，行政执法可适当保留，但总体上应予以弱化。② 有观点认为，总体上，目前应该强化知识产权行政执法，但应逐步弱化知识产权管理机关直接执法，实现知识产权行政执法专业化。③ 也有学者从市场经济发展需求的角度进行论证。科技创新成果不断涌现，知识产权侵权案件日益频发，知识产权对市场竞争的重要影响，使得知识产权侵权问题与社会公共利益的关联越来越大。所以，行政机关应发挥应有的职能，积极参与知识产权侵权案件的查处和处罚，进一步强化行政执法的力度。④

从我国不同时期、不同行政机关发布的政策法规，以及学界的讨论和争议来看，知识产权行政执法和司法保护似乎总是保持相对"微妙"的关系。如吴汉东教授所言，我国虽然实行知识产权行政执法和司法"双轨制"保护模式，但此处的"双轨"为"并行"，而非"平行"，二者之间具有明确的主次之分。⑤ 2008 年，国务院印发的《国家知识产权战略纲要》已明确司法保护的主导地位，法规政策中针对知识产权行政执法机构和权限实行的改革，并不会对知识产权司法保护的主导地位产生动摇。就学界关于知识产权行政执法应当"强化"还是"弱化"的争议，笔者认为，伴随科技进步和社会经济发展，各领域中各类知识产权的保护需求也在不断发生变化，行政执法本身以其灵活性和及时性等特点弥补知识产权司法保护的

---

① 参见李浩成《完善我国知识产权行政保护制度的路径选择》，《齐鲁学刊》2015 年第 3 期。
② 参见李永明等《论知识产权行政执法的限制——以知识产权最新修法为背景》，《浙江大学学报》（人文社会科学版）2013 年第 5 期。
③ 李顺德：《对加强著作权行政执法的思考》，《知识产权》2015 年第 11 期。
④ 参见高掉梅《创新驱动发展下知识产权执法的完善》，《法制与经济》2017 年第 9 期。
⑤ 参见吴汉东《司法保护知识产权的主导作用》，《人民法院报》2010 年 7 月 21 日。

不足，伴随不同领域各类知识产权保护需求的变化，行政执法能够适时在强度、范围上较司法保护更快作出调整。因此，通过法律或者政策，针对不同领域、不同知识产权类型的行政执法事务作出调整，并非出于"强化"或者"弱化"行政执法地位的目的，而是出于特定知识产权的保护需求。

因此，片面地"强化"或者"弱化"知识产权行政执法，并非"双轨制"保护模式发展思路的明智之选。目前，信息技术等最新科技成果的应用已渗透到各行各业、生产生活的方方面面，"互联网+"、大数据、人工智能等新兴领域的知识产权问题十分棘手。如何合理利用行政执法的灵活性和及时性等特征，弥补司法途径对新兴领域知识产权保护的滞后性缺陷，共同解决知识产权保护新问题，同时，在传统领域进一步规范行政执法权限和执法标准，避免行政公权力对私权造成不当干预，才是当前"双轨制"模式发展的新思路。

4. "双轨制"保护模式的完善空间

我国实行知识产权行政执法与司法并行的"双轨制"保护模式，是符合国际规则、贴合社会现实的应然选择。司法保护的主导地位并不随知识产权行政执法策略的调整而动摇。尽管"双轨制"保护模式已建立运行30多年，但伴随社会情势的变化，应当从立法依据、行政执法与司法保护的边界以及衔接机制等方面予以完善。

（1）分别完善行政执法和司法保护的立法依据

我国知识产权司法保护的程序规则相对详尽，但行政执法程序中的执法标准不明晰甚至缺失，使得执法人员只得参照司法体系的相关规定（例如，专利侵权判断标准）进行行政执法，但行政执法与司法的程序性要求本身不一致，且行政机关无法"名正言顺"地将司法规则体现在行政处理决定书中，可能从形式上削弱知识产权行政执法的权威性。目前，我国行政执法的程序性规则散见于《专利法》、《商标法》和《著作权法》及其相关的规范性法律文件中；植物新品种、集成电路布图设计、计算机软件等相关的法律法规，也仅针对各自领域内的行政执法程序作出了规定。这种

"分散且不统一"的行政执法程序性规则，无疑进一步增加了行政权力滥用的风险。

从司法保护的视角，尽管我国知识产权法律保护体系已逐步成型，但地理标志、商业秘密、遗传资源和传统知识等知识产品尚无专门知识产权法律予以保护，互联网、电子商务、大数据和人工智能等新业态的发展又为知识产权保护带来新的挑战。因此，不论从司法还是行政执法的角度，完善立法依据是更好地运行知识产权"双轨制"保护模式的前提和基础。

（2）明确知识产权行政执法和司法保护的边界

管辖权冲突是我国知识产权"双轨制"保护模式下较为突出的问题。其不仅体现为司法与行政执法管辖权冲突问题，行政执法部门内部的执法权限交叉和冲突问题也较为突出。我国知识产权侵权案件适用"平行管辖制度"，如根据《商标法》第60条的表述，[①] 侵犯注册商标专用权的民事案件，人民法院和工商行政管理部门在管辖权上无职责分工或优先性，完全依照商标注册人或者利害关系人的选择。然而，行政执法通常施行罚款、没收等处罚手段，以惩戒违法主体为目的，不注重对权利人所受损害的补救；而司法判决则通常以救济被侵害主体的损失为主要内容。依照不同的立场和处理依据，同一案件于司法途径和行政执法途径可能获得迥异的处理方案。

就行政执法部门内部而言，由于法律规定的抽象性和局限性、知识产权纠纷的复杂性以及利益驱使，知识产权行政执法部门内部也存在较为激烈的权限冲突。以专利行政处罚为例。目前，与专利行政处罚相关的法律法规包括《行政处罚法》、《专利法》、《专利法实施细则》以及地方性法规和部门规章等。能够行使专利行政处罚职权的主体包括海关系统、商务部、工商行政管理机关以及国务院办公厅成立的全国打击侵犯知识产权和制售

[①] 《商标法》第60条："有本法第五十七条所列侵犯注册商标专用权行为之一，引起纠纷的，由当事人协商解决；不愿协商或者协商不成的，商标注册人或者利害关系人可以向人民法院起诉，也可以请求工商行政管理部门处理。"

假冒伪劣商品专项行动领导小组等法定和非法定的专利行政执法部门。各部门依据相应的法律法规授权，行使专利行政处罚职权，但实际上由于法律法规本身的局限性等，各部门间的权限冲突问题较为激烈。① 因此，界分知识产权行政执法和司法保护的边界，协调行政执法部门内部的职责与权限，是进一步完善知识产权保护制度的重要环节。

(3) 加强知识产权行政保护与司法保护的衔接

知识产权行政执法与司法虽为并行的知识产权保护路径，但二者之间通过案件移送、司法救济等诸多衔接机制形成交流、互通的知识产权保护系统。例如，我国《商标法》第 61 条规定，工商行政管理部门有权依法查处侵犯注册商标专用权的行为；涉嫌犯罪的，应当及时移送司法机关处理。但知识产权单行法中关于"司法与行政执法衔接"的相关规定并未于实践中得到有效实现。有学者就 2005 年至 2014 年近十年间，全国工商系统查处的商标侵权假冒案件和移送情况进行分析，其中涉嫌犯罪案件移送比例浮动于 0.18% ~ 1.31%，过低的案件移送比例不符合商标侵权案件社会危害性愈演愈烈的实际情形，可能存在"以罚代刑""有案不移"的情况。②

此外，知识产权行政复议与行政诉讼之间的衔接机制也不尽顺畅。尽管根据 TRIPS 协议有关规定，我国立法对于涉及知识产权的行政程序，赋予部分行政终局决定的当事人司法复审的机会：其一，对知识产权授予程序的司法复审，包括知识产权获得、维持、异议、无效以及撤销等程序，均应接受司法或准司法机关的审查；其二，对知识产权执法程序的司法复审③。但是，并非所有行政程序都能获得司法复审的机会。因此，不甚明晰的案件移送标准和相对机械的行政司法衔接机制，可能造成"有案不移"

---

① 参见万里鹏《我国专利行政处罚的权限冲突及其规制路径》，《延安大学学报》（社会科学版）2018 年第 2 期。
② 参见于冲、郁舜《知识产权案件"行刑衔接"机制的构建思路——以〈中国知识产权保护状况白皮书〉的统计数据为分析样本》，《知识产权》2016 年第 1 期。
③ 参见蒋志培《TRIPS 协议对知识产权执法机制的要求》，《人民司法》2001 年第 1 期。

"有冤无处申"等情况，违背司法最终原则。

二 对理论的审思：从坚持传统到兼容并蓄

(一) 从民法中来，到民法中去——知识产权与中国《民法典》

1. 知识产权与民法的渊源

以所有权为核心的罗马法体系，在"物"的基础上划分客体范畴，而知识产品的无形性特征，使其难以被罗马法构建的私权保护体系所接纳。实质上，知识产权制度的形成是封建特许权向资本主义财产权嬗变的过程。① 起初，为了维护特定阶级或者主体的利益，封建君主以敕令等方式授予特许权——其实质是一种行政庇护而非法定的权利保护。伴随资本主义商品经济发展，资产阶级的私权保护意识逐步增强，为了"垄断"其在商业活动中独立创造的智力成果，在资产阶级的努力下，知识产权这一崭新的无形财产形式获得资本主义国家率先认可，而后被世界各国所接受。1474 年，威尼斯共和国颁布世界上第一部专利法——《发明人法》；1709 年世界上第一部著作权法——《安娜女王法》诞生；1857 年，法国颁布世界上第一部成文商标法——《与商业标记和产业标志有关的法律》。知识产权以保护智力成果和工商业标记等无形知识产品为己任，成为民事法律财产权制度中独立于以"物"为保护对象的有形财产所有权制度的新型法律制度。

近年来，随着知识产权于市场竞争和社会经济发展的重要性愈发显现，其获取、运用、保护和管理各阶段与公共利益的关联愈加紧密，以至于学界关于"知识产权公权化""知识产权的公权属性"等观点不绝于耳。但TRIPS 协议第 1 条已明确：知识产权是私权，且知识产权的产生和成长土

---

① 参见吴汉东《知识产权的私权与人权属性——以〈知识产权协议〉与〈世界人权公约〉为对象》，载《法学研究》2003 年第 3 期。

壤决定了其私权属性。作为无形财产权,知识产权理应被纳入民事法律财产权制度体系,我国《中华人民共和国民法总则》(下文简称《民法总则》)第 123 条也对此作出了明确的回应。2020 年 5 月 28 日,《中华人民共和国民法典》(下文简称《民法典》)正式颁布,其中有 51 条涉知识产权,提纲挈领地对知识产权客体及其民事权利、技术类知识产权合同规范以及知识产权惩罚性赔偿等问题进行了明确。

2. 知识产权走进中国《民法典》

(1)"知识产权条款"于《民法总则》

《民法总则》已于 2017 年 3 月 15 日颁布,并于同年 10 月 1 日起正式实施。其中,第 123 条对知识产权进行了专门规定。[①] 但关于知识产权制度于《民法总则》的体现方式,以及第 123 条具体内容的合理性,学界并非完全持肯定态度。

有学者认为,知识产权制度于《民法总则》的体现方式,应考虑《民法典》与《民法通则》之间的延续性、民法立法架构的层次和布局、"民事权利"于民事立法的重要性以及《民法典》总则和分则应保持良好的逻辑和内容承接关系等因素。《民法总则》给予知识产权制度的关注过少,仅以数个宣示性的条文作为《民法典》和知识产权制度的链接点,其较《民法通则》显得更为保守。这种链接方式忽略了知识产权在知识经济时代的重要作用,显示了《民法典》体系上和逻辑上的缺陷。[②] 也有学者认为,知识产权法应当与《民法典》保持"点面结合"的链接方式。所谓的"点",即《民法总则》应当于基本章节中对知识产权制度予以反映,例如,在基本原则、保护对象、权利范围、法律实施、诉讼时效等方面对知识产权作出特别规定。

[①] 《民法总则》第 123 条民事主体依法享有知识产权。知识产权是权利人依法就下列客体享有的专有的权利:(一)作品;(二)发明、实用新型、外观设计;(三)商标;(四)地理标志;(五)商业秘密;(六)集成电路布图设计;(七)植物新品种;(八)法律规定的其他客体。

[②] 参见冯晓青《〈民法总则〉"知识产权条款"的评析与展望》,载《法学评论》2017 年第 4 期;安雪梅《现代民法典对知识产权制度的接纳》,载《法学论坛》2009 年第 1 期。

目前《民法总则》已实施三年,与《民法通则》以专节的形式规定知识产权制度相较,《民法总则》第 123 条从权利客体的角度对知识产权制度进行了简要规定。笔者以为,《民法总则》的形式和内容需要兼顾民法体系内的各个部分,以单条或者专章专节的形式实现与知识产权制度的呼应,其重要性在于明确知识产权的私权属性,以及宣示知识产权属于民事权利体系的重要组成部分。既然以单个条文的形式能够实现明晰知识产权基本属性的目的,为知识产权单行法律制度的发展预留更多空间,不妨可以看作《民法总则》对知识产权制度的另一种"关照"和"重视"。

(2) 知识产权制度于《民法典》

我国知识产权法律制度长期以单行法为立法形式或糅杂于其他法律制度中,使得知识产权法律体系整体层次不统一,知识产权法律制度内部之间的冲突和重合现象也较为严重。观望世界各国知识产权制度的发展历程,对现行知识产权法律规范进行抽象和系统化,实现知识产权法典化是主要趋势。伴随我国知识产权基本法律规范不断完善、知识产权权利类型不断丰富、知识产权客体范围的扩张,知识产权制度法典化的可行性和迫切性日益凸显。就知识产权法典化,吴汉东教授认为,大抵具有两层含义:其一,编撰知识产权法典,即知识产权法典与民法典分离的法典化模式,以 1992 年法国知识产权法典为例;其二,在民法典中对知识产权制度予以安排。① 目前,中国《民法典》已经颁布,将于 2021 年 1 月 1 日起施行。此次知识产权法典化并无迹象显示系按照知识产权法典与民法典分离的法典化模式,而是通过分散的条文于《民法典》中对知识产权制度进行了安排。此前,就知识产权制度是否应于《民法典》中独立成编,以及知识产权制度与《民法典》的具体互动模式,在学界引发热议。尽管,中国《民法典》已经颁布并临近施行,但知识产权法典化的道路才刚刚开始,面对不断变化的社会环境和法律制度需求,学界针对以上问题

---

① 参见吴汉东《知识产权"入典"与民法典"财产权总则"》,载《法制与社会发展》2015 年第 4 期。

的研究和思考并未止步。

就知识产权制度是否应于《民法典》中独立成编的问题，持肯定意见的学者认为，在《民法典》中设立知识产权编不仅在于宣示知识产权的民事权利属性，还在于整合民事权利救济规范时，有益于剔除与民事权利本性不合的知识产权救济方式，约束日后公权力的任意扩张。① 持否定意见的学者认为，为了维护《民法典》体系的稳定性和权威性，应当保持知识产权制度以民事单行法的形式存在。同时，能否如支持知识产权独立成编的学者所言，抽象出知识产权法的一般规则，尚且存疑。② 此外，知识产权制度与《民法典》分则的逻辑不相适应，若强行"装入"，恐运行效果不如保持现状。③

就知识产权制度与《民法典》具体互动模式的选择，学界主要有三种观点。

纳入式，将现行知识产权单行法"整体搬迁"至《民法典》单独成编。支持该模式的学者认为，采用纳入式立法的主要优势在于：第一，明确知识产权的私权属性；第二，体现知识产权于民事权利体系中日益重要的地位；第三，有助于知识产权制度内部的协调与统一；第四，是《民法典》时代性的重要彰显。知识产权立法中大量关于技术操作和授权审查的立法已交给例如《专利法实施细则》《专利审查指南》等规定，即使在《民法典》中设立单独的知识产权编，也不影响以上实施细则或技术性指南的颁布和施行。因此，学界关于纳入式立法可能会在《民法典》中纳入过多程序性规定、破坏《民法典》的稳定性、淹没知识产权的个性特征、将知识产权与传统财产权制度融合、加大《民法典》的编纂难度等质疑，并不成

---

① 参见李琛《论中国民法典设立知识产权编的必要性》，载《苏州大学学报》（法学版）2015年第4期；邓社民《我国民法典分则编纂中的知识产权立法构想》，载《法学评论》2017年第5期。
② 参见胡开忠《知识产权法与民法典关系论纲》，载《法制与社会发展》2003年第2期；李扬《论民法典编纂中知识产权不宜独立成编》，载《陕西师范大学学报》（哲学社会科学版）2017年第2期。
③ 参见崔建远《知识产权法之于民法典》，载《交大法学》2016年第1期。

立。而采用纳入式立法的真正挑战在于，面对知识产权法中诸多行政性质的规则如何实现与《民法典》契合的问题。然而，从世界各国的发展趋势来看，"去行政化"体制改革是知识产权制度发展的主要趋势，此为知识产权制度全面纳入《民法典》提供了契机。①

链接式，在《民法典》中对知识产权进行原则性规定，而后单独编纂知识产权法典或者保留知识产权单行法。关于知识产权制度与《民法典》的具体链接方式，学者们所持观点不一。有学者认为，知识产权的私权属性已得到《民法总则》相关条款的确认，现行知识产权单行法已经形成较为独立的知识产权法体系。因此，《民法典》应仅对知识产权作原则性规定，保留知识产权与《民法典》之间一个"点"的链接，将其他单行法独立于《民法典》作为民事特别法。② 有学者认为，知识产权制度本身体系庞杂，知识产权的类型和客体范围也在跟随科技发展不断更新，知识产权法律制度变化性较大，不宜以全部纳入的方式在《民法典》中独立成编。但是，可以考虑《民法典》中仅规定知识产权的共同规则，而其他技术性和程序性规则由单行法予以规定。③ 也有学者认为，可将知识产权于《民法典》中单独成编，但单独编只需纳入知识产权一般性规范的抽象和概括内容，下一步再行制定知识产权法典。④

糅合式，将知识产权与物权体系进行糅合。《蒙古国民法典》是"糅合式"立法模式的代表，其将知识产权作为一种无形物权与普通所有权进行糅合，即将智力成果作为无形物，无须再在物权体系范围以外创立新的理论给予保护。⑤ 此外，还有学者主张创新性并用"纳入式"和"糅合式"

---

① 参见易继明《历史视域中的私法统一与民法典的未来》，载《中国社会科学》2014 年第 5 期；徐国栋《民法典草案的基本结构——以民法的调整对象理论为中心》，载《法学研究》2000 年第 1 期。
② 参见梁慧星《关于制定中国民法典的思考》，中国法学网，http://www.iolaw.org.cn/showArticle.aspx?id=215，最后访问日期：2018 年 8 月 12 日。
③ 参见王利明《关于我国民法典体系构建的几个问题》，载《法学》2003 年第 1 期。
④ 参见吴汉东《民法法典化运动中的知识产权法》，载《中国法学》2016 年第 4 期。
⑤ 参见曹新明《知识产权与民法典连接模式之选择——以〈知识产权法典〉的编纂为视角》，载《法商研究》2005 年第 1 期。

立法模式，于《民法典》中单独设立知识产权编，同时在合同法总则和分则部分对知识产权合同予以规定，在继承编规定知识产权的继承问题，侵权责任编规定知识产权侵权责任的相关规定。通过知识产权单独成编保留知识产权的特殊性，同时将相关规则与《民法典》其他部分糅合。①

我国知识产权制度长期以单行法作为立法形式或者糅合于其他法律制度中，确实造成法律体系较为混乱、法律制度冲突和重合等问题。"纳入式"尽管能够最大限度彰显知识产权于民事权利体系的重要地位，但该模式可能对《民法典》的结构和稳定性造成较大程度的冲击，也不利于我国知识产权制度的"自由"发展。而"糅合式"立法将知识产权和物权等制度融为整体，看似有利《民法典》分则于形式上的统一化，但实际上忽视了物权和知识产权的诸多差异，强行同化后的"物权体系"内部可能出现制度矛盾和冲突，而强行拆解知识产权这一特殊的权利类型，融入现有物权体系，也可能难以发挥其优势，减弱其地位。②

结合以上因素及我国当下的实际情况，《民法典》从多个章节对知识产权相关问题分别明确，具有现实的合理性。《民法典》对知识产权制度予以安排的主要意义在于明确知识产权的私权属性，明确知识产权作为民事权利的类型之一，明确知识产权法来源于民法这一基本问题。目前，我国《民法典》与知识产权制度的链接方式是：通过第 123 条相关内容确认知识产权的私权属性和知识产权作为民事权利的类型之一；通过《民法典》中民事权利、质权、买卖合同、技术合同、家庭关系、损害赔偿等章节对知识产权相关问题作出回应。其他发挥知识产权保护效用的法律法规仍然以单行法或者今后以"知识产权法典"的形式存在，反而更有利于知识产权事业的"自由"发展。

---

① 参见邓社民《我国民法典分则编纂中的知识产权立法构想》，载《法学评论》2017 年第 5 期。
② 参见曹新明《知识产权与民法典连接模式之选择——以〈知识产权法典〉的编纂为视角》，载《法商研究》2005 年第 1 期。

（二）私法自治与公权力的介入——知识产权是重要的市场竞争工具

1. 知识产权的竞争法调整

（1）知识产权客体多样性的需求

知识产权本身是一个开放的权利体系，随着科技创新和社会经济发展，新型知识产权客体类型不断涌现，但仅依靠现行知识产权单行法——《专利法》、《商标法》、《著作权法》以及《集成电路布图设计保护条例》、《植物新品种保护条例》等法律法规，难以为日益扩张客体范围的知识产权提供有效保护。知识产权作为重要的民事财产权利，目前正被市场主体广泛地用作市场竞争工具。实践中，大量侵害知识产权的行为实质上也会对市场竞争秩序造成损害。因此，利用《反不正当竞争法》从保护市场公平竞争秩序的角度为知识产权提供保护，能够有效缓解知识产权客体范围扩张与知识产权法律制度缺位之间的矛盾。

根据《民法总则》第123条，法定知识产权客体范围主要包括：作品，发明、实用新型、外观设计，商标，地理标志，商业秘密，集成电路布图设计和植物新品种。《著作权法》、《专利法》、《商标法》及其实施细则主要为作品，发明、实用新型和外观设计，注册商标（包括申请注册为集体商标和证明商标的地理标志）和部分未注册商标（驰名未注册商标和在先使用并有一定影响的未注册商标等）提供法律保护；《集成电路布图设计保护条例》和《植物新品种保护条例》等其他法规政策为集成电路布图设计和植物新品种提供法律保护。

2017年修订后的《反不正当竞争法》，从促进社会主义市场经济健康发展、维护经营者和消费者合法利益的视角，通过规制不正当竞争行为，为"商业秘密"、"有一定影响的商品名称、包装、装潢等标识"、"有一定影响的企业名称（包括简称、字号）、社会组织名称（包括简称等）、姓名（包括笔名、艺名、译名等）"以及"有一定影响的域名主体部分、网站名称、网页等"智力成果或识别标记提供法律保护，同时关注与《商标法》等知识产权单行法的衔接。① 正如郑成思教授所言："只有反不正当竞争法在中国知识产权保护领域也'幸运'起来，中国的知识产权保护制度才有希望达到'疏而不漏'，才可能进一步完善。"②

（2）保护知识产权与维护市场竞争秩序具有一致性

知识产权虽为私权，但知识产权的获取、运用、保护和管理无不与公共利益紧密关联。随着我国市场经济的发展，经济结构转型过程中，知识产品于市场竞争中的价值日益凸显。作为一项重要的民事财产权利，知识产权被市场主体广泛地用作市场竞争工具。因此，激烈的市场竞争环境下，抢占更多的知识产品资源，掌握更多知识产权，即意味着占据更大的竞争优势。利益驱使下，市场主体对知识产品资源的抢占和利用不仅可能涉及对个人私权的侵犯，同时可能损害市场竞争秩序，引发不正当竞争从而需要反不正当竞争法规制。

知识产权制度的设立目的不仅在于保护知识产权权利人的私益，还在于鼓励创新，推动科技进步和社会经济发展。同时，正常、有序的市场竞争秩序才是维护经济稳定发展的前提。侵害知识产权的行为和滥用知识产权的行为常常同时造成市场竞争秩序的损害，所以，维护市场竞争秩序和保护知识产权往往具有高度一致性。

（3）知识产权的竞争法调整符合国际规则

TRIPS 协议第 39 条专门就"未披露信息"的反不正当竞争法保护思路提供依据——自然人和法人有权防止其合法控制的未披露信息在未经其同意的情况下以违反商业道德的方式被他人披露，或被他人取得或使用。而《保护工业产权巴黎公约》把商号等知识产品纳入了反不正当竞争法的保护范畴。此后的《建立世界知识产权组织公约》更是将"反不正当竞争"保护明确列为知识产权保护的重要一项。③ 此外，世界知识产权组织 1996 年

---

① 参见宁立志《〈反不正当竞争法〉修订的得与失》，《法商研究》2018 年第 4 期。
② 郑成思：《论知识产权的附加保护》，《法学》2003 年第 11 期。
③ 参见郑成思《论知识产权的附加保护》，《法学》2003 年第 11 期。

关于反不正当竞争保护的示范规定及其"注释",也对知识产权领域的不正当竞争调整进行了规定。①

2. 知识产权的内部限制与外部规制

(1) 知识产权滥用的具体类型

知识产权滥用,是相对于知识产权正当行使而言的,知识产权的权利人在行使其权利时超出了法律所允许的范围或者正当界限,导致对该权利的不正当利用,损害他人利益和社会公共利益的情形。② 关于知识产权滥用,学界通常持狭义和广义理解两种态度。狭义理解认为,知识产权滥用应仅限于知识产权权利人对知识产权实体权利进行不正当的使用;③ 广义理解则认为,知识产权滥用包含知识产权权利滥用、知识产权申请制度的滥用以及知识产权诉权的滥用。④ 笔者以为,以上关于知识产权滥用概念的广义理解和狭义理解都不免有落入极端之嫌。从维护知识产权滥用行为类型体系的逻辑性、有效规制知识产权程序性滥用行为的必要性以及便于专利权不当行使行为类型化区分等视角,应该将知识产权滥用的范围划分为知识产权实体性滥用和知识产权程序性滥用。⑤

知识产权实体性滥用主要包括拒绝许可、搭售、不争执条款、差异化许可、回馈授权、延展性许可、专利联营、标准专利滥用以及知识产权许可中的数量限制、销售区域限制、商标使用限制、价格限制等具体类型。知识产权程序性滥用则主要包括知识产权恶意诉讼、虚假诉讼、知识产权保护懈怠行为(主要指专利保护懈怠行为和版权保护懈怠行为)、标准必要专利诉讼滥用、不当寄发知识产权侵权警告通知函等具体类型。

(2) 知识产权制度的内部限制

从我国目前知识产权单行法的立法目的来看,知识产权制度除保护知

---

① 参见孙颖《论反不正当竞争法对知识产权的保护》,《政法论坛》2004 年第 6 期。
② 参见王先林《知识产权滥用及其法律规制》,《法学》2004 年第 3 期。
③ 参见李健男、陈慧青《知识产权滥用规制的理论建构新论——以知识产权的自然属性作为逻辑起点的研究》,《湖南师范大学社会科学学报》2014 年第 5 期。
④ 参见丁茂中《中国规制知识产权滥用的法律研究》,《河北法学》2005 年增刊。
⑤ 参见宁立志《规制专利权滥用的法律范式论纲》,《社会科学辑刊》2018 年第 1 期。

识产权权利人的合法私益以外，同时还兼具促进科技进步和社会经济发展等目标。为了缓解知识产权这一垄断权利与社会公益之间的冲突，知识产权法律制度内部通过规则设置，在知识产权权利获取、行使、管理和保护各阶段予以一定程度的限制。

首先，知识产权获取阶段的限制规则。无形的知识产品是知识产权的保护客体，但并非所有的知识产品都能获得专有权利的保护。我国现行知识产权单行法《专利法》、《商标法》和《著作权法》均对相关知识产权的获取规定了实质性条件要求和程序性条件要求，并在专利制度、商标制度和著作权制度中分别设置了知识产权客体例外制度。例如，发明专利的授权要件为"新颖性"、"创造性"和"实用性"，且申请发明专利的技术方案须通过初步审查和实质审查程序，才可能被授予专利权；商标授权有关于"显著性"的要求；作品有关于"独创性"的要求等。其次，知识产权行使过程中的限制规则。例如，知识产权"权利用尽规则"，专利制度中的"强制许可制度""在先使用制度"，商标制度中的"强制注册制度"和"商标撤三制度"，著作权制度中的"合理使用制度"和"法定许可制度"等。再次，知识产权管理阶段的限制规则。法律授予特定主体法定垄断权，通常以该主体公开知识产权客体为对价，且为知识产权设定法定保护期限，期限届满知识产品随即归入公共领域。但对于知识产权主体不使用或者未充分使用法定权利的情形，知识产权将面临被撤销的风险，例如"商标三年不使用撤销制度"。最后，知识产权保护阶段的限制。例如，"善意侵权制度"、"商标先用权抗辩制度"以及"专利无效抗辩制度"等。

（3）知识产权滥用的外部规制

尽管知识产权制度内部已设置种种限制规则，试图从知识产权法律制度的设置实现个人私利与社会公益的平衡，但市场主体的趋利本性使得知识产权制度的内部约束机制难以遏制知识产权主体利用合法垄断权实施损害他人和社会公益的行为，因此，还需借助民法以及竞争法等外部力量予以规制。

知识产权滥用的民法规制。知识产权为私权，是民事权利体系的重要组成部分，因此民法的基本原则当然也适用于知识产权领域。其中，民法中的诚实信用原则、公序良俗原则、利益平衡原则和禁止权利滥用原则均从不同角度对知识产权产生不同程度的限制作用。在知识产权领域，尤以权利滥用行为（特别是专利权滥用行为）常见，因此，运用民法上的禁止权利滥用原则限制知识产权滥用往往更具针对性。

知识产权滥用的竞争法规制。尽管民法基本原则可以从多个角度限制知识产权滥用，但民法受自身性质和手段所限，只能对知识产权滥用予以消极否定，而不能采取积极措施防止他人或者社会公共利益受损。激烈的市场竞争环境下，知识产权主体的趋利本性，往往促使其通过滥用合法垄断权实施反竞争行为，因此，由具有社会本位属性的竞争法主动介入，能够有效弥补知识产权自我约束和民法基本原则限制的不足和短板。TRIPS 协议第 40 条指出，一些知识产权许可活动或者许可条件，确实可能具有限制竞争的效应，对贸易产生不利影响。TRIPS 协议成员方可在相应的法律法规中，采取适当措施规制滥用知识产权并对市场竞争秩序造成损害的行为，例如回馈授权条件、不争执条款以及强制性一揽子许可等行为。[1] 此外，《马拉喀什建立世界贸易组织协定》《保护工业产权巴黎公约》《保护文学艺术作品的伯尔尼公约》等都从国际条约层面提供了限制知识产权滥用的立法依据。[2] 根据国际条约的要求，各国结合实际情况，均制定颁布了系列限制知识产权滥用的法律规范。例如，韩国竞争主管当局先后发布了《国际合同上不公平交易行为的类型及标准》、《知识产权不当行使审查指南》和《不公平交易行为审查指南》，对不当行使知识产权的行为予以规制。[3] 加拿大则从判例法中发展出较为成熟的"专利权滥用抗辩原则"，并同《竞争法》一起规制专利权滥用行为。[4] 知识产权领域可能损害竞争秩序的行为主

---

[1] 参见姚立国、张炳生《从 TRIPs 协议第 40 条谈知识产权滥用的竞争法规制》，《河北法学》2009 年第 9 期。
[2] 参见乔生、陶绪翔《我国限制知识产权滥用的法律思考》，《现代法学》2005 年第 1 期。
[3] 参见宁立志、〔韩〕金根模《韩国公平交易法中的专利权不当行使及其启示》，《法商研究》2010 年第 5 期。
[4] 参见宁立志、李晓秋《基于二重维度的解读：加拿大规制专利权滥用的实践及其启示——以奥贝泰克公司诉赛诺菲公司案为例》，《中国社会科学院研究生院学报》2014 年第 3 期。

要包括：不当发布侵权警告函，拒绝许可，搭售及一揽子许可，不当收取使用费，价格歧视，交叉许可及集合经营，价格限制以及知识产权许可协议中的数量与品质限制、区域限制、授权对象限制、使用范围限制、排他性交易条款、独家回授条款等。① 适用竞争法予以规制，既能为市场主体预留充分的竞争空间，也能有效打击损害市场竞争秩序的知识产权滥用行为。

三 对未来的展望：从微观创新到宏观战略
——科技浪潮与世界潮流下的中国知识产权事业

（一）知识与信息带来的挑战——知识共享与科技成果权利化的边界

1. 人工智能

人工智能（Artificial Intelligence，简称 AI）作为新一轮产业变革的核心驱动力，将从微观到宏观对人类生产、生活产生深刻的影响。② 根据人工智能是否具备推理、思考和解决问题的能力，可将其分为弱人工智能和强人工智能。③ 目前，对语音识别、图像处理、机器翻译等功能的开发，都还属于弱人工智能阶段。④ 但是科技发展之迅速，弱人工智能的开发和应用已经带来了法律、伦理等方面的新问题。

伴随人工智能逐步渗透人类的生产生活、艺术创作和发明创造领域，也伴随技术变革产生重大影响，人工智能进行新闻稿写作、诗歌创作、谱曲等原本由自然人才能从事的创作活动，已不再是新鲜话题。从各国当前的立法和司法实践来看，各国态度不一。随着欧洲"机器替人"现象越来

---

① 参见宁立志《知识产权的竞争法限制》，武汉大学 2006 年博士学位论文。
② 参见国务院《新一代人工智能发展规划》（国发〔2017〕35 号）第一部分。根据《人工智能标准化白皮书》（2018 版），人工智能是指利用数字计算机或者数字计算机控制的机器模拟、延伸和扩展人的智能，感知环境、获取知识并使用知识获得最佳结果的理论、方法、技术及应用系统。
③ 也有学者将其分为：弱人工智能、人工智能和超人工智能三个阶段。参见梁志文《论人工智能创造物的法律保护》，《法律科学》（西北政法大学学报）2017 年第 5 期。
④ 参见中国电子技术标准化研究院《人工智能标准化白皮书》（2018 版），第 5 页。

越多,"持证上岗"的人工智能机器人规模日益壮大,2016年欧盟法律事务委员会曾提交动议,要求欧盟委员会赋予目前最先进的机器人"电子人"身份,并赋予其特定的权利和义务。2017年,美国汉森公司研发的智能机器人"索菲亚"被沙特授予了公民资格,同其他沙特公民(自然人)一样享有同等的权利,承担同样的义务。而众所周知的"猴子拍照案",[①] 美国法院认为猴子以及其他所有的非人类动物,不具有版权法上的主体资格,因此猕猴自拍照不能受版权法保护。美国目前的司法实践认为,只有人类创作的作品才能作为版权法的保护客体。我国司法实践也始终坚持,只有包含人的创作要素的成果才能作为我国著作权法的保护对象。日本对于人工智能创作物的可版权性则持"半否定"态度。一方面,其"知识产权战略本部"认为人工智能创作物不能作为作品受《著作权法》保护;另一方面,其认为人类创作物和人工智能创作物在外观上已难以区分,对于明显属于人工智能创作物的成果不提供版权法保护,而其他与人类创作物难以区分的部分(例如音乐、小说等)则与人类创作物同等对待。

面对人工智能技术变革对法律制度带来的冲击,就知识产权法领域而言,我国学者们热议的内容主要围绕:人工智能生成物能否被纳入知识产权客体范围及其权益归属的问题。

就"人工智能生成物能否被纳入知识产权客体范围"的争议,持支持观点的学者主要基于以下理由。

第一,现行著作权法体系能够将人工智能生成内容归为作品,纳入法律保护。人工智能所有人将其意志注入人工智能,使人工智能代表所有者的意志进行创作,人工智能实际上是人类进行文学创作的工具,根据《著作权法》第11条,可以认定人工智能所有者为作者。关于人工智能生成内容是否为作品,应当依照现行《著作权法》的独创性标准进行判断。[②] 也有

---

① See Naruto v. Slater, No. 16 – 15469, 2018 WL 1902414 (9th Cir. Apr. 23, 2018).
② 参见熊琦《人工智能生成内容的著作权认定》,《知识产权》2017年第3期;吴汉东、张平、张晓津《人工智能对知识产权法律保护的挑战》,《中国法律评论》2018年第2期。

观点认为，人工智能生成内容是"人机合作"的智力成果，将其纳入著作权法的保护范围，并不违背现行著作权法的人格主义基础。关于权利归属问题可以参见现行著作权法关于职务作品或者雇佣作品的相关规定，由创制或者投资人工智能的主体享有权利，承担义务。①

第二，人工智能生成内容可被著作权法上的邻接权吸纳。尽管人工智能非"人"也非"物"，仍然不能排除其生成内容的可版权性。将人工智能设计者的创作内容定义为"剧本"，人工智能生成内容则是对该"剧本"的某种演绎。根据"独创性"判断的客观标准，人工智能创作内容可被著作权法上的邻接权接纳。关于权益归属，应以约定优先，无约定，则应建立起以所有者为核心的权利构造。② 也有学者认为，现行邻接权制度尚无法对人工智能生成内容进行合理安排，需要对邻接权制度予以扩展，设立"数据处理者权"，在不违背现行著作权法基本理念的前提下，给予人工智能生成内容合理的法律保护，合法权益归数据处理者享有。③

第三，也有学者从民事主体的角度出发，认为人工智能创造的内容遭受知识产权制度保护障碍，主要由于我国知识产权法律理念以人类创造而非人类受众为中心。若以作品受众为标准确立作品的创作要件，则人工智能创造物获得著作权法保护将不再面临制度障碍。因此，将人工智能归入《著作权法》中类似"其他组织"的非法人实体，无须赋予其法律人格，仍然能够认定为著作权法上的权利人，人工智能生成内容获得著作权法保护也不再面临制度障碍。④

认为人工智能生成物不能被纳入知识产权客体范围的学者，主要基于以下理由。

---

① 参见吴汉东、张平、张晓津《人工智能对知识产权法律保护的挑战》，《中国法律评论》2018年第2期。
② 参见易继明《人工智能创作物是作品吗?》，《法律科学》（西北政法大学学报）2017年第5期。
③ 参见陶乾《论著作权法对人工智能生成成果的保护——作为邻接权的数据处理者之证立》，《法学》2018年第4期。
④ 参见梁志文《论人工智能创造物的法律保护》，《法律科学》（西北政法大学学报）2017年第5期。

第一，人工智能生成内容应当运用民法中的孳息理论予以保护。现行著作权法体系无法为人工智能生成内容提供庇护，无论是职务作品、雇佣作品还是法人作品等都无法涵盖人工智能生成内容。运用民法中的孳息理论，将人工智能生成内容作为知识财产孳息，归人工智能硬件所有者。[①] 也有学者认为，人工智能创作物——"孳息"应该按照"原物主义"分配归属，归开发人工智能的程序员或者投资者；若"原物"发生权利变动，则依照"生产主义"，归用益物权人所有。[②]

第二，目前发展阶段的人工智能不具有表达思想观念的能力，其生成内容无法归入作品范畴。目前发展阶段的人工智能只是按照人类预设的算法、规则和模板进行计算，并生成内容，尽管从最终成品的表现形式来看，与人类创作的作品十分相近，但从生成过程来看，其终究不是自然人对思想观念的独创性表达，无法构成版权法上的作品。[③]

此外，关于将人工智能作为创新工具或者人工智能"独自"完成的发明创造是否能够获得现行专利法保护的问题，学界给予了关注。有学者认为，正如专利制度意在鼓励发明创造，人工智能作为发明创造的来源，本身就是一种突出的技术创新。专利法不应以某一发明创造是人类借助人工智能完成或者由人工智能单独创造而成而否定其可专利性。可以参照职务发明专利和雇佣发明专利的权益分配模式，将专利权的主体资格赋予人工智能的创造人或者投资人。[④] 关于权利归属，有学者认为可以对专利法进行灵活解释，不局限于只有自然人才能作为专利权的主体，对发明创造作出实质性贡献的人工智能可以成为"发明人"，或者为

---

① 参见黄玉烨、司马航《孳息视角下人工智能生成作品的权利归属》，《河南师范大学学报》（哲学社会科学版）2018 年第 4 期。
② 参见林秀芹、游凯杰《版权制度应对人工智能创作物的路径选择——以民法孳息理论为视角》，《电子知识产权》2018 年第 6 期。
③ 参见王迁《论人工智能生成的内容在著作权法中的定性》，《法律科学》（西北政法大学学报）2017 年第 5 期。
④ 参见吴汉东、张平、张晓津《人工智能对知识产权法律保护的挑战》，《中国法律评论》2018 年第 2 期。

其新设"发明机器"的身份。同时，在承认人工智能生成物可专利性的前提下，类比使用职务发明制度，赋予人工智能"发明人"身份，其开发企业等主体享有专利权；若人工智能和自然人共同作出实质性贡献，则可类比共同发明制度，人工智能可作为"共同发明人"但是不与自然人共享专利权。[①] 关于具体某一项人工智能生成内容的可专利性判断，需要同时从横向维度（人工智能的参与程度、运作方式和方案的三性要求等因素）和纵向维度（人工智能的发展水平、普及程度和可适用性等）进行衡量。且当人工智能逐步推进，人工智能生成物的可专利性标准也应当相应拔高。[②]

　　人工智能产业迅速发展，从权利主体和权利客体等角度对现行法律制度提出了挑战。尽管有些国家（地区）已通过立法或者判例对此作出了回应，但是人工智能的发展绝不会止步于此。且从近年来人工智能的发展趋势来看，难以预想十年后、二十年后，人工智能能够拥有的能力。从理论研究的角度，既然现阶段人工智能生成内容与自然人创作物已难以从形式上进行区分，若以其程序上不符合著作权法关于作品创作过程的要求而否定其版权性，本身在技术层面也难以执行。因此，笔者以为，人工智能生成内容是否归入作品的范畴，还是应当以客观的"独创性"标准进行判断，而在权益分配过程中，以约定优先，没有约定的情形下，充分考虑各主体对人工智能开发的投入成本（资金成本、人力成本等），进行合理分配。此外，理论研究过程中，我们还应更加及时地关注人工智能产业的发展及其走向，才能更准确地从法律制度的层面作出回应。法律制度总是滞后于社会实践，人工智能技术变革带来了法律制度尚未涵盖的新的社会矛盾，但这是法制建设面临的常态。在法律制度暂时缺位的情况下，如何依据现行法律制度，对现阶段人工智能生成内容的保护需求作出回应，还有赖司法

---

① 参见曹建峰、祝林华《人工智能对专利制度的影响初探》，《中国发明与专利》2018年第6期。
② 参见季冬梅《人工智能发明成果对专利制度的挑战——以遗传编程为例》，《知识产权》2017年第11期。

人员的智慧。

2. 3D 打印

3D 打印（3 Dimensions printing），即通过特定打印设备获得立体打印物。经过长期的实验和改进，目前，3D 打印技术已逐步投入市场应用，在某种程度上该项技术正在改变着社会的生产和创新模式，标志着新一轮工业革命的进程。3D 打印的主要步骤，是将待打印物的信息（3D 数字模型）输入特定打印设备，经过特定增材制造过程从而获得立体打印物。3D 打印技术的产生和发展，不仅为科技创新提供了新的方向和动力，也为法律制度提出了新的挑战。其中，3D 数字模型的法律保护问题以及 3D 打印行为的侵权问题，最为突出。

3D 数字模型作为能够被 3D 打印设备识别、读取并执行的技术信息，不仅包含对待打印产品本身形状和功能的描述信息，还提供制造该产品的全部工艺细节。除此之外，其还具有数字信息产品可阅读、可修改等基本特性，并与互联网网络传输、存储等特性相融合。由于 3D 数字模型的通用性、多元性和开源性等特征，其储存、应用和传播等过程与互联网密不可分。[①] 此外，3D 打印这一重大技术进步，对公共利益的影响也不言而喻，因此社会大众对于该项技术成果的共享需求也更加迫切。有学者认为 3D 打印的数字模型符合著作权法意义上的独创性标准时，应该属于作品范畴，受著作权法保护。但同时需要将 3D 数字模型的艺术性和实用功能进行区分，更好地为艺术性部分提供著作权法保护。[②] 笔者以为，根据 3D 数字模型的生成途径，可将其划分为原生模型（由人编写而成）、扫描模型（扫描设备自动生成）和修改模型（在已有文档上修改而成），不同生成途径的 3D 数字模型所体现出的创造性水平差异较大，著作权法应根据不同类型的

[①] 通用性，即指 3D 数字模型统一以标准格式（STL 格式）编写，以供 3D 打印设备识别，供编程人员阅读和修改；多元性，即 3D 数字模型来源广泛、价值印记多样，且创造性程度高低不一；开源性，即在互联网环境下，其更易用于交换和分享。参见宁立志、王德夫《论 3D 打印数字模型的著作权》，《武汉大学学报》（哲学社会科学版）2016 年第 1 期。

[②] 参见黄亮《3D 打印著作权问题探讨》，《现代出版》2015 年第 2 期。

3D数字模型区别对待，合理地设置限制规则。①

关于3D打印行为的侵权问题，笔者主要从商标领域、著作权领域和专利领域分别讨论。

3D打印行为的著作权侵权问题。首先，需要厘清，3D打印技术实现二维设计图到三维立体产品的转化过程，是否属于著作权法意义上的复制。有学者将这种二维设计图到三维立体产品，或者三维立体产品到二维设计图的再现，称作"异形复制"。并提出，并非所有的3D打印都能构成著作权法意义上的复制，复制和制造的真正区别在于，二维设计图和三维立体产品是否都构成作品。如果二维设计图本身构成作品且通过3D打印技术得到的三维立体产品也构成作品，则该过程属于著作权法意义上的"复制"，否则这种"再现"应当属于"制造"的范畴。② 其次，关于3D打印行为的著作权侵权问题还涉及"合理使用"的认定。根据著作权法设置的权利限制规则，如果行为人是为了学习、研究或者欣赏，可以少量复制他人已经发表的作品。但是，通过3D打印技术，行为人可以"合理使用"为侵权抗辩，只需付出极少的代价，便可直接"复制"获得实物产品，满足自己的消费需求，不可避免地会对知识产权主体的利益造成损害。所以，通过3D打印技术进行"复制"，能否适用著作权法上的合理使用制度，还有待研究。

3D打印行为的商标侵权问题。3D打印技术的发展和普及，使得产品的制造和传播成本更低、便利性更高，无形增加了商标侵权的风险。就消费者而言，以非营利目的，自行购买原材料运用3D打印设备获得贴附商标的产品，从根本上的确可能降低消费者的消费需求。还有学者认为，消费者私自利用3D打印技术制作并使用商标的行为，可能从实际上影响其他消费者对商标（背后的经营者）的评价，从而造成商标被淡化的风险。③ 但是，

---

① 参见宁立志、王德夫《论3D打印数字模型的著作权》，《武汉大学学报》（哲学社会科学版）2016年第1期。
② 参见单晓光、袁博《论3D打印中的"异形复制"》，《科技与法律》2017年第1期。
③ 参见李陶《工业4.0背景下德国应对3D打印技术的法政策学分析——兼论我国对3D打印技术的法政策路径选择》，《科技与法律》2015年第2期。

由于消费者本人实施 3D 打印行为并未以营利为目的，故难以适用现行商标法侵权认定规则予以追责。从而，那些提供诱导、教唆和帮助，甚至可能获得实质利益的间接侵权人，更加难以被依法追责。

3D 打印行为的专利侵权问题。承前所述，3D 打印技术极大地方便了产品和零部件的复制和制造，消费者无须依靠专门的产品零配件供应商，就可自行通过 3D 打印技术，获得零配件，进行专利产品的修理。据此，也进一步提高了专利法上"修理—重做"规则的适用难度。此外，同上文关于商标领域的讨论，对于消费者以"非生产经营目的"打印专利产品的行为是否构成专利侵权，有学者认为，要长久维持 3D 打印产业的发展，保持 3D 打印技术对社会发展的贡献以及私主体与公共利益间的平衡至关重要。对于"非生产经营目的"打印专利产品的行为是否涉及专利侵权，应该采用一个折中的判断标准。① 对于消费者利用 3D 打印技术获得的零部件占专利产品价值比例较高的情形，消费者将通过 3D 打印技术获得的零部件进行销售或者许诺销售时，以及尽管通过 3D 打印技术获得的零部件在专利产品中所占价值比例不高，但是其实施多次 3D 打印行为时，均不宜认定为"非生产经营目的"，否则将实质性地影响甚至损害专利权人的合法利益。

3. 大数据

大数据飞速发展并广泛应用，目前已与市场经济、社会治理乃至国家安全密不可分，为此，各国纷纷将推动大数据发展上升为国家战略，试图在此次科技变革中占领先机。根据 2018 年中国信息通信研究院发布的《大数据白皮书》，2017 年我国大数据产业规模已达 4700 亿元人民币。为适应大数据产业的发展需求，政府发布大量政策性文件，推动和保障大数据产业的发展。2015 年，我国国务院发布《促进大数据发展行动纲要》，并进一步提出"国家大数据战略"，此后，中央和地方不断出台大数据应用、产业以及发展规划等相关政策性文件，截至 2018 年 2 月，地方政府共相继公布

---

① 参见翟业虎、程婉秋《3D 打印技术发展背景下我国专利法律制度的完善》，《扬州大学学报》（人文社会科学版）2018 年第 4 期。

了110余份大数据相关政策性文件。其中,关于大数据的内涵和性质,以及基于大数据开发获得的智力成果权利归属的问题引发学界热议。

据学者总结,目前关于大数据的内涵,学界、产业界、大众媒体等大致有五种解读。其一,技术本体论,即大数据本质上是一种统计和分析技术,通过对已发生、互关联且不同特性的海量数据进行收集、处理和分析等步骤,以预测将来事件的发展模式。其二,数据本体论,即大数据是大量数据或者数量集合,这些数据的体量和复杂性已经超出了传统数据库系统的处理能力。其三,工具论,即将大数据视作辅助决策的工具,以解决社会问题、从事科学研究、实现商业利益。其四,社会关系论,将大数据置于整个社会变革视野之下,认为其是人与人新型关系的表达。其五,认为大数据即信息资产。[①] 结合国务院《促进大数据发展行动纲要》对大数据的内涵界定,[②] 以及《大数据白皮书》中的表述,[③] 大数据实际上是集"新资源"、"新工具"和"新应用"为一体的综合表达,表现形式为电子数据,本质为信息。

大数据与知识产权客体的本质均为信息。尽管大数据与数据并非相同概念,但大数据是以数据信息为基础发展起来的信息技术和服务业态。从我国《民法总则》的制定历程来看,立法机关对于"数据信息"的知识产权保护持较"纠结"的态度。2016年7月公布的《民法总则(草案)》征求意见稿第108条曾将"数据信息"列入知识产权的客体范畴,而2017年最终发布并实施的《民法总则》第123条——知识产权客体范畴最终并未保留"数据信息"。《民法总则》制定过程中,立法者对于"数据信息"的

---

① 参见王广震《大数据的法律性质探析——以知识产权法为研究进路》,《重庆邮电大学学报》(社会科学版) 2017年第4期。
② 2015年国务院发布的《促进大数据发展行动纲要》中,将大数据定义为:以容量大、类型多、存取速度快、应用价值高为主要特征的数据集合,正快速发展为对数量巨大、来源分散、格式多样的数据进行采集、存储和关联分析,从中发现新知识、创造新价值、提升新能力的新一代信息技术和服务业态。
③ 2014年,中国信息通信研究院(工业和信息化部电信研究院)在《大数据白皮书》(2014年)中将大数据定义为:具有体量大、结构多样、时效强等特征的数据,大数据不仅体量大,而且内容新,被认为是新资源、新工具和新应用的综合体。

知识产权保护所持的"纠结"态度，并不在于"数据信息"作为知识产权客体存在性质上的障碍，而是由于目前市场中流动的数据信息多由私人身份信息构成，如果一概地对数据信息提供知识产权保护，可能导致数据信息的采集者或者整理者，利用知识产权制度，以法定权利的方式掌控私人信息和隐私。[1] 所以立法者最终将数据信息排除出知识产权法定客体范围并非绝对否定其作为知识产权客体的可能性，而是为了避免引发知识产权与个人隐私权更激烈的冲突。大数据是依托海量数据发展起来的信息技术和服务业态，其本质依旧是信息。知识产权法的根本任务即是保护信息财产，目前专利、作品和商标——知识产权最经典的财产形态，本质都是对客观事物的认知信息。从大数据的表现形式和本质来看，符合知识产权客体的基本形态。对于海量的数据信息本身，根据其是否符合各类知识产权的创造性标准（大多涉及著作权的"独创性"标准认定），判断其能否获得知识产权保护。而大数据并非海量数据信息的简单集合，还需要主体投入智力创造对原始数据进行收集、存储、分析等操作，成为辅助决策或其他用途的技术或者数据产品，据此可能成为著作权、商标权、专利权以及商业秘密的保护客体。尽管大数据有获得知识产权保护的客观可能性，但一方面大数据时代追求的数据共享和流通，很大程度上与知识产权的私权属性以及排他性特征不相吻合；另一方面，大数据技术和产品开发过程体现出的创造性程度往往难以达到知识产权的创造性标准。因此，鉴于大数据于当前产业发展、市场竞争以及社会经济的重要影响，以及商业秘密的保护需求，适用反不正当竞争法保护的可行性相对更高。

关于大数据相关权益的归属及冲突问题。首先，大数据的开发以原始数据信息为基础，当原始数据本身达到一定的创造性程度，获得知识产权保护时，该权利应属于原始数据来源主体。其次，将原始数据进行收集、存储以及分析等后，创造出的数据产品或者技术方案，据此获得的知识产权则应当归属于数据产品或技术方案的创造者，即信息处理者。此外，还

---

[1] 参见何隽《大数据知识产权保护与立法：挑战与应对》，《中国发明与专利》2018年第3期。

应关注原始数据权益主体与大数据开发主体的权益冲突问题——知识产权之间的冲突以及隐私权与知识产权的冲突。

(二) 全球视野下的民族复兴与国际挑战——国家战略与国际竞争中的知识产权

1. 知识产权与国家创新驱动发展战略

2012年，全国科技创新大会上，创新驱动发展战略被首次提出，中国共产党第十八次全国代表大会正式将创新驱动发展战略上升为国家战略。[①] 有学者根据《2015年中国知识产权发展状况报告》和《中国区域创新能力评价报告2015》等文件公布的数据，对我国相对发达的10省（市）实施知识产权战略与创新驱动发展能力的关联性进行了研究。结果表明，实施知识产权战略与创新驱动发展能力确有一定的关联性，但目前我国体现出的关联程度并不高。[②] 科技创新是提高社会生产力和综合国力的战略支撑，知识产权制度以激励、保护和促进创新为基本出发点。因此，知识产权制度的发展与创新驱动发展战略实施的关联性必然存在，但目前二者呈现的关联性程度不高，笔者以为，主要基于以下原因：第一，知识产权制度对科技创新的激励和保护程度不够，对科技创新活动的促进效果不甚明显；第二，科技创新活动中涌现出的诸多知识产权保护需求或者新型知识产权纠纷并未及时于知识产权制度变革中得到体现。

（1）知识产权战略：创新驱动发展战略的强力支撑

党的十七大报告首次提出实施知识产权战略的要求，2008年国务院发布《国家知识产权战略纲要》，针对不同的知识产权类型，不同应用领域，以及知识产权创造、运用、保护和管理等不同阶段，进行了统筹部署。党的十八大，不仅将创新驱动发展战略上升为国家战略，同时也明确了知识

---

① 参见中共中央、国务院《国家创新驱动发展战略纲要》（2016年）。
② 参见丁涛、顾晓燕《知识产权与创新驱动：战略使命与重要支撑》，《金陵科技学院学报》（社会科学版）2016年第4期。

产权战略支撑创新驱动发展战略的重要定位。

创新驱动发展战略要求将科技创新作为国家发展的主要驱动力，解决劳动力和自然资源限制社会发展的问题。科技创新与知识产权的天然关联，使得知识产权战略成为创新驱动发展战略的重要支撑。首先，知识产权制度激发社会主体的创新活力。社会主体的创新活动是智力成果的重要来源，创新活力未得到激发，创新驱动发展战略缺少实施基础。知识产权制度赋予科技创新主体对其智力创造成果在特定时间、特定地域范围内的排他性的专有使用权，据此助其获得经济回报。利益驱动下，社会主体的创新活力被激发。其次，知识产权制度维护良好的创新环境。知识产权法律制度作为强制性法律规范，严厉打击恶意侵犯或者抢占他人智力成果的行为，以维护良好的创新环境。最后，知识产权制度丰富创新资源。知识产权制度授予智力成果创造者一定期限的合法垄断权，权利期限届满，智力成果流入公共领域，私有领域与公共领域资源随之形成"江河入海"之势，可供社会主体利用的创新资源也将越来越丰富。此外，知识产权制度推动科技创新产业发展。创新驱动发展战略并不止于科技创新成果的累积，其关键在于利用科技创新成果推动社会经济发展。因此，运用知识产权制度将智力成果转化为生产力和核心竞争力，也是知识产权战略支撑创新驱动发展战略的重要体现。

（2）创新驱动发展战略：知识产权战略的有效指引

创新驱动发展战略的实施极大地推动和提高了我国科技创新的速度和能力。一方面，科技创新成果日益丰富，新的知识产品类型不断涌现。例如，伴随计算机网络技术的发展，域名、数据库、大数据等新型知识产品类型出现，为知识产权客体范围开拓了新的领域，同时也为知识产权制度，尤其是知识产权法律制度的完善提供了明确指引。另一方面，创新驱动发展战略下，社会主体的创新活力得到激发，市场竞争氛围日益激烈，利益驱动下，知识产权侵权行为也日益频发，且在技术掩盖下，知识产权侵权主体追踪和侵权行为认定愈发困难，也为知识产权执法和司法提出了新的挑战。此外，计算机网络技术的发展，还为知识产权行政管理提出新的要求,为适应信息数据化发展趋势,行政机关也应适时推进改革,快速完成知识产权行政管理材料电子化、行政管理办公网络化等转变。

2. 知识产权与"一带一路"倡议

"一带一路"是我国为推动经济全球化发展而做出的切实努力,其核心目标是促进经济要素有序流动、资源高效配置以及市场深度融合。当前,国际贸易主要包含货物贸易、服务贸易和知识产权贸易三大模块,而实际上货物贸易和服务贸易,尤其在跨国贸易中往往也涉及复杂的知识产权问题。知识产权作为经济发展的"隐形翅膀",市场竞争的有力工具,于跨国贸易中发挥着尤其重要的作用。尽管我国不断通过政策法规,鼓励、倡导企业增强自主创新能力,但碍于经验和资金投入,我国当前企业的自主创新能力尚存较大的提升空间。面对新的竞争环境和竞争氛围,不能一味地"关起门来搞研究",还需寻求新的合作与创新。此外,共建"一带一路"国家(地区)范围主要包括东亚、西亚、南亚、中亚、东盟、中东欧以及部分独联体国家。根据WIPO发布的《2017年全球创新指数》,我国的创新指数高于几乎98%的共建"一带一路"国家(地区),鉴于此,我国企业在与共建"一带一路"国家(地区)的贸易活动中,常常成为被侵犯知识产权的主体。

因此,在与共建"一带一路"国家(地区)开展对外贸易的过程中,既要关注跨国企业之间的合作与共享,关注在技术创造、运用和转移等方面的知识产权问题,还应着重解决我国企业知识产权被侵犯以及寻求法律援助的难题。

(1)"一带一路"倡议下国际合作中的知识产权

知识产权创造中的跨国合作。智力成果的创造往往须耗费大量人力资源和自然资源,为了节约成本、提高科技创新效率,跨国企业于对外贸易中寻求知识产品开发合作,既符合开放共赢的国际合作理念,也符合商事主体的趋利本性。尤其对于自然资源和科技发展水平不相称的国家(地区)而言,通过跨国企业间的技术和资源整合,往往能够达到双赢甚至多赢的效果。例如,一方提供生物科学技术,一方提供遗传资源,联合开发生物医药的合作方式于跨国知识产权合作中较为常见。知识产品创造完成之后,各方依照事前约定或者国际规则进行知识产权惠益分享。

知识产权运用中的跨国合作。知识产权作为市场竞争工具,除部分"防御性"知识产权(如防御专利、防御商标)以外,大量技术方案或者商业标识需进行产业化发展,转化为生产力才能最大限度地为市场主体带来竞争优势。然而,伴随产品精细化发展趋势,尤其是高新技术产业,一项产品可能同时包含数千项甚至数万项知识产权。市场主体之间尽管以竞争关系为常态,但仍不可避免需要进行适度合作,否则任何一方掌握的有限技术成果均难以转化为长久的竞争优势。尽管我国的市场主体与共建"一带一路"国家(地区)的企业相比,具有一定的技术创新优势,但面对来自发达国家(地区)的投资者,我国企业仍有诸多短板。不论是与掌握自然资源但创新能力欠缺的跨国企业寻求知识产权创造合作,还是与科技创新成果丰硕的企业寻求知识产权贸易合作,都与国际贸易开放共赢的理念相契合。

(2)跨国贸易之知识产权保护困境

知识产权先行布局意识欠缺频频引发"被侵权"问题。知识产权保护的地域性限制,为知识产品的跨国抢占预留了滋生的土壤。尤其伴随网络技术的发展,信息传播和获取进一步便捷化,在一国范围内刚刚"小有名气"的商标,随即可能被他国"有识之士"相中,率先获得知识产权保护。一旦企业缺乏知识产权先行布局意识,贸然将业务开展到他国市场,随即可能遭遇"被侵权"问题。2017年,我国曾有130多个玩具企业的厂名及其商标被外籍商人以个人名义在智利工业产权局(INAPI)申请注册,虽然以作为本文笔者之一的武汉大学宁立志教授为首的中国代表团远赴智利,经过艰难谈判,最终以"零成本"无偿收回全部被抢注商标,[1] 但此次维权成功,并不代表海外知识产权维权总是如此顺利。随着中国对外开放的程度扩大,中国商品在海外的知名度不断攀升,随之而来的是中国商标在海

---

[1] 参见《工商总局商标局发出商标抢注预警通知后130多件被抢注商标"回归"》,中华人民共和国中央人民政府网,http://www.gov.cn/xinwen/2017-11/13/content_5239256.htm,最后访问日期:2018年9月12日。

外被抢注的情况愈发突出。在对法律制度和社会环境极不熟悉的条件下，进行法律谈判和诉讼维权都是十分艰难的。因此，我国企业习惯的"业务先行"的商业拓展模式，实际上是将自身置于高侵权风险的境地。

法律制度差异明显导致跨国侵权风险与维权难度攀升。共建"一带一路"国家，尤其是中东和非洲等国家（地区）政治格局不确定因素相对较多，知识产权法律和政策相对不稳定，[①] 我国企业在这些国家（地区）开展贸易活动的经济风险和成本相对较高，难以长久维持稳定的贸易关系。同时，共建"一带一路"国家（地区）的知识产权政策和制度差异明显，而我国目前进行知识产权跨国研究的人才较为缺乏，导致我国企业在跨国贸易活动中往往需要支付高额"学费"。一方面，由于知识产权保护意识的欠缺，以及对域外知识产权制度不熟悉，我国企业怠于或者疏于采取合理措施保护其知识产权，造成智力成果无端流失。另一方面，各国参差不齐的知识产权保护制度和保护水平，也大大增加了企业的维权难度和维权成本。一国或地区采用的知识产权保护水平往往与其社会经济发展状况相适。承前所述，共建"一带一路"国家（地区）的经济发展水平总体偏低，与之相对，其知识产权法律制度的完善程度和知识产权保护水平相对较低。因此我国企业面对共建"一带一路"国家（地区）参差不齐的知识产权保护水平，维权效果往往不尽如人意。

知识产权海外援助机制不健全。当前世界各国采用的海外维权援助机制主要分为两种模式。其一，以政府机构为主导的企业知识产权海外援助机制。例如，韩国特许厅组建的"海外知识产权保护中心"——为其海外企业提供相关的法律咨询等援助服务。其二，以民间团体为主导的知识产权海外援助机制。主要是商会、行业协会等社会组织为符合援助条件的企业在海外知识产权维权过程中提供智力或者经济上的帮助。我国目前采用的知识产权海外维权援助机制为：以国家知识产权局及其下属专门机构知识产权海外维权援助中心和商务部为主导，企业和行业协会等多样化主体

---

① 参见吴汉东《"一带一路"战略构想与知识产权保护》，《法治社会》2016年第5期。

参与合作的模式。2015年，国务院印发《国务院关于新形势下加快知识产权强国建设的若干意见》，在政策构建、人员配备和体系建设等方面作出了原则性规定。但我国目前，以政府为主导多样化主体参与的海外援助机制仍然存在一定问题。首先，行政机关为主导的运行机制下多主体协同合作不足，尤其是政府机关未能充分发挥联系行业协会和企业的主导功能，未充分利用行业协会和企业的优势，整合资源。其次，企业知识产权海外维权援助制度的国际制度对接缺失。目前，"一带一路"倡议下，对外贸易中的知识产权纠纷不断增多，但我国与共建"一带一路"国家（地区）间的企业知识产权维权援助制度对接合作却迟未展开。最后，我国企业在面对海外知识产权侵权纠纷时，对海外维权援助机制的利用不足。我国海外援助机构在宣传方面并不到位，一定程度上忽略了与企业的沟通和交流，以至于企业对于海外维权制度的知晓程度和了解程度都不够，面对海外侵权纠纷时，企业的第一选择往往是"孤军奋战"，而非寻求援助。

（3）跨国贸易之知识产权应对策略

积极推进区域性知识产权制度一体化建设。尽管目前共建"一带一路"国家（地区）知识产权制度差异明显，知识产权保护水平参差不齐，但要继续推动"一带一路"倡议的实施，区域内知识产权一体化建设势在必行。首先，以重点领域为切入口，以点及面，逐步推进区域内知识产权一体化建设。吴汉东教授认为，可以生物技术、能源和交通等国际贸易的重点领域为推动知识产权一体化建设的起点，逐步推广至其他领域，覆盖国际贸易的各个方面。其次，可以目前"一带一路"区域内已有的国际知识产权组织为依托，组织化解区域内知识产权矛盾，并充分发挥国内产业政策和公共政策对于产业发展以及完善法律制度的促进作用。[①] 最后，充分发挥我国在区域知识产权制度一体化建设过程中的积极性和主动性。共建"一带一路"国家大多为发展中国家，缺乏区域规则制定的经验，而且其本身知识产权法律制度和保护强度差异较大。中国作为"一带一路"倡议的发起

---

① 参见吴汉东《"一带一路"战略构想与知识产权保护》，《法治社会》2016年第5期。

者，本身有责任和义务，发挥更强的主观能动性，积极贡献智慧和经验，维护公平、合理的协商环境。同时，也要在合理范围内为我国企业争取更多的利益，提供更坚实的保障。此外，在区域知识产权制度一体化推进过程中，我国政府还应加强与其他政府的沟通和合作，通过双边或者多边条约等方式，发挥政府的主观能动性，建立更多资源和信息共享渠道，相互提供更加积极和高效的知识产权保护制度。

加强政府、民间团体和企业的沟通与协作。政府可以从政策制定、信息传输、经济补贴和法律咨询等角度提供最权威和最有力的援助；商会、行业协会和科研院所等民间组织作为利益体的集合，能够为组织内的企业提供及时、高效的信息和经验分享，从人力、物力上对政府主导的知识产权海外援助工作起到良好的补充作用，并充当政府和企业的黏合剂，形成多层次、有秩序的海外知识产权维权体系；企业作为利益得失者本身，则通常保持最强的维权积极性。然而实际上，在面对复杂的海外知识产权侵权纠纷时，民间组织与政府和企业之间往往不能建立及时有效的互动联系，这就使得行业协会的专业力量及其拥有的资源无法得到有效利用，政府、企业和行业协会等主体各自为营、分头行动，最终导致企业的知识产权海外维权效果不尽如人意。首先，政府应当与企业形成高效的知识产权维权援助互动，为企业及时提供相关维权援助的信息，使其了解政府海外维权援助机制的运行模式和效果。其次，充分发挥民间组织作为政府和企业的黏合剂效用，其不仅应当作为政府和企业之间信息传递的媒介，还应该为政府开展海外维权制度建设提供补充和助力作用。此外，企业与行业协会之间的有效联动也有待加强，培养企业的合作和求助意识，陷入知识产权海外纠纷时，能够主动向行业协会或者政府寻求有效帮助。

鼓励企业采用知识产权布局先行的海外业务拓展模式。早期发达国家的跨国企业（以国际商业机器股份有限公司和松下电器株式会社等为例）与创新能力较弱、知识产权保护水平较低的发展中国家商事主体开展贸易业务时，往往预先进行全面的知识产权风险预估，并于业务开展之前，进行知识产权布局，通过知识产权战略保持其对外贸易过程中的竞争优势。

对于趋利的商事主体而言，全面衡量每项商事行为所带来的利弊是十分必要的。客观而言，通过法定程序于域外获取并维持一项知识产权诚然需要一定成本；相反，若知识产品被域外主体抢先获得知识产权保护，自己的智力成果将无端流失，当市场主体试图进军该海外市场时，可能陷入侵权纠纷，甚至面临被"敲竹杠"问题。鼓励跨国企业预先进行海外知识产权布局，并非要求跨国企业毫无选择地将任何可能具备商业价值的技术方案或者商业标识申请并维持海外知识产权保护。但是，预先根据自己的商业战略，选择商业价值高、于商业发展影响重大的智力成果预先进行海外知识产权布局仍旧是十分必要的。

坚持"谈判为先、诉讼兜底"的知识产权争议解决方案。诉讼往往是解决争议最有力的手段，但并非总是最优选的手段。一方面，跨国企业对域外国家的法律制度、执法体系、社会情况了解不甚深入，通过诉讼途径维权可能耗费较高的人力、物力成本，同时需要经历漫长的诉讼周期和判决执行周期，往往得不偿失。另一方面，共建"一带一路"国家（地区）的知识产权法律制度完善程度以及知识产权保护水平总体偏低，寻求诉讼方式解决争议往往难以获得预想的结果。因此，面对共建与"一带一路"国家（地区）对外贸易过程中的知识产权摩擦，谈判往往是更具效率的争议解决方式。同时，通过谈判处理知识产权纠纷，往往能够获得更加灵活和多元的解决方案，例如不要求停止侵权，但以支付合理使用费的方式，化侵权纠纷为贸易合作。当然，尽管知识产权侵权诉讼耗时费力，但当合法利益遭受不法侵害，并且难以通过谈判化解时，通过诉讼途径解决仍然是十分必要的。一方面，可以为权利人挽回一定的经济损失，另一方面，也能起到一定的威慑作用，减少侵权行为的发生。

3. 知识产权与自由贸易区战略

2007年，党的十七大正式将自由贸易区建设上升为国家战略，十八届三中、五中全会进一步要求以周边为基础加快实施自由贸易区战略，形成面向全球的高标准自由贸易区网络。2015年，国务院发布《国务院关于加快实施自由贸易区战略的若干意见》，对自由贸易区战略实施的总体要求、建设布局、具体措施、保障体系以及支持机制等进行了详细规定。目前，知识产权贸易已成为与货物贸易和服务贸易并列的三大贸易之一，同时，货物贸易和服务贸易往往也关涉复杂的知识产权问题。

（1）自由贸易区战略下的特殊知识产权问题

自由贸易区知识产权纠纷数量较大。自由贸易区实行免税等消除贸易壁垒的政策法规，以促进区域内货物、服务以及知识产权贸易与投资。随着科学技术的发展，知识产品的价值日益凸显，货物与服务贸易中涉及的知识产权元素也越来越丰富，与此相对，知识产权纠纷数量呈比例增长。同时，为了实现区域内贸易和投资自由化目标，通过特殊法律和政策适用，营造相对自由的竞争环境，也为知识产权侵权行为的滋生和蔓延预留了空间。

知识产权纠纷类型突出。自由贸易区是开展对外贸易的平台，其贸易对象和贸易方式的特殊性决定了知识产权纠纷也呈现类型化特征。其中，以涉外贴牌加工、平行进口以及转运过境涉及的知识产权问题最为突出和复杂。

发达国家经营者拥有大量知名度高、商誉良好的高价值品牌，而发展中国家经营者有价格低廉的原材料和劳动力优势，双方在利益驱动下，贴牌加工合作应运而生。然而由于商标权的地域性特征，涉外定牌加工活动中，可能同一或者近似商标在国外和国内分别被不同主体申请并获得商标注册。此时，加工方接受国外商标权人（或者商标使用权人）委托，于我国自由贸易区内定牌生产相同或者类似产品，而又未经国内商标注册人许可时，往往引发商标侵权争议。

由于各国生产材料和劳动力等价格差异，相同产品于不同国家的生产成本不同，其销售价格可能也存在较大差距，这就为平行进口提供了利益驱动。从平行进口商的角度而言，其通常主张，知识产权主体已在特定地域范围内向市场公开投放涉及知识产权的产品，根据权利用尽原则，其他主体以合理价格购买相关产品再出售的行为不侵犯知识产权主体的利益。而从知识产权主体的角度，其主张权利用尽原则仍然具有地域性，有关产品在特定地域范围内投放市场,并不代表其在他国范围内同样权利用尽,平行进口行为应当被认定为侵权。据此,自由贸易区内平行进口涉及的知识产权问题也较为突出。

根据《关税与贸易总协定》第 5 条,过境国可以保护本国知识产权为理由,将过境国知识产权法作为对过境货物采取边境措施的依据;同时,过境货物本身并不真正进入过境国市场,依据过境国知识产权法对其采取边境措施,又可能突破知识产权法的地域性原则。关于过境货物是否适用边境措施,国际条约和各国态度并不统一,以致屡屡引发知识产权争议。就 TRIPS 协议而言,其并未要求过境货物必须适用边境保护程序规则,① 但是,知识产权法的地域性原则,以及 TRIPS 协议关于执法措施应避免对合法贸易产生壁垒的规定,使得过境国依据本国知识产权法对过境货物采取边境措施行为的合理性受到质疑。目前,欧盟、美国等国家和地区,不论从实践、判例,还是近期与其他国家达成的双边自贸协定看,都明确规定了过境货物的知识产权边境措施,《跨太平洋伙伴关系协定》《反假冒贸易协定》等正在谈判的国际条约,也以明确的态度赋予过境国基于知识产权保护需要在自由贸易区对过境货物采取边境措施的权力。但实际上,若过分"放纵"过境国对过境货物实施边境措施,该制度较大可能被滥用为设置贸易壁垒、阻碍合法贸易的工具。

(2)自由贸易区知识产权制度的适用与创新

自由贸易区法律制度与国际规则的接轨程度更高。美国、日本以及欧盟等国家和地区目前正通过双边、多边协议等推行知识产权强保护。我国知识产权法律制度(国内法)的建设和更新更多地需要考虑我国社会经济发展的现实状况,而自贸区作为对外贸易的窗口,除了呼应社会发展的需求,还不得不着重参照国际趋势。尽管我国尚未加入目前正在推进的《跨太平洋伙伴关系协定》《反假冒贸易协定》等知识产权保护协议的磋商,但

---

① 参见杨鸿、高田甜《过境货物的知识产权边境措施:TRIPS 协定下的合规性问题》,《亚太经济》2013 年第 4 期。

这些国际协议的知识产权保护标准已明显高于 TRIPS 协议的相关要求。从我国整体的创新创造能力和社会经济发展水平来看，骤然拔高知识产权保护标准可能使得我国再次陷入知识产权制度建立初期法律制度与社会现实"不配调"的情况。因此，从自由贸易区适用的政策和法律制度入手，逐步实现我国立法与国际规则的进一步接轨，不失为一种现实选择。

行政自由裁量是缓解自由贸易区立法与实践冲突的有效路径。海关执法对于"度"的拿捏，也直接关系我国自贸区知识产权保护标准的把控。例如，上文述及的"过境货物的知识产权边境措施"的适用，如若我国采用过于严苛的边境措施适用条件，可能使得中国自贸区成为假冒伪劣商品泛滥的"天堂"；如若采用过于随意的标准，过分扩张该措施的适用范围，则可能涉嫌对合法贸易的不当干涉，与自由贸易区"实现贸易和投资自由化"的目标相悖。自由贸易区对贸易和投资自由化的追求，使得该地域范围内适用的政策和法律都相对宽松，但又与知识产权侵权行为频发的社会现实相矛盾。因此，立法上的宽松与严峻的社会现实形成的矛盾，不得不通过为海关执法预留较大的自由裁量权予以缓解。

自由贸易区海关执法对司法保护发挥更强的补充效能。承前所述，自由贸易区内某些知识产权纠纷类型较为突出，尤其是贴牌加工、平行进口和转运过境等商事活动涉及的知识产权问题；同时，自由贸易区开展的跨国贸易大多涉及电子商务、金融、计算机网络等技术革新较快的领域，最易滋生新型知识产权纠纷。司法保护制度对社会现实的呼应往往具有一定的滞后性，行政执法恰以其及时性、灵活性等特征予以有效弥补。海关作为专业的行政执法机关，与其他具有行政执法权限的知识产权管理部门相较，其执法效率和执法专业性都更强。此外，大数据、云计算以及互联网等科学技术的应用，也为海关执法质量和效率的提升提供了强大的技术支持。整体上，自由贸易区内，海关执法对司法保护发挥着更强的补充作用。

自由贸易区立法、行政执法和司法保护发挥标杆效应。首先，自由贸易区容纳的贸易量巨大，贸易类型多元，其滋生的知识产权纠纷数量往往也更多、类型更丰富，立法、行政执法和司法始终面临繁杂且不断变化的社会现实，迫使其不断作出变革与更新。其次，自由贸易区的政策环境相对宽松，立法、司法和行政机关能够发挥更强的主观能动性实行体制机制变革。最后，国家的法律制度应当具有稳定性，这要求法律制度的设立应以充分调研和实践为前提，自由贸易区从理论和实践层面都具备成为制度改革的试验基地和先行者的条件。

四　结语

短短40多年时间，中国知识产权法律制度的构建和发展进程虽不无曲折，但总体上取得的成就有目共睹。知识产权法律制度的革新不仅是知识产权领域的成就，更对我国政治、经济、文化等方面都产生了重大影响。新形势下，我国知识产权制度将面临更多更大的挑战。尤其在科技浪潮和全球化浪潮的冲击下，知识产权法律制度革新应继续坚持个体私利和社会公益并重、本土制度创新和域外制度引进并重、社会背景下的"老问题"和科技浪潮中的"新挑战"并重等思路。同时，还需关注知识产权法律体系内部、知识产权法律制度与民法制度以及其他法律部门之间的协调统一问题。

中国反不正当竞争法的演进、发展与展望

周围 文静[*]

内容提要： 改革开放 40 多年来，中国反不正当竞争法历经了萌芽与起步、发展与探索、完善与繁荣等多个阶段。随着中国经济体制的不断完善，不断丰富的竞争样态和违法行为对《反不正当竞争法》的适用提出了新的挑战。学界则以反不正当竞争法的基础理论为起点，以具体规范的合理适用为导向开展了一系列卓有成效的学术研究，有力地回应了法律实践的需要。在全面推进依法治国的战略机遇期，中国反不正当竞争法的发展应当进一步突出多元的立法价值体系、进一步完善现有的制度框架和法律规范、进一步加强与其他法律部门的制度协调和程序规范。

关键词： 反不正当竞争法　法律制度　行政执法　司法实践　法治建设

一　中国反不正当竞争法的演进历程

（一）反不正当竞争法的萌芽与起步

1978 年召开的十一届三中全会正式确立了中国改革开放的基本国策，也意味着政府工作重心开始转向经济建设。随着经济体制的逐渐变化，市

---

[*] 周围，武汉大学法学院/知识产权与竞争法研究所副研究员；文静，武汉大学法学院/知识产权与竞争法研究所硕士研究生。

场竞争逐步成为经济发展中的核心内容。如何规范和保护市场竞争也迫在眉睫。在这一时期，我国先后颁布了一系列保障竞争、规范市场的法律法规，中国的反不正当竞争法逐渐萌芽。

在1980年10月17日国务院颁布的《关于开展和保护社会主义竞争的暂行规定》中，首次提出了反对行政垄断的任务，要求开展和保护社会主义竞争、打破地区封锁和行业垄断，对于各级政府和部门干预、阻挠企业经营自主权的行为予以明确限制。竞争在市场经济中的重要地位首次得到成文法规形式的明确认可，这标志着我国竞争法律制度建设的开始。1981年7月15日国务院颁布了《关于制止商品流通中不正之风的通知》，首次提出禁止商品流通领域的行贿受贿、损公肥私的行为，针对商业贿赂行为的规制初见雏形。1982年2月26日国务院发布的《广告管理暂行条例》中明确提出，在广告经营活动中，禁止垄断和不正当竞争，并对其进行规制，我国开始有了明确指出不正当竞争行为应当进行规制的法规。在地方立法方面，关于规制不正当竞争的法规也陆续开始出现。1985年11月29日实施的《武汉市制止不正当竞争行为试行办法》是我国第一部地方性市场监管立法。随后，上海市和江西省也分别出台了地方性竞争法规，标志着地方性市场规制立法工作在全国范围内的逐步展开。而已渐成规模的地方和部门立法也为全国统一的反不正当竞争立法积累了有益的经验。1987年，国家正式启动了反不正当竞争法的起草工作，并形成了《反不正当竞争法（征求意见稿）》。

纵观这一时期，我国市场规制相关立法主要集中于层次偏低的部门规章和地方性立法，且立法零星不成体系。这一时期多为压力型和对策型立法，缺乏立法规划，并且立法缺乏前瞻性，稳定性较差。虽然这一时期我国已逐步改革开放，发展商品经济，但经济发展仍未摆脱计划经济框架的影响。所以从立法内容来看，"计划""不准"这些词语出现频率高，仍带有浓厚的计划经济色彩。

而随着改革的深化和建立社会主义商品经济新秩序任务的提出，"市场竞争"也成为我国竞争法学研究的重要对象。由于我国尚无市场规制领域的成文法，因而有学者开始对域外发达国家的竞争法律制度进行初步介绍。① 也有学者认为，在这一时期，禁止垄断的立法本应当作为我国竞争立法的主要内容，但我国目前存在的垄断行为却并非传统的垄断行为，而是行政垄断行为。即使有传统垄断行为，也只是处于萌芽状态。而这一时期的各种不正当竞争行为，例如各种好处费、回扣费等，才是导致我国经济混乱的主要原因，同时也是目前我国市场最紧迫需要规制的行为。② 随着制定《反不正当竞争法》工作的启动，学界对于相关立法活动的研究也逐步活跃了起来，并开始出现系统性专著。③ 除了对域外经验的引介，④ 我国制定《反不正当竞争法》的必要性、目标、原则、立法宗旨、定义、调整范围、执法机构等问题也逐渐进入学术探讨的范畴，这为《反不正当竞争法》的制定奠定了重要的基础。⑤ 但这一阶段的研究主要围绕着构建反不正当竞争法的基本框架，讨论共性的问题多于对中国反不正当竞争法本土特征的探索。⑥

---

① 卢绳祖、董立坤：《谈：美国反托拉斯法》，《国外法学》1982 年第 2 期；〔澳〕M. 森纳拉亚克、姚祺：《美国反托拉斯法治外法权的新做法》，《国外法学》1982 年第 2 期；杨志淮：《西方国家"反垄断法"剖析》，《现代法学》1983 年第 4 期。

② 杨春平、雷涵：《关于我国竞争立法的理论思考》，《法律科学》（西北政法学院学报）1989年第 4 期。

③ 吴炯：《维护公平竞争法》，中国人事出版社，1991；〔美〕马歇尔·C. 霍华德：《美国反托拉斯法与贸易法规》，孙南申译，中国社会科学出版社，1991；王艳林：《竞争法导论》，中国地质大学出版社，1992；戴奎生、邵建东、陈立虎：《竞争法研究》，中国大百科全书出版社，1993。

④ 程建英：《美国与西德竞争法比较》，《比较法研究》1987 年第 2 辑；贾玉健、潘宇鹏、马民虎：《关于制止不正当竞争法规的探讨》，《工业产权》1988 年第 1 期；刘茂林：《制定限制不正当竞争行为法的必要性及其内容设想》，《当代法学》1988 年第 1 期；刘世元：《略论欧洲共同体竞争法》，《吉林大学社会科学学报》1989 年第 6 期；戴奎生：《联邦德国〈竞争法〉禁止阻碍竞争的规定》，《中外法学》1990 年第 2 期；姚辉、余临：《英国竞争法：历史与现状》，《法律学习与研究》1992 年第 1 期。

⑤ 王全兴：《论企业竞争的几个法律问题》，《法学评论》1985 年第 6 期；金福海：《试论不正当竞争》，《法学论坛》1989 年第 2 期；杨春平、雷涵：《关于我国竞争立法的理论思考》，《法律科学》1989 年第 4 期；张伟明、王艳林：《我国反不正当竞争立法若干问题探讨》，《法学评论》1991 年第 4 期；乐毅、徐凤根：《反不正当竞争立法与实施的障碍及其对策》，《中南政法学院学报》1991 年第 1 期；黄勤南：《论建立和完善我国的经济竞争法律制度——探讨禁止非法垄断和制止不正当竞争立法问题》，《政法论坛》1991 年第 4 期；肖平：《不正当竞争刍议》，《现代法学》1991 年第 4 期。

⑥ 陶和谦：《经济法学》，群众出版社，1985；李昌麒：《经济法教程》，法律出版社，1987；关乃凡：《中国经济法》，中国财政经济出版社，1988。

(二) 反不正当竞争法的发展与探索

随着改革开放的逐步深入和市场经济的全面发展，1992年10月党的十四大明确提出了建立社会主义市场经济体制的宏伟目标。随后，在党的十四届三中全会上，中共中央通过了《关于建立社会主义市场经济体制若干问题的决定》。这表明，我国将在各个领域全面推进社会主义市场化改革，同时，也意味着市场规制机制将在更广泛的经济领域推行。随着市场主体地位的确立，广大企业对于经济利益的追逐也愈加明显。而在商业行为和市场行为日趋多样化的同时，市场竞争行为在数量和种类上也出现了井喷式的增长，随之出现的不正当竞争手段对社会公共利益和消费者利益都造成了严重的损害，亟待更为系统化、全面化、层次化的法律法规对其予以规制。

而早在20世纪80年代，就有学者否定了"大经济法"学派的观点，并认为经济法只同国家对社会经济的管理、调节有关，经济法由市场障碍排除法、国家投资经营法和宏观引导调控法构成，肯定了竞争法在经济法中的重要地位。[1] 有观点提出，经济法是矫正型法，也可以被称为政策法，其目的就是为了解决和处理经济社会中所产生的凭借传统民商法和行政法所不能解决或处理的社会问题。而作为经济法重要组成部分的竞争法，也应当具有矫正性。[2] 回顾我国改革开放后市场规制的立法进程，其实就是竞争法回应并对社会进行矫正的体现。而这一时期，随着我国经济逐步市场化，市场化改革在各个领域全面推进，竞争机制开始出现在多个领域，我国开始出现了现代市场规制方面的问题，前几年的各种不正当竞争行为也是愈演愈烈，这一时期，从法律上反对垄断、保护竞争的要求越来越迫切，同时，早有学者认识到目前我国消费者自我保护意识差，合法权益被侵犯

---

[1] 漆多俊：《"国家调节说"的形成和发展——我的经济法学术之路》，《河北法学》2008年第12期。
[2] 杨青：《我国市场规制法体系的构建与完善探究》，山东大学2013年硕士学位论文。

也不知道如何维护,要加强消费者利益立法,也意识到要发挥消费者协会的重要作用,维护消费者的合法权益,帮助企业改善经营管理。[①]

在这一阶段,竞争法的立法工作逐渐受到重视,立法结构实现了质的飞跃。其中,1993年9月2日第八届全国人大常委会第三次会议通过了《反不正当竞争法》并于同年12月1日起实施,对不正当竞争行为的规制第一次有了系统、成文的法律依据,标志着反不正当竞争法律制度逐步开始健全,我国市场监管法律制度也进入全面建设阶段。为配合该法,一系列部门规章及地方性法规紧随其后颁布实施。这一时期由于《反垄断法》迟迟未能出台,而市场竞争中利用垄断排除限制竞争的现象又较为严重,《反不正当竞争法》及其配套法规、规章等规范性文件也将部分典型的垄断行为视作不正当竞争行为,因而包含了部分规制垄断行为的内容。除此之外,《广告法》、《价格法》、《招标投标法》、《电信条例》、《国务院关于禁止在市场经济活动中实行地区封锁的规定》、《外国投资者并购境内企业暂行规定》以及《对外贸易法》也在细分领域对垄断行为和限制竞争行为进行了相应的规制,弥补了《反垄断法》尚未出台时期的法律空白。

在理论研究方面,由于我国《反不正当竞争法》的筹备、出台、实施以及我国加入世贸组织的需求,这一时期的反不正当竞争法研究十分活跃,对不正当竞争法的理论探讨逐渐深化,研究的科学性和体系性都得到了重大提升,涌现了大量围绕不正当竞争行为的文章、专著,[②] 并结合域外反不正当竞争法制开展了更为深入、翔实的比较研究。[③] 学界开始积极参

[①] 俞梅荪、孙林、朱晓黄、张永民:《当前我国经济法研究热点综述》,《法学》1990年第7期。

[②] 孙琬钟主编《反不正当竞争法实用全书》,中国法律年鉴社,1993;刘剑文、崔正军:《竞争法要论》,武汉大学出版社,1996;种明钊:《竞争法》,法律出版社,1997;徐士英:《竞争法论》,世界图书出版公司,2003;曹天玷:《现代竞争法的理论与实践》,法律出版社,1993;盛杰明:《反不正当竞争法的理论与实务》,中国商业出版社,1994;孔祥俊:《反不正当竞争法的适用与完善》,法律出版社,1998;回沪明、孔祥俊:《反不正当竞争法及配套规定新释新解》,人民法院出版社,2004。

[③] 王晓晔:《欧共体竞争法》,中国法制出版社,2001;邵建东:《德国反不正当竞争法研究》,中国人民大学出版社,2001;许光耀:《欧共体竞争法研究》,法律出版社,2002;胡光志:《欧盟竞争法前沿研究》,法律出版社,2005;金伦:《日本1993年(转下页注)

与立法,影响国家政策的形成,促进相关法律法规的出台。①并且学者们把目光更多转向经济生活中的法律而非纯粹法律文本,紧跟执法实践的步伐,密切关注反不正当竞争法实施过程中出现的新问题和社会发展过程中的新型不正当竞争行为,为进一步完善反不正当竞争法提出了符合国情的研究理论和建议。②还有部分学者尝试从伦理道德的角度来解析反不正当竞争法,不正当竞争行为与知识产权等相邻部门法相结合进行的交叉研

(接上页注③)修改〈不正当竞争防止法〉概况》,《中外法学》1994年第2期;张守文、单筱泓:《中日竞争法律制度比较研究》,《外国法译评》1994年第2期;刘茂林:《美国有关版权侵权与反不正当竞争的司法发展》,《外国法译评》1994年第2期;王为农:《中日反不正当竞争法比较研究》,《外国法译评》1998年第4期;徐士英、邱加化:《欧盟环境政策与竞争法的关系探析及启示》,《法商研究》2001年第5期;李响:《俄罗斯法律中对行政垄断的规制》,《法学杂志》2002年第2期;王健:《2002年〈企业法〉与英国竞争法的新发展》,《环球法律评论》2005年第2期;郑鹏程:《美国反垄断法三倍损害赔偿制度研究》,《环球法律评论》2006年第2期。

① 王源扩:《我国竞争法的政策目标》,《法学研究》1996年第5期。
② 程卫东:《论涉外不正当竞争的法律适用》,《法商研究》1997年第2期;张嘉林:《不正当竞争诉讼中的专家论证》,《人民司法》1998年第4期;汪彤、胡震远、刘洪:《审理不正当竞争案件法律适用中存在的问题和对策》,《法律适用》2005年第4期;浙江省高级人民法院民三庭:《不正当竞争纠纷案件特点及相关问题探析——以浙江省为例的实证分析》,《法律适用》2005年第4期;刘春田:《司法对〈反不正当竞争法〉的补充和整合》,《法律适用》2005年第4期;郑友德、刘平:《试论假冒与不正当竞争》,《法学评论》1998年第1期;谢晓尧:《论商业诋毁》,《中山大学学报》(社会科学版)2001年第5期;邵建东:《论折扣与不正当竞争》,《南京大学学报》(哲学·人文科学·社会科学版)2002年第2期;吕明瑜:《不正当低价销售的法律分析》,《甘肃社会科学》2003年第2期;李扬:《数据库的反不正当竞争法保护及其评析》,《法律适用》2005年第2期;宁立志、李强:《多层次传销的竞争法考察》,《武汉大学学报》(哲学社会科学版)2006年第1期;曹刚:《论网络不正当竞争行为法律规制之特殊性及其完善》,《商场现代化》2006年第9期;马剑峰:《超文本链接可能引发的反不正当竞争法律问题》,《法学》2006年第5期;何炼红:《盲从模仿行为之反不正当竞争法规制》,《知识产权》2007年第2期;王先林:《试论诚实信用原则与反不正当竞争法——兼论我国〈反不正当竞争法〉封闭性之克服》,《政法论坛》1996年第1期;孔祥俊:《引人误解的虚假表示研究——兼论〈反不正当竞争法〉有关规定的完善》,《中国法学》1998年第3期;程宝库:《关于完善我国〈反不正当竞争法〉的几点意见》,《南开学报》(哲学社会科学版)2000年第2期;刘华:《我国〈反不正当竞争法〉亟需修订完善》,《甘肃社会科学》2005年第1期;李胜利:《我国〈反不正当竞争法〉修订与完善中的有关问题》,《法学杂志》2005年第2期;邵建东:《论我国反不正当竞争法保护"经营性成果"的条件——对若干起典型案例的分析》,《南京大学学报》(哲学·人文科学·社会科学版)2006年第1期。

究也渐入佳境。①

这一时期的反不正当竞争法仍主要围绕价格、质量、广告、招投标等领域的不正当竞争问题，并开始涉猎经营者集中、国企改制等领域的竞争问题。但受限于立法机制，这些成果不可避免地存在着将垄断行为与不正当竞争行为混同规制的缺陷。事实上，早在1987年8月，国务院法制局就成立了反垄断法起草小组，并于1988年提出了《反对垄断和不正当竞争暂行条例草案》，但反垄断法却迟迟没有出台。这主要是因为我国长期以来都是实行的高度集中的计划经济体制，真正意义上的市场经济体制还处于起步阶段，企业只是政府机关的附属物，而非健全的市场主体。因而企业之间也没有严格意义上的市场竞争，所以就不需要反垄断法。而且受制于思想认识上的阻力，一些错误的观念影响了我国反垄断立法的进程。譬如有些人认为我国只存在行政垄断，而行政垄断不能通过法律来彻底解决，认为反垄断法出台的意义并不大。同时，立法还受到了来自某些具有自然垄断属性的行业的阻力。这些行业的主管部门出于对自身既得利益的考虑，对反垄断立法并不积极。② 但是随着我国市场经济体制的运行，经济飞速发展，各种垄断现象也越来越严重，直到2007年，《反垄断法》颁布，这不仅标志着我国反垄断法制度的确立，也标志着中国竞争法体系的初步形成。

（三）反不正当竞争法的完善与繁荣

随着我国市场化改革和经济转轨的进一步深入、国际竞争的日趋激烈，

---

① 谢晓尧：《论商业秘密的道德维度》，《法律科学》（西北政法学院学报）2002年第3期；李志刚：《反不正当竞争法的伦理精神之解析》，《经济法研究》2005年第4期；卫聪玲：《反对不正当竞争 保护知识产权》，《法学评论》1994年第6期；郑成思：《浅议〈反不正当竞争法〉与〈商标法〉的交叉与重叠》，《知识产权》1998年第4期；邵建东：《论私法在维护正当竞争秩序中的作用——以中德反不正当竞争法为考察对象》，《山西大学学报》（哲学社会科学版）2003年第3期；韩赤风：《反不正当竞争法的完善与知识产权保护》，《知识产权》2003年第6期；孙颖：《论反不正当竞争法对知识产权的保护》，《政法论坛》2004年第6期；王晓晔：《重要的补充——反不正当竞争法与相邻法的关系》，《国际贸易》2004年第7期。

② 宽芝：《我国反垄断法的制定——王晓晔教授访谈》，《法学杂志》2002年第5期。

市场规模、商业模式、行业状况、竞争行为等都发生了重大的变化。此时，颁布于1993年的《反不正当竞争法》已经难以满足司法实践中规制复杂不正当竞争行为的需求。鉴于此，最高人民法院出台了《关于审理不正当竞争民事案件应用法律若干问题的解释》，对《反不正当竞争法》在司法实践中的适用结合市场行为进行了更为细致详尽的解释，从而有效缓解了《反不正当竞争法》与市场发展形势不匹配的状态，对反不正当竞争的司法裁判发挥了积极的推进作用。与此同时，2007年6月12日发布的《全国人大常委会法制工作委员会对〈反不正当竞争法〉和〈价格法〉有关规定如何适用问题的答复》、2011年12月28日发布的《国务院关于进一步做好打击侵犯知识产权和制售假冒伪劣商品工作的意见》、2014年6月4日发布的《国务院关于促进市场公平竞争维护市场正常秩序的若干意见》等一系列相应的行政法规也与司法解释互为补充，相辅相成，细化了相关的规则，明确了简政放权的基本原则和促进市场自由公平竞争的基本目标，极大地促进了反不正当竞争法的实施和执法工作，标志着我国的反不正当竞争法进入了完善阶段。除此之外，《反垄断法》自2008年8月1日起颁布实施，我国竞争法体系自此发生了重大变革，变为反不正当竞争法与反垄断法二元分立的立法模式。

在理论研究方面，学者对反不正当竞争法的研究在立法宗旨与价值取向、反不正当竞争法立法体系和保护模式及调整对象、反不正当竞争法与相邻法律部门的关系等方面并取得了丰富的成果。[①] 从研究具体对象看，虽然学界在关于反不正当竞争法的基本理念问题上已形成部分共识，但尚存许

[①] 王先林：《论反不正当竞争法调整范围的扩展——我国〈反不正当竞争法〉第2条的完善》，《中国社会科学院研究生院学报》2010年第6期；郑友德、胡承浩、万志前：《论反不正当竞争法的保护对象——兼评"公平竞争权"》，《知识产权》2008年第5期；丁茂中：《"360与QQ事件"凸显我国竞争文化的缺失》，《法学》2011年第1期；周樨平：《反不正当竞争法中行政权力的边界》，《甘肃政法学院学报》2011年第5期；谢晓尧：《未阐明的规则与权利的证成——不正当竞争案件中法律原则的适用》，《知识产权》2014年第10期；李友根：《论公私合作的法律实施机制——以〈反不正当竞争法〉第6条为例》，《上海财经大学学报》2010年第5期；赵红梅：《论直接保护发散性正当竞争利益的集体维权机制——反不正当竞争法的社会法解读》，《政治与法律》2010年第10期；焦海涛：《不正当竞争行为认定中的实用主义批判》，《中国法学》2017年第1期。

多问题，例如商业秘密的界定和保护①、反不正当竞争法中的消费者利益权衡②、反不正当竞争法与知识产权法的衔接与适用③、反不正当竞争法一般条款存在与否及其适用④、互联网及大数据背景下的新型不正当竞争⑤等问题都有待进一步关注。此外，《反垄断法》的出台也引发了关于反不正当竞争法

---

① 李大欣：《我国商业秘密法律保护存在的问题》，《商场现代化》2007 年第 11 期；崔文星：《侵害商业秘密行为的构成及其司法考量——兼评〈关于审理不正当竞争民事纠纷案件适用法律若干问题的意见〉》，《知识产权》2007 年第 4 期。

② 谢兰芳：《论互联网不正当竞争中消费者利益的保护》，《知识产权》2015 年第 11 期；杨华权、郑创新：《论网络经济下反不正当竞争法对消费者利益的独立保护》，《知识产权》2016 年第 3 期。

③ 蒋慧：《论竞争法对知识产权的兜底保护》，《学术论坛》2007 年第 2 期；刘继峰：《论商标侵权行为与商标不正当竞争行为的"交错"》，《湖北大学学报》（哲学社会科学版）2009 年第 4 期；郑友德、万志前：《论商标法和反不正当竞争法对商标权益的平行保护》，《法商研究》2009 年第 6 期；袁荷刚：《知识产权法与反不正当竞争法关系之检讨——以知识产权法定主义为视角》，《法律适用》2011 年第 4 期；刘丽娟：《论知识产权法与反不正当竞争法的适用关系》，《知识产权》2012 年第 1 期；吴汉东：《论反不正当竞争中的知识产权问题》，《现代法学》2013 年第 1 期；李国庆：《论新闻报道之著作权法与反不正当竞争法保护》，《知识产权》2015 年第 6 期；钱玉文：《论商标法与反不正当竞争法的适用选择》，《知识产权》2015 年第 9 期。

④ 刘维：《反不正当竞争法一般条款的适用边界》，《湖北社会科学》2011 年第 12 期；黄娟：《〈反不正当竞争法〉中的一般条款研究》，《山东社会科学》2013 年第 1 期；张平：《〈反不正当竞争法〉的一般条款及其适用——搜索引擎爬虫协议引发的思考》，《法律适用》2013 年第 3 期；蒋舸：《反不正当竞争法一般条款的形式功能与实质功能》，《法商研究》2014 年第 6 期；周樨平：《反不正当竞争法一般条款行政实施研究——以裁量权的建构为中心》，《现代法学》2015 年第 1 期；张钦坤：《反不正当竞争法一般条款适用的逻辑分析——以新型互联网不正当竞争案件为例》，《知识产权》2015 年第 3 期；吴峻：《反不正当竞争法一般条款的司法适用模式》，《法学研究》2016 年第 2 期。

⑤ 王晓晔：《与技术标准相关的知识产权强制许可》，《当代法学》2008 年第 5 期；周樨平：《竞争法视野中互联网不当干扰行为的判断标准——兼评"非公益必要不干扰原则"》，《法学》2015 年第 5 期；陈耿华：《互联网新型不正当竞争行为规制理念的实证考察及比较分析》，《广东财经大学学报》2017 年第 5 期；李扬：《互联网领域新型不正当竞争行为类型化之困境及其法律适用》，《知识产权》2017 年第 9 期；肖顺武：《网络游戏直播中不正当竞争行为的竞争法规制》，《法商研究》2017 年第 5 期；汪涌：《软件不正当竞争行为及其法律规制》，《法律适用》2012 年第 4 期；胡凌：《网络安全、隐私与互联网的未来》，《中外法学》2012 年第 2 期；张广良：《具有广告过滤功能浏览器开发者的竞争法责任解析》，《知识产权》2014 年第 1 期；王艳芳：《〈反不正当竞争法〉在互联网不正当竞争案件中的适用》，《法律适用》2014 年第 7 期；宁立志、王德夫："爬虫协议"的定性及其竞争法分析》，《江西社会科学》2016 年第 1 期；曹丽萍、张璇：《网络不正当竞争纠纷相关问题研究——〈反不正当竞争法〉类型化条款与一般款适用难点探析》，《法律适用》2017 年第 1 期。

与反垄断法如何协调适配、反不正当竞争法如何修订完善[①]等问题,学者们也针对此进行了相应的研究,为修订完善反不正当竞争法提出了建议。这一阶段实证研究方法被大量用于反不正当竞争法的研究中,许多学者通过对我国反不正当竞争类案件判决书的类型化整理和归纳,总结出各类案件的共性及实践中存在的问题,对此进行进一步的理论研究和解释,由此提出相应的改进建议,提高了理论研究成果用于司法实践的可行性及有效性,对更好地解决实践问题做出了显著的贡献。[②]

进入21世纪第一个十年,我国市场经济取得了令人瞩目的成就,尤其是互联网产业蓬勃发展,为市场竞争注入了新的动力。但同时,以大数据、云计算、机器算法为代表的信息技术也彻底颠覆了我国市场竞争的模式与现状。1993年的《反不正当竞争法》在应对新出现的不正当竞争行为时滞后性已日渐凸显,而社会对修法的呼声也日益高涨。[③] 2014年,《反不正当竞争法》的修订工作正式启动,此次修法充分展现了学界对于反不正当竞

[①] 郑友德、伍春艳:《我国反不正当竞争法修订十问》,《法学》2009年第1期;袁秀挺、胡宓:《搜索引擎商标侵权及不正当竞争的认定与责任承担——网络环境商标间接侵权"第一案"评析》,《法学》2009年第4期;刘春田:《我国反不正当竞争法在实践中的几个问题》,《电子知识产权》2011年第10期;李发展:《从〈反不正当竞争法〉之修改看我国竞争法体系的完善》,《甘肃社会科学》2012年第6期;贾平、刘茜:《论WTO框架下的竞争法律对我国反不正当竞争法的修改启示与借鉴》,《世界贸易组织动态与研究》2013年第2期;孔祥俊:《反不正当竞争法的司法创新和发展——为〈反不正当竞争法〉施行20周年而作》,《知识产权》2013年第12期;王太平:《我国知名商品特有名称法律保护制度之完善——基于我国反不正当竞争法第5条第2项的分析》,《法商研究》2015年第6期;姚鹤徽:《知名商品特有名称反不正当竞争保护制度辩证与完善——兼评〈反不正当竞争法(修订草案送审稿)〉》,《法律科学》(西北政法大学学报)2016年第3期;戴龙:《滥用相对优势地位的法律规制研究——兼议〈反不正当竞争法(修订草案送审稿)〉第6条的修改》,《中国政法大学学报》2017年第2期;孟雁北:《论反不正当竞争立法对经营自主权行使的限制——以〈反不正当竞争法(修订草案送审稿)〉为研究样本》,《中国政法大学学报》2017年第2期。

[②] 蒋志培、祥俊、王永昌:《〈关于审理不正当竞争民事案件应用法律若干问题的解释〉的理解与适用》,《人民司法》2007年第5期;周晓冰:《不正当竞争行为的司法认定》,《电子知识产权》2007年第3期;李友根:《论竞争法中的法定赔偿:制度变迁个案的解剖——基于不正当竞争案例的整理与研究》,《中国法学》2009年第1期。

[③] 宁立志:《互联网不正当竞争条款浅议》,载王先林主编《竞争法律与政策评论》2017年第3卷,法律出版社,第7页。

争法在新时期如何更好地维护市场竞争秩序以及未来发展等若干问题的新思考。① 对于不正当竞争领域的热点事件亦是关注有加，尤其是 2017 年 8 月 16 日最高人民法院公开宣判的广东加多宝饮料食品有限公司与广州王老吉大健康产业有限公司、广州医药集团有限公司擅自使用知名商品特有包装装潢纠纷上诉案，多篇学术论文予以了关注和探讨，或是结合"红罐凉茶案"分析条款存在的问题，或是结合《反不正当竞争法》修订草案对条款的修改情况进行反思并提出完善建议，或是直接以其中"知名商品"认定这一具体问题就其中的影响因素进行实证研究。② 网络不正当竞争作为近年来众多不正当竞争诉讼的主要原因，在这一革新阶段也被学界充分关注分析。③ 除此之外，商业标识④、商业秘密⑤、不正当比较广告⑥、新闻报道的不正当竞争⑦、滥用相对优势地位⑧等也是学者们关注的重点话题。《反不正当竞争法》于 2017 年和 2019 年先后两次修订，意味着我国反不正当竞争法律制度进入新的发展阶段。这一时期，我国反不正当竞争法研

---

① 孔祥俊：《论反不正当竞争法的新定位》，《中外法学》2017 年第 3 期；李明德：《关于〈反不正当竞争法〉修订的几个问题》，《知识产权》2017 年第 6 期；卢纯昕：《反不正当竞争法一般条款在知识产权保护中的适用定位》，《知识产权》2017 年第 1 期。

② 孔祥俊：《论商品名称包装装潢法益的属性与归属——兼评"红罐凉茶"特有包装装潢案》，《知识产权》2017 年第 12 期；黄军：《侵犯知名商品特有包装装潢行为构成的问题与改进》，《知识产权》2017 年第 10 期；喻玲、麻婷：《反不正当竞争保护中知名商品认定影响因素实证研究》，《知识产权》2017 年第 11 期。

③ 李扬：《互联网领域新型不正当竞争行为类型化之困境及其法律适用》，《知识产权》2017 年第 9 期；宋亚辉：《网络干扰行为的竞争法规制——"非公益必要不干扰原则"的检讨与修正》，《法商研究》2017 年第 4 期；陶乾：《隐形使用竞争者商标作为付费搜索广告关键词的正当性分析》，《知识产权》2017 年第 1 期。

④ 周樨平：《商业标识保护中"搭便车"理论的运用——从关键词不正当竞争案件切入》，《法学》2017 年第 5 期；徐升权：《〈反不正当竞争法〉修订草案稿中的商业标识条款评析》，《法学杂志》2017 年第 5 期；邓玲：《"山寨"老字号商标及不正当竞争纠纷的司法裁判研究》，《知识产权》2017 年第 6 期。

⑤ 李薇薇、郑友德：《欧美商业秘密保护立法新进展及对我国的启示》，《法学》2017 年第 7 期；邓恒、周园：《论商业秘密保护中竞业禁止的适用范围》，《知识产权》2017 年第 3 期。

⑥ 黄武双：《不正当比较广告的法律规制》，《中外法学》2017 年第 6 期。

⑦ 李国庆：《美国新闻报道的反不正当竞争法保护及启示》，《知识产权》2017 年第 6 期；龙俊：《滥用相对优势地位的反不正当竞争法规制原理》，《法律科学》2017 年第 5 期。

⑧ 龙俊：《滥用相对优势地位的反不正当竞争法规制原理》，《法律科学》2017 年第 5 期。

究的体系化程度更高，立法水平也取得了长足的进步。立法上的发展推动着理论研究向更为广泛深入的领域探索，使我国竞争法学理论的知识存量与水平大大增加，不仅研究领域日趋精细，对重大事件的回应也更加迅速和直接。①

二 中国反不正当竞争法基础理论研究的争鸣与探索

（一）立法宗旨与价值取向

立法宗旨体现了反不正当竞争法的主线与灵魂，无论是具体条文规定还是司法裁判都是对立法宗旨的贯彻与回应，因而明确反不正当竞争法的立法宗旨和价值取向，对于《反不正当竞争法》的完善至关重要。关于这个问题，学者们分歧并不多，主要是受特定时期的社会经济发展状况的影响。例如，20世纪90年代有学者就将反不正当竞争法的制定与中国加入世贸组织的需求相结合，将"贯彻对外开放、对内搞活经济的方针"加入了立法宗旨中。② 而1993年《反不正当竞争法》的第1条则在一定程度上摈弃了特定时期或事件对立法的影响，而是以法律价值为归一，将"为保障社会主义市场经济健康发展，鼓励和保护公平竞争，制止不正当竞争行为，保护经营者和消费者的合法权益"确定为立法目的和宗旨。对此，学界基本予以认可并达成共识。

而对于反不正当竞争法的价值取向，有学者主张反不正当竞争法的价值取向是鼓励每一个市场行为主体正当获得最大的利益，给每一个市场经营者提供公平的竞争机会，使市场经营者获得的竞争结果公平。③ 后期有学者从法律伦理的角度分析，认为反不正当竞争法具有特殊的伦理精神——

---

① 宁立志、李文谦：《不争执条款的反垄断法分析》，《法学研究》2007年第6期。
② 黄勤南：《论建立和完善我国的经济竞争法律制度——探讨禁止非法垄断和制止不正当竞争立法问题》，《政法论坛》1991年第4期。
③ 曹新明：《试论反不正当竞争法的价值取向》，《法商研究》1996年第4期。

诚实信用、公序良俗、公共利益、公认商业伦理，这是对民法相关道德伦理的衔接与超越。[①] 还有学者认为，反不正当竞争法的立法宗旨应分三个层次来理解：该法的直接目的是制止不正当竞争；最终目的是鼓励和保护公平竞争，保障社会主义市场经济健康发展；根本目的是保护经营者和消费者的合法权益。[②] 近年来有学者进一步总结，与知识产权法的传统功能相比较，反不正当竞争法所保护的利益日趋多元化，尤其注重维护公共利益和社会福利。而且随着创新对经济的驱动作用，竞争与创新的关系更为密切，《反不正当竞争法》应更加重视促进市场和科技的创新。[③] 在 2017 年修法时，《反不正当竞争法》确立了"市场竞争秩序"和"经营者或者消费者的合法权益"的三元保护目标，且将"扰乱市场竞争秩序"置于优先位置，充分凸显了异于一般民事法的"经济法"色彩。[④]

有学者从国际条约和我国当前司法裁判现状入手，提出应当将《反不正当竞争法》纳入我国知识产权法律体系。[⑤] 但反对者却认为，反不正当竞争法与知识产权在实现知识产权保护功能的路径方面并不相同，反不正当竞争法属于竞争法范畴，需要回归竞争法的理念和方法，追求竞争法的目标取向，采用符合竞争法和市场竞争属性的行为判断标准。[⑥] 有学者进一步论证，就内在机理而言，反不正当竞争法将私法自治融入竞争秩序建构的内在逻辑，从根本上确立了两种属性的结构性关联，使其成为二者"关联交错的场合"。当越来越多地强调抑制政府干预而扩大行为自由时，反不正当竞争法的侵权法色彩逐渐"隐去"，竞争法属性日益凸显。[⑦] 还有学者从

[①] 李志刚：《反不正当竞争法定的伦理精神之解析》，载杨紫烜《经济法研究》第 4 卷，北京大学出版社，2005，第 456~494 页。
[②] 邵建东、方小敏、王炳、唐晋伟：《竞争法学》，中国人民大学出版社，2009，第 58~59 页。
[③] 孔祥俊：《论反不正当竞争法的新定位》，《中外法学》2017 年第 3 期。
[④] 孔祥俊：《〈民法总则〉新视域下的反不正当竞争法》，《比较法研究》2018 年第 2 期。
[⑤] 李明德：《关于〈反不正当竞争法〉修订的几个问题》，《知识产权》2017 年第 6 期。
[⑥] 孔祥俊：《论反不正当竞争法的竞争法取向》，《法学评论》2017 年第 5 期。
[⑦] 张占江：《反不正当竞争法属性的新定位 一个结构性的视角》，《中外法学》2020 年第 1 期。

权利救济的角度论证了反不正当竞争法与知识产权法的互补功能。①

(二) 立法模式的选择

综观世界各国反不正当竞争法的立法情况，主要的立法模式有三种：合并立法或统一立法（如匈牙利、保加利亚、俄罗斯等）、分别立法（如英国、德国、日本、韩国等）以及混合立法（如美国）。迫于改革开放初期的时代环境和立法情势，我国的《反不正当竞争法》采用了以规范狭义的不正当竞争行为为主，同时调整部分限制竞争行为的立法结构，这种折中是时代的产物。② 随着我国加入 WTO，国内外市场开放程度差异逐渐缩小，限制竞争行为或垄断日益增多，《反不正当竞争法》难以对其进行规制，垄断成为我国经济发展不可回避的重要问题。为了进一步规范经济秩序，促进经济健康发展，学界开始呼吁反垄断法出台，有学者认为我国竞争立法采取分立模式更具有合理性和优越性。③ 更有学者进一步介绍了 2004 年 7 月 8 日修订实施后的德国《反不正当竞争法》，认为该法具有诸多的创新点，具有极强的可操作性，为我国反不正当竞争法的修订提供了借鉴。④ 不论是实践问题还是理论研究，都表达出将不正当竞争行为和垄断行为分别规制的需求。2007 年 8 月《反垄断法》的颁布则标志着我国竞争立法基本采用了分别立法模式。反垄断法的实施使我国的竞争立法已经现实地走上了分别立法的道路，反不正当竞争法的修订也将继续厘清与反垄断法的竞合关系，修正历史遗留式折中问题。

(三) 不正当竞争行为的界定

自我国 1993 年《反不正当竞争法》颁布实施至新法修订，学界对于不

---

① 占善刚、张一诺：《试论知识产权确认不侵权之诉与不正当竞争之诉的关系》，《电子知识产权》2020 年第 1 期。
② 马忠勤：《公平交易执法教程》，法律出版社，2006，第 115~116 页。
③ 吕忠梅、陈虹：《经济法原论》，法律出版社，2007，第 318~319 页；吕明瑜：《竞争法》，法律出版社，2004，第 92~94 页。
④ 郑友德、万志前：《德国反不正当竞争法的发展与创新》，《法商研究》2007 年第 1 期。

正当竞争行为的研究日趋完善并且逐步达成统一。有学者将不正当竞争行为的特征归纳总结为竞争性、反道德性和违法性,认为不正当竞争行为是经营者有悖于商业道德且违反法律规定的市场竞争行为。[①]

第一,经营者主体资格的确定。不正当竞争行为主体的确定,在学界一直有颇多争议。1993年《反不正当竞争法》第2条将不正当竞争行为的主体确认为经营者,并进一步限定为从事商品经营或营利性服务的经营者。学界曾经对经营者的范畴进行过类型化的尝试。一方面,以行为标准对经营者的范畴进行提炼,即"虽不具有经营资格的经营主体,但参与经营活动而实施不正当竞争时,也认为属于反不正当竞争法上的经营者"。[②] 根据这一标准,代表企业实施经营行为的职工、无营业执照而从事经营活动的个人等都可以被纳入经营者范畴。有学者更进一步提出,将经营者分为具有合法经营资格和没有营业执照但实际从事经营活动的狭义经营者,包括政府及其所属部门、同业公会与行业协会在内的特殊经营者以及法律有特别规定的其他主体。[③] 另一方面,学者们围绕"营利性"要件是否影响竞争法主体资格的问题展开了相关研究。有学者从业务营利性角度解释,认为"若依法可从事商品经营或者营利性服务则应属竞争主体"。[④] 有的学者则将行为标准的理论适用于非营利性组织领域,认为"只要行为人对外从事了市场交易,不管赚取的利润是否分配给其成员,都属于不正当竞争行为的主体"。[⑤] 鉴于此,1993年《反不正当竞争法》出台后,一些地方法规扩大了不正当竞争行为主体的范围,将不正当竞争的主体扩展到从事与市场竞争有关活动的组织和个人。[⑥] 更有学者旗帜鲜明地反对将营利性作为经营者

---

① 张守文:《经济法学》,北京大学出版社,2008,第335页;漆多俊:《经济法学》,高等教育出版社,2003,第158页;王晓晔:《竞争法学》,社会科学文献出版社,2007,第52页。
② 孔祥俊:《反不正当竞争法的适用与完善》,法律出版社,1998,第74页。
③ 漆多俊:《经济法论丛》,武汉大学出版社,2010,第209页。
④ 王全兴:《竞争法通论》,中国检察出版社,1997,第48~51页。
⑤ 孔祥俊:《反不正当竞争法新论》,人民法院出版社,2001,第85~88页。
⑥ 宋红松:《知识产权法案例教程》,北京大学出版社,2005,第461页。

主体地位的必要条件，"经营者是否应当具备营利性特征，实质在于以何种部门法的视野去观察和把握，应关注其是否从市场交易中获得对价，进而对市场竞争秩序产生影响"。① 2017年修订《反不正当竞争法》时，删除了经营者概念中对"营利性"的要求。

第二，竞争关系的确定。竞争关系的存在曾经是认定不正当竞争行为的前提，随着现代不正当竞争行为的多元化，竞争主体之间的竞争关系淡化，如何理解和认定在学界产生了较大的分歧。部分学者认为当事人之间是否存在竞争关系，是能否适用反不正当竞争法的正确逻辑起点，应作为司法实践中认定当事人是否适格的重要标准。② 但随着市场行为的多样化，尤其是互联网背景下商业模式的复杂化，越来越多的学者不再以狭义的竞争关系来认定不正当竞争行为。因此有学者呼吁，应该改变以存在竞争关系作为认定构成不正当竞争行为的前提的偏狭观念，对竞争关系作广泛认定。竞争关系存在与否，不仅取决于所提供的商品或服务是否相同，而且只要商品或服务存在可替代性，或者招揽的是相同的顾客群，抑或促进了他人的竞争，都应认定存在竞争关系。③ 另有学者针对网络商业环境中的竞争关系进行了专门研究，在对百度与奇虎商业诋毁案的分析中提出了"从宽认定的原则"与"比例适用原则"。④

第三，行为正当性的判断。不正当竞争行为判断的正当性价值取向直接影响着不正当竞争行为的认定。有学者提出以自由和公平作为正当性判断标准。⑤ 也有学者将竞争行为的正当性判断标准从伦理层面进行道德化解读，认为"正当的市场竞争必须以经营者诚实劳动、艰苦付出为出发点，是竞争参与者通过改进技术、降低消耗、提高质量而相互较量、由胜者获

---

① 李友根：《论经济法视野中的经营者——基于不正当竞争案判例的整理与研究》，《南京大学学报》（哲学·人文科学·社会科学）2007年第3期。
② 邵建东：《我国反不正当竞争法中的一般条款及其在司法实践中的适用》，载张千帆等主编《南京大学法律评论》第1期，法律出版社，2003年。
③ 郑友德、杨国云：《现代反不正当竞争法中"竞争关系"之界定》，《法商研究》2002年第6期。
④ 沈冲：《网络环境下的竞争关系与商业诋毁行为的认定》，《电子知识产权》2011年第11期。
⑤ 孔祥俊：《反不正当竞争法的创新性适用》，中国法制出版社，2014，第100页。

得发展机会的动态过程"。[①]

随着对反不正当竞争法的深入研究及经济理论对法学的渗透,越来越多的学者开始反思竞争行为正当性标准的泛道德化,认为就主流理论和法院实践而言,道德解读在反不正当竞争法,尤其是其一般条款方面占有重要地位。但是竞争有其不同于道德评价的内在规律,在运用一般条款时,应当尊重反不正当竞争法的文本,关注行为对竞争秩序的客观影响,而不应将道德感作为判断竞争行为正当性的终极标准。[②] 还有学者提出,道德判断具有很大的不确定,这与法律的确定性和可预期性相冲突。[③] 因此,有部分学者从效能竞争、经济效率等理论出发,提出竞争正当性判断应以竞争的效能和效率为基准。[④]

第四,一般条款的适用。现代反不正当竞争法在调整不正当竞争行为时一般采取"概括条款+典型列举"的方式。概括性条款一般是指规范不正当竞争行为构成要件的概括性规范。与那些禁止某种不正当竞争行为的具体条款不同,一般条款并不涉及某个具体的不正当竞争行为,而是将未被明确列举且构成不正当竞争的全部行为予以规范。这使得反不正当竞争法对不正当竞争行为的规制不再受限于具体的不正当竞争行为条款。换言之,一般条款的主要功能在于补充具体行为条款的规范漏洞,提高反不正当竞争法适用的延展性。

反不正当竞争法一般条款自我国《反不正当竞争法》成文之初就受到学者的广泛关注,争议不止。就反不正当竞争法一般条款是否存在而言即有"法定主义说""有限的一般条款说""一般条款说"三种观点。"法定

[①] 李志刚:《反不正当竞争法的"三位一体"性之解析》,《山西财经大学学报》2006 年第 4 期。

[②] 蒋舸:《关于竞争行为正当性评判泛道德化之反思》,《现代法学》2013 年第 6 期。

[③] 张占江:《不正当竞争行为的认定的逻辑与标准》,《电子知识产权》2013 年第 11 期。

[④] 郑友德、范长军:《反不正当竞争法一般条款具体化研究——兼论〈中华人民共和国反不正当竞争法〉的完善》,《法商研究》2005 年第 5 期;孔祥俊:《反不正当竞争法的司法创新和发展——为〈反不正当竞争法〉施行 20 周年而作》(上),《知识产权》2013 年第 11 期;孔祥俊:《论反不正当竞争的基本范式》,《法学家》2018 年第 1 期。

主义说"认为,《反不正当竞争法》承认的不正当竞争行为,应仅限于该法第二章所列明的具体不正当竞争行为。① "有限的一般条款说"则认为,1993 年《反不正当竞争法》第 2 条第 2 款是一项功能有限的一般条款,并不能与责任条款形成完整闭环。② 而"一般条款说"则认为我国《反不正当竞争法》中是存在一般条款的。

一般条款说中又因一般条款的实际载体而产生了较大的分歧。有学者主张将第 2 条第 1 款作为一般条款。③ 有学者提出"秩序说",主张将《反不正当竞争法》第 2 条第 2 款认定为对不正当竞争定性的一般条款。④ 但同时也诞生了"统一说",认为《反不正当竞争法》第 2 条的两款规定在内容上本来就是不能完全割裂开来的,因此应当认为一般条款既体现在第 2 条第 1 款对遵守"诚实信用""公认的商业道德"等竞争基本原则的表述中,也反映在第 2 条第 2 款对"不正当竞争"概念的定义中。⑤ 这一观点也比较符合实务界一揽子适用第 2 条前两款的现状。

对于一般条款的适用问题,学界也有不同的观点。有学者持保守态度,认为按照 1993 年《反不正当竞争法》的立法本意,其并未赋予第 2 条作为开放性规范的功能。后来为了应对实践的迫切需求,法院在裁判中无奈赋予了该条一般条款的地位,因而对其适用应当审慎。⑥ 也有学者从行政执法角度指出,鉴于我国一直存在着强大的国家干预传统,为了更好地控制行政权力的行使,对极具弹性和扩张性的一般条款的行政执行理应慎重,因此不应授权行政机关执行一般条款。⑦ 但就行政执法能否直接适用一般条款

---

① 孙琬钟主编《反不正当竞争法实用全书》,中国法律年鉴社,1993,第 29 页。
② 孔祥俊:《反不正当竞争法新论》,人民法院出版社,2001,第 183 页。
③ 王先林:《论反不正当竞争法调整范围的扩展——我国〈反不正当竞争法〉第 2 条的完善》,《中国社会科学院研究生院学报》2010 年第 6 期。
④ 邵建东:《〈反不正当竞争法〉中的一般条款》,《法学》1995 年第 2 期。
⑤ 邵建东:《我国反不正当竞争法中的一般条款及其在司法实践中的适用》,载张千帆等主编《南京大学法律评论》第 1 期,法律出版社,2003 年。
⑥ 李明德:《关于〈反不正当竞争法〉修订的几个问题》,《知识产权》2017 年第 6 期。
⑦ 李胜利:《反不正当竞争法的现代化及本土化——〈反不正当竞争法〉修订的若干意见》,《安徽大学学报》(哲学社会科学版)2017 年第 6 期。

这一问题，也有不少学者予以肯定并提出了自己的对策建议。①

2017 年《反不正当竞争法》修订出台，在第 2 条中增加了行为构成要素并调整了其序位。这种改造不仅将第 2 条塑造为一种定义性的法律规范，同时还可以在司法实践中直接援引，即法院可据以开放性认定未列举不正当竞争行为的条款。②

三 对具体不正当竞争行为的认定与适用

（一）市场混淆行为

市场混淆行为又称商业混同行为、仿冒行为等，指的是经营者采用欺诈手段，对他人的商品或服务标志擅作相同或相似的使用，使自己的商品或服务标志与他人的相混淆，造成或者足以造成购买者误认、误购的行为。关于市场混淆行为的研究，学界主要围绕着市场混淆行为的界定、认定、适用以及与知识产权专门法的关系等问题进行了讨论。

针对 1993 年《反不正当竞争法》第 5 条仅规制了四类商业混淆行为，有学者提出修订时可以借鉴日本与我国台湾地区的立法经验，对市场混淆行为按照商品和营业两类客体来规制。同时将经营者在明知或应知的情况下制作、销售混淆商品或商业标识的行为纳入规范范围。③ 还有学者建议对"商业标识"进行科学、开放式的定义，对"混淆行为"进行定义并增加有关混淆行为的种类列举；扩充侵犯商业秘密的不正当竞争行为的种类，制定例外条款。④

---

① 王先林：《论反不正当竞争法调整范围的扩展——我国〈反不正当竞争法〉第 2 条的完善》，《中国社会科学院研究生院学报》2010 年第 6 期；周樨平：《反不正当竞争法一般条款行政实施研究——以裁量权的建构为中心》，《现代法学》2015 年第 1 期。
② 孔祥俊：《论新修订〈反不正当竞争法〉的时代精神》，《东方法学》2018 年第 1 期。
③ 漆多俊：《经济法论丛》，武汉大学出版社，2010，第 207 页。
④ 陈丽苹：《与知识产权有关的不正当竞争行为类型研究——以我国〈反不正当竞争法〉的修改为视角》，《法学杂志》2016 年第 8 期。

对于仿冒知名商品特有名称、包装、装潢的研究，学界主要针对"知名商品"、"特有"、"相同或近似使用"以及"误认"等行为要素进行理论分析，试图明晰界定标准。[1] 对于知名商品特有名称的认定，有学者将其特征总结为独有性、显著性和合法性。[2] 也有学者认为，应取消商品知名度的限定，直接以商业标记是否为"相关公众所周知"作为禁止混同条款适用的前提。同时应强调适用本条款的前提是未注册标记，以便于商标法的调整范围有所区分。[3]

有学者也对域名抢注、仿冒装潢这两种行为是否构成不正当竞争、如何认定进行了研究，认为域名抢注不受商标法的规制，但仍然可能因违反诚实信用原则、扰乱市场竞争秩序而受到反不正当竞争法的规制；而对于仿冒装潢行为，认定近似适用则需要同时包括主客观要件，在客观上坚持整体判断原则和异地判断原则，主观上仅要求消费者尽到普通购买者应有的一般义务即可。[4]

2017年《反不正当竞争法》对原法条进行了重大修改，不仅厘清了商业标识保护制度与商标法、产品质量法以及虚假或引人误解商业宣传等相关制度的关系，引入了"混淆"的概念，还规定了判断标准，将商品名称明确为保护对象，丰富了市场混淆行为中商品标识的类型，商业标识的构成要件得以重建，极大地完善了商业标识保护制度本身的主要内容，并与新法第8条即商业误导条款进行了区分。[5]

---

[1] 张光良：《仿冒知名商品的特有名称、包装、装潢的不正当竞争行为浅析》，《中国工商管理研究》1995年第11期；孔祥俊：《反不正当竞争法的适用与完善》，法律出版社，1998，第175页；盛杰明：《论对引人误解或误认的不正当竞争行为的法律禁止》，《中外法学》1997年第3期；钱光文、孙巾淋：《我国商业外观的法律保护问题探讨——以〈反不正当竞争法〉的适用为中心》，《知识产权》2009年第1期。

[2] 胡淑珠：《从"安牌"桃酥案看知名商品特有名称的法律特征》，《法学》2007年第5期。

[3] 郑友德、伍春艳：《我国反不正当竞争法修订十问》，《法学》2009年第1期。

[4] 刘继峰：《反不正当竞争法案例评析》，对外经贸大学出版社，2009，第28~44页。

[5] 宁立志：《〈反不正当竞争法〉修订的得与失》，《法商研究》2018年第4期；王太平、袁振宗：《反不正当竞争法的商业标识保护制度之评析》，《知识产权》2018年第5期。

（二）商业贿赂行为

商业贿赂是商品经济发展过程中一种典型的不正当竞争行为。原国家工商行政管理局颁布的《关于禁止商业贿赂行为的暂行规定》将商业贿赂的定义、贿赂行为的构成要件进行了充分细化。根据商业贿赂的主体是否同时包括行贿者与受贿者，商业贿赂本身的概念也分为广义商业贿赂和狭义商业贿赂。多数学者更倾向于广义商业贿赂，认为我国1993年《反不正当竞争法》过于强调商业行贿行为，忽略了商业受贿行为。[①] 关于行贿主体，学界普遍认同其前提应为经营者，[②] 一些非营利性的机构如医院、学校在参与市场活动时，也可以成为商业贿赂的主体。[③] 对受贿主体则一般进行广义解释，既包括经营者，也可以是个人，既可以是交易相对人，也可以是对交易相对人的行为产生影响的人，这一点学界也基本予以认可。有学者提出，无论是行贿还是受贿，都应该是行为人主观上的故意和自助行为，过失不构成商业贿赂行为。[④] 就规制不正当竞争而言，商业贿赂尽管会影响到职务廉洁性，但其侵害的首要客体是公平的竞争环境。[⑤] 这也是众多经济法学者对此所达成的共识。还有学者将商业贿赂的特征总结为经济利益性和多发性、手段多样化和隐蔽性、多重违法性和社会危害性。[⑥]

由于商业贿赂的隐蔽性，实践中查处难度极大。因此，针对商业贿赂表现形式的研究成果也十分丰富。有学者认为应对折扣标准予以限定，若折扣超法定标准且无合法理由的则应予以禁止。[⑦] 有学者认为账外暗中和是

[①] 李剑：《反思"雪花"啤酒案：商业贿赂本质的误读》，《上海财经大学报》2009年第3期。
[②] 王振川：《关于治理商业贿赂的若干问题》，《中国法学》2006年第4期。
[③] 魏青松：《反商业贿赂法及典型案例评析》，法律出版社，2011，第6页。
[④] 龚培华：《商业贿赂与商业贿赂罪的区别》，《法学》2006年第7期。
[⑤] 王清：《对中国反商业贿赂立法的反思》，《河北学刊》2010年第6期。
[⑥] 种明钊：《竞争法学》，法律出版社，2008，第161页。
[⑦] 周家贵：《商业贿赂行为及其法律管制》，《法律科学》1995年第2期；邵建东：《论折扣与不正当竞争》，《南京大学学报》（哲学·人文科学·社会科学）2002年第2期。

否如实入账是回扣、折扣和佣金的最大区别。① 此外，针对市场发展出现的一些新型商业贿赂方式，有学者重点就优惠购买、重奖经销商、瓶盖有奖回收等商业贿赂衍变形式进行了分析。② 也有众多学者从行业领域的特殊角度对各行业的商业贿赂行为进行了分析，并对非财产性利益是否被明确纳入商业贿赂规制范围进行了研究并提出了相应建议。③ 还有学者进一步研究了跨国反商业贿赂法治缺陷的根源，认为应尽快针对跨国公司利用子公司进行商业贿赂的行为完善立法，明确规定其作为控制人所应当承担的责任。④

2017 年《反不正当竞争法》对商业贿赂进行了修订并扩充了商业贿赂的对象，增加了利用职权或影响力影响交易的单位或个人，并对商业贿赂中员工的行为加以了说明，使该制度更符合商业贿赂的本质特征。⑤

（三）虚假或引人误解的宣传行为

1993 年《反不正当竞争法》第 5 条第 4 项、第 9 条与《消费者权益保护法》《广告法》《价格法》《产品质量法》等相关法律法规共同构建起一套相对完善的虚假宣传规制制度。我国《反不正当竞争法》在第 5 条和第 9 条中采用"引人误解的虚假表示"和"引人误解的虚假宣传"代指虚假宣传行为。"引人误解的虚假宣传"作为虚假宣传构成要件的核心内容，其如何认定是理论与实践中最具争议的问题之一。有学者认为，"引人误解"与"虚假"都是宣传的限定词，只有二者同时具备才能构成"引人误解的虚假宣传"；⑥ 但大多数学者都认为，宣传内容具有误导性即可构成"引人误解的虚假宣传"，支持该观点的理由众说纷纭，主要分为本质说、目的说、结

---

① 倪振峰：《竞争的规则与策略》，复旦大学出版社，1996，第 141 页。
② 江帆：《论反不正当竞争法上的商业贿赂行为》，载李昌麒《经济法论坛》第 2 卷，群众出版社，2004。
③ 雷华顺、张士海、刘安：《反商业贿赂制度研究》，《生产力研究》2015 年第 3 期。
④ 程宝库、孙佳颖：《跨国反商业贿赂法制缺陷的根源及完善》，《法学》2010 年第 7 期。
⑤ 宁立志：《〈反不正当竞争法〉修订的得与失》，《法商研究》2018 年第 4 期。
⑥ 吕明瑜：《竞争法教程》，中国人民大学出版社，2008，第 307~309 页。

果说、实务说四种。①

如何界定虚假宣传行为的边界、区分相似行为,也是学界的另一大讨论重点。学者们从定义、表现形式、主要内容方面对虚假标识行为是否为虚假宣传行为的一种特别形式这一问题进行了分析,比较二者的异同,学者们各抒己见,看法不一,但总体而言主流观点都认为两种行为在现实生活中紧密相连,虚假标识是对商品或服务标识的虚假宣传,② 两条款是否应当合并为一条,学界就此难以达成一致。

虚假广告作为虚假宣传的典型表现形式,同样受到了学者们的重视。有学者归纳了后果原则、普通注意力原则以及整体观察原则等几项认定虚假宣传的原则。③ 对于虚假广告构成要件,学界普遍形成了"行为主体－主观要件－客观行为－损害后果"的分析框架。④ 但也有学者认为应对虚假广告进行类型化分析,以便明确对广告参与者责任的科学划分。⑤ 也有学者认为应从违法者、潜在违法者、消费者、执法机构等方面进行制度的构建和完善。⑥

随着互联网的发展与渗透,学界对互联网领域虚假宣传行为也予以了较多的关注。有学者从司法实践的角度,主张 1993 年《反不正当竞争法》由于其原则性和包容性,同样适用于互联网竞争秩序的建立与规范,司法实践中处理互联网虚假宣传行为需要看到其本质,"按图索骥"找到正确的路径。⑦ 但也有学者以竞价排名为例,持技术中立的态度,认为排名是否真

---

① 倪振峰、丁茂中:《竞争法学》,复旦大学出版社,2011,第 96 页;邱本:《经济法研究》(中卷:市场竞争法研究),中国人民大学出版社,2008,第 77 页;孔祥俊:《反不正当竞争法新论》,人民法院出版社,2001,第 264 页;蒋志培、孔祥俊、王永昌:《〈关于审理不正当竞争民事案件应用法律若干问题的解释〉的理解与适用》,《人民司法》2007 年第 5 期。
② 吕来明、熊英:《不正当竞争法比较研究——以我国〈反不正当竞争法〉修改为背景》,知识产权出版社,2014,第 150 ~ 151 页。
③ 吕明瑜:《竞争法制度研究》,郑州大学出版社,2004,第 181 ~ 183 页。
④ 王小红、钟海华:《试析虚假广告损害消费者权益的民事责任》,《法律适用》1994 年第 9 期。
⑤ 刘燕:《浅析不正当竞争中的广告行为》,《中外法学》1993 年第 3 期。
⑥ 应飞虎:《对虚假广告治理的法律分析》,《法学》2007 年第 3 期。
⑦ 王艳芳:《〈反不正当竞争法〉在互联网不正当竞争案件中的应用》,《法律适用》2014 年第 7 期。

实、客观并不是信息虚假性的判断内容。① 此外，学者们针对组织、伪造虚假信用、刷好评、刷销量等是否构成不正当竞争也展开了讨论。持否定态度的学者认为扩大商业误导行为侵权主体的范围会影响反不正当竞争法体系的统一。② 而支持这一观点的学者则从竞争关系的内涵上找到了依据。③ 同时，2017 年《反不正当竞争法》吸收了相关司法解释的有益经验，进一步厘清了"引人误解"与"虚假宣传"的关系，不再将虚假与引人误解作为商业误导行为的同时必要条件，二者只要满足其一即可，扩大了规制范围。新法删除了原法第 9 条第 2 款关于广告经营者发布虚假广告的规定，厘清了与《广告法》的关系，还针对网络购物的趋势，增加了虚假交易的规定。④

（四）侵犯商业秘密行为

侵犯商业秘密行为一直是竞争法学界的研究热点，众多学者对商业秘密的界定、构成、范围、法律性质、权利主体与保护理论、商业秘密合同保护、商业秘密管理、人才流动、侵权行为类型、法律救济等方面的基础问题，从立法演变、判例分析、实务问答、比较研究等角度，以专著形式进行了充分的学术讨论。⑤ 随着各国商业秘密法律保护制度的不断发展与完

---

① 应振芳：《言论自由对于〈反不正当竞争法〉解释适用之影响——以广药诉加多宝虚假宣传案为例》，《电子知识产权》2014 年第 4 期。
② 洪伟：《〈反不正当竞争示范法〉与我国〈反不正当竞争法〉的完善》，《福建法学》2003 年第 4 期。
③ 孔祥俊：《反不正当竞争法的创新性适用》，中国法制出版社，2014，第 115～116 页。
④ 宁立志：《〈反不正当竞争法〉修订的得与失》，《法商研究》2018 年第 4 期。
⑤ 张玉瑞：《商业秘密法学》，中国法制出版社，1999；孔祥俊：《商业秘密保护法原理》，中国法制出版社，1999；谢铭洋、古清华、丁中原、张凯娜：《营业秘密法解读》，中国政法大学出版社，2003；戴永盛：《商业秘密法比较研究》，华东师范大学出版社，2005；张耕：《商业秘密法》，厦门大学出版社，2006；齐爱民、李仪：《商业秘密保护法体系化判解研究》，武汉大学出版社，2008；周铭川：《侵犯商业秘密犯罪研究》，武汉大学出版社，2008；祝磊：《美国商业秘密法律制度研究》，湖南人民出版社，2008；郑璇玉：《商业秘密的法律保护》，中国政法大学出版社，2009；唐青林：《商业秘密保护实务精解与百案评析》，中国法制出版社，2011；黄武双：《美国商业秘密判例》，法律出版社，2011；孔祥俊：《商业秘密司法保护实务》，中国法制出版社，2012；徐家力：《论专利及商业秘密》，上海交通大学出版社，2013；周琳：《商业秘密预防性保护之比较研究》，中国社会科学出版社，2013。

善，我国学者们关于商业秘密的研究和探索也越来越富有专业性和技术性，主要对商业秘密的内涵、法律属性、特征、侵害行为类型、保护模式、竞业禁止制度等进行了深度的探究，并不断在研究基础上提出制度完善的建议。

就侵犯商业秘密的主要行为类型，部分学者划分为以不正当手段获取商业秘密；披露、使用或允许他人使用以不正当手段获取的商业秘密；违反约定或违反保密要求披露、使用或允许他人使用商业秘密；第三人消极侵犯商业秘密；职工违反约定，披露、使用或允许他人使用商业秘密等形式。[1] 也有学者从主体角度以及侵害行为特征角度进行了划分。[2]

而对于商业秘密保护的制度归属问题，有学者主张将商业秘密作为一种相对产权进行保护，并提出商业秘密立法的建议。[3] 有学者提出将商业秘密保护纳入《反不正当竞争法》保护的范围，比单独立法或放入民法、刑法中更为有利。[4] 但也有学者认为应当尽快制定专门的商业秘密保护法。[5] 有学者指出，商业秘密的财产法保护具有较大局限，将其纳入反不正当竞争法保护范围，旨在维护竞争法的道德底线。[6] 商业秘密的保护范围也一直是学者们讨论的热点之一。有学者指出定义商业秘密的范围不能再采用列举的方式，其应当被定义为特定信息，而不应从"信息"这一概念往后退，更不应退后到技术秘密。[7] 更有学者进一步提出商业秘密一词由专有技术、技术秘密、工商业秘密发展到如今的商业秘密，保护范围本身就在不断扩

---

[1] 邵建东：《竞争法教程》，知识产权出版社，2003，第119页；王晓晔：《竞争法学》，社会科学文献出版社，2007，第131~135页。
[2] 李永明：《商业秘密及其法律保护》，《法学研究》1994年第3期。
[3] 郑胜利：《论商业秘密法》，《工业产权》1988年第1期。
[4] 任爱荣：《制定我国〈反不正当竞争法〉需要研究的几个问题》，《法学杂志》1992年第6期。
[5] 刘介明、杨祝顺：《我国商业秘密保护的法律现状及完善建议》，《知识产权》2012年第12期。
[6] 谢晓尧：《论商业秘密的道德维度》，《法律科学》2002年第3期。
[7] 张玉瑞：《商业秘密保护范围的发展》，《法学研究》1995年第4期。

大，更不应当封闭式列举。①

在竞业禁止的研究方面，不少学者从理论探讨、实践案例、比较研究的角度厘清了竞业禁止与商业秘密的关系，为平衡劳动者与用人单位利益做出了贡献。② 竞业禁止的利弊也一直是热点话题，竞业禁止制度是一把双刃剑，学界对此也基本达成共识。对于如何平衡竞业禁止的权利冲突，学者从适用原则③和制度设计④等不同角度进行了探索。

2017 年《反不正当竞争法》对商业秘密条款进行了较大的修订，增加了以"贿赂、欺诈"方式获取商业秘密，完善了侵害行为类型；对侵犯商业秘密的主体范围进行了扩张；并取消了商业秘密"价值性"要件的认定标准中的"经济利益和实用性"条件，进一步扩大了商业秘密的保护范围。⑤

2019 年《反不正当竞争法》则延续了这种修法思路，进一步扩大了商业秘密概念和侵犯商业秘密的主体，将不为公众所知悉、具有商业价值并经权利人采取相应保密措施的商业信息认定为商业秘密。同时，新修法还规定经营者以外的其他自然人、法人和非法人组织，亦不得实施侵犯商业秘密的行为，否则，视为侵犯商业秘密。对商业秘密保护力度的加强还表现为提高了"恶意侵犯商业秘密"的赔偿限额以及在无法确定数额时的赔偿限额。此外，监督检查部门除了可以对侵犯商业秘密的行为进行加重处罚，还可没收违法所得。而在民事审判程序中，2019 年《反不正当竞争法》进一步减轻了权利人的举证责任。一旦权利人提供初步证据证明商业秘密被侵犯后，举证责任即转移至涉嫌侵权一方。

---

① 罗玉中、张晓津：《Trips 与我国商业秘密的法律保护》，《中外法学》1999 年第 3 期。
② 廖耘平：《商业秘密保护与竞业禁止》，《当代法学》2002 年第 11 期；金泳锋、付丽莎：《竞业禁止协议与商业秘密保护法律问题研究》，《知识产权》2011 年第 2 期；黎建飞、丁广宇：《竞业禁止义务规范研究——以英国法为比较视角》，《法学杂志》2006 年第 4 期。
③ 李永明：《竞业禁止的若干问题》，《法学研究》2002 年第 5 期。
④ 许明月、袁文全：《离职竞业禁止的理论基础与制度设计》，《法学》2007 年第 4 期。
⑤ 宁立志：《〈反不正当竞争法〉修订的得与失》，《法商研究》2018 年第 4 期。

（五）不正当有奖销售行为

有奖销售行为作为现代商业社会企业促销的惯常行为，部分学者集中就有奖销售的法律属性进行了分析。① 1993 年《反不正当竞争法》没有简单地肯定或否定有奖销售，而是通过禁止特定形式有奖销售的方式对其进行规范和调整。其中，学界从不同的角度对巨奖销售进行了研究，并就其与市场竞争的公平原则背道而驰，具有限制的必要性这一点基本达成共识。②

有奖销售行为的界定是学界的关注点，1993 年《反不正当竞争法》和《关于禁止有奖销售活动中不正当竞争行为的若干规定》对抽奖式有奖销售作了较为具体的规定，其行为性质相对容易判定，学界主流观点认为对其应当附加限制条件允许，但也有少数学者认为应当对其一律禁止。③

虽然立法上对附赠式有奖销售的规制少有提及，但学界对这个问题的探讨却颇为热烈。其主流观点认为附赠式有奖销售的表现形式丰富，违法性并不明确，立法上应限制性允许附赠。④ 还有学者就附赠式有奖销售与巨奖销售、附条件交易、商业贿赂、不正当削价竞销等容易混同的行为进行了比较分析，认为附赠式有奖销售有其独特的表现形式和价值，要通过法律设计来制止不正当竞争、防止损害消费者利益。⑤ 此外，法律对于附赠式有奖销售行为中赠品的价值也应予以一定监管。⑥

2017 年《反不正当竞争法》对法条未作大的改动，仅增加了对未尽明示义务的有奖销售的禁止，以保障消费者的知情权与公平交易权。同时，

---

① 陈祥健：《试论有奖销售的法律问题》，《社会科学》1992 年第 5 期；乔新生：《有奖销售的法律分析》，《法学》1993 年第 7 期；刘国林：《有奖销售的法律评析》，《政治与法律》1993 年第 3 期。
② 李东方：《对我国限制有奖销售的立法思考》，《现代法学》1994 年第 1 期。
③ 孔祥俊：《反不正当竞争法的适用与完善》，法律出版社，1998，第 590 页。
④ 汪传才：《附赠式有奖销售的法律思考》，《政法论坛》1999 年第 6 期。
⑤ 王继军：《附赠式有奖销售的若干法律问题》，《法学研究》1998 年第 5 期。
⑥ 邹泓：《浅析附赠式奖售行为及其法律规范》，《中国工商管理研究》1999 年第 1 期；安增科：《附赠式有奖销售的法律思考》，《中南财经政法大学学报》2002 年第 3 期。

为了适应我国经济和消费水平的变化,此次修法提高了抽奖式有奖销售的最高奖金额。①

(六) 商业诋毁行为

商业诋毁通常是指,经营者为损害竞争对手的商业信誉和商业声誉,捏造、散布虚伪事实的一种不正当竞争行为。有学者认为这种表述存在缺陷,主张侵害了他人商誉的认定标准是:行为在相当一部分相关交易者中产生了他人商誉受到侵害的印象。②

除对商业诋毁行为的性质、构成等问题进行分析外,学界主要围绕商誉的内容、商誉权保护以及对比广告等问题展开研究。我国大部分学者都建议确认商誉权这一法律概念,但不同的学者对其理解也大相径庭。学者们对商誉权的解读,总体可分为四种学说:"知识产权说""人格权说""复合权说""商事人格权说"。坚持"知识产权说"的学者将商誉视为"智力的创造物",因此符合知识产权的固有特征。③ 随后又有学者提出"人格权说",认为企业名誉被其竞争对手以不正当竞争手段侵害时,其所侵害的是商誉权,否则应为名誉权。④ 提出"复合权说"的学者认为商誉权兼具人身性(即人格权)和财产性(即知识产权)。⑤ 主张"商事人格权说"的学者则认为商誉权是公民、法人为维护其人格中包括经济利益内涵在内的具有商业价值的特定人格利益——上市人格利益而享有的一种民(商)事权利。⑥

对于商业诋毁行为的实施主体,有学者主张只有具有经营者身份的行为人才是商誉侵权行为的主体,非经营者实施的行为则只能以一般侵权论。⑦ 也

---

① 宁立志:《〈反不正当竞争法〉修订的得与失》,《法商研究》2018 年第 4 期。
② 邱本:《市场竞争法论》,中国人民大学出版社,2004,第 106 页。
③ 梁上上:《论商誉和商誉权》,《法学研究》1993 年第 5 期。
④ 张新宝:《名誉权的法律保护》,中国政法大学出版社,1997,第 35 页。
⑤ 关今华:《精神损害的认定与赔偿》,人民法院出版社,1996,第 172~177 页。
⑥ 程台红:《商事人格秘论》,中国人民大学出版社,2002,第 13 页。
⑦ 吴汉东:《论商誉权》,《中国法学》2001 年第 3 期。

有学者认为实施商誉诋毁行为的主体不应局限于经营者，不具有同业竞争关系的媒体、消费者等主体都可以实施商誉侵权行为。①

2017年《反不正当竞争法》明确了商业诋毁"欺骗性信息行为"的属性，增加了诋毁行为的种类和行政责任的规定，这不仅有助于更加全面地防止商业诋毁行为的发生，而且还有助于行政机关主动、积极采取措施消除商业诋毁带来的负面影响，这些带有惩戒性质的行政规制手段将有助于提升法律的威慑力、增加诋毁行为的违法成本，进而在一定程度上减少诋毁行为的发生。②

（七）互联网领域的不正当竞争行为

随着中国特色市场经济的发展，互联网也在不断更新迭代，与经济和民众生活相互渗透，更加紧密，因而依托于互联网的新型不正当竞争表现形式也日渐复杂，《反不正当竞争法》原有条文中一般条款规定不甚明确、列举性条款滞后等缺陷也更加凸显。虽然交易空间具有虚拟化的特征，但互联网领域的市场交易仍然能够产生实质的交易行为和交易后果，同样也会对传统的现实经济领域产生影响。法律如何调整这一领域的经济发展，对其中涌现的新型不正当竞争行为进行规制，成为近年来的研究热点。

第一，互联网领域中一般条款的适用。在1993年《反不正当竞争法》修订之前，互联网领域的不正当竞争案件已经层出不穷。司法机关在审理此类案件时，只能不断突破1993年《反不正当竞争法》第5条到第15条所列举的具体不正当竞争行为，援引第2条进行判决，即所谓"向一般条款逃逸"现象。学界也一度涌现很多从解释和完善1993年《反不正当竞争法》一般条款和特殊条款进而适用的角度，回应互联网新型不正当竞争行为所带来的困境和挑战的观点。有学者认为，对于涉及网络技术较强的案

---

① 张元再：《论商誉法律保护措施的完善》，《法学》1997年第3期；易杨：《关于商誉侵权行为构成中几个问题的辨析》，《法学杂志》2009年第10期。

② 宁立志：《〈反不正当竞争法〉修订的得与失》，《法商研究》2018年第4期。

件,应当秉持"技术中立"原则来处理网络纠纷。① 也有学者提出,规制互联网领域的市场乱象应结合该领域不正当竞争行为的本质,对现有条款进行创新性适用。② 还有学者从比例原则的视角,为不正当竞争行为适用一般条款的判断设计了一套分析框架。③

但随着互联网技术的发展和研究的深入,特殊的互联网竞争模式催生了更多的互联网不正当竞争行为,越来越多的学者不再认同适用一般条款解决互联网不正当竞争纠纷,认为其不仅会进一步放大原则条款适用的随意性问题,而且会造成商业道德标准解释上的困境。④ 互联网领域商业模式的快速更新与迭代使得对"公认的商业道德"的解读变得十分困难,行业的道德标准尚未真正形成,盲目地提炼和强行解释会造成司法实践中的解释力不足和适用的随意性。因此,应该在具体条款上寻求突破,总结、归纳新型不正当竞争行为的特征与要件,提升互联网领域不正当竞争行为规制的科学性和准确性。

第二,新型不正当竞争行为的类型化研究。在《反不正当竞争法》修订工作启动之前就有学者指出,通过梳理纷繁的网络竞争乱象、类型化网络不正当竞争行为,有利于规范网络竞争活动。⑤ 实践中互联网行业不正当竞争案例的逐渐增多,直接推动了对相关问题的研究。学者们在前人研究的基础上进行了深化和补充,根据行为的不同技术特征和损害后果,将新涌现的不正当竞争行为进行了各种类型化的处理。⑥ 此外,还有部分学者另

---

① 谭筱清:《关键词搜索引起侵权的认定及处理——山七公司诉蒋某等合同违约、不正当竞争纠纷》,《网络法律评论》2005年第6期。
② 王艳芳:《〈反不正当竞争法〉在互联网不正当竞争案件中的适用》,《法律适用》2014年第7期。
③ 兰磊:《比例原则视角下的〈反不正当竞争法〉一般条款解释——以视频网站上广告拦截和快进是否构成不正当竞争为例》,《东方法学》2015年第3期。
④ 蒋舸:《反不正当竞争法一般条款的形式功能与实质功能》,《法商研究》2014年第6期。
⑤ 方晓霞:《网络不正当竞争行为的类型化分析》,《知识产权》2011年第8期。
⑥ 张钦坤:《反不正当竞争法一般条款适用的逻辑分析——以新型互联网不正当竞争案件为例》,《知识产权》2015年第3期;周樨平:《竞争法视野中互联网不当干扰行为的判断标准——兼评"非公益必要不干扰原则"》,《法学》2015年第5期。

辟蹊径，在分析网络不正当竞争行为的性质和侵害客体的基础上，试图将新型不正当竞争行为归入现有法定类型，例如将不正当链接行为归入虚假宣传行为的范畴。① 还有学者根据实证分析，将中国互联网不正当竞争案件的发展从时间上分为三个递进的阶段，并总结出不同阶段的竞争特性以及该阶段所反映的特定类型的不正当竞争行为。②

由此可见，学界对于互联网不正当竞争的分类标准与依据并未形成统一认识，大多数成果均是结合实际情况进行特征提炼和大致的分类，尚无法兼具全面性和前瞻性。也正因为如此，关于是否将互联网领域不正当竞争行为类型化为一种单独的新型不正当竞争行为，学界出现了较大的分歧。有学者坚持认为，首先互联网领域中的竞争行为大多具有阶段性，不具有普适性；其次缺少稳定、成熟的分析样态，对行为的共性与个性的提炼缺乏理性基础，因此对互联网领域新型不正当竞争行为目前不宜进行类型化。③ 有学者直接提出，反不正当竞争法是对智力活动成果的保护而非技术措施的保护，将涉及网络技术的不正当竞争行为类型化为一种单独的新型不正当竞争行为有违知识产权立法中的"技术中立"原则。④ 还有学者从新《反不正当竞争法》第12条的条文出发，认为互联网领域的不正当竞争行为能够被其他六种行为所覆盖，即使偶有无法覆盖的情况，也可援引一般条款，确无新增互联网不正当竞争专款之必要。⑤

第三，互联网不正当竞争行为的认定。关于认定互联网不正当竞争行为，学者们就其应当满足其他不正当竞争行为的共性，以传统不正当竞争行为的认定为基础，综合考虑互联网领域的特殊性，基本达成了共识。有学者认为，认定互联网不正当竞争行为的法律标准与核心是竞争行为的非

---

① 方晓霞：《网络不正当竞争行为的类型化分析》，《知识产权》2011年第8期。
② 张钦坤：《中国互联网不正当竞争案件发展实证分析》，《电子知识产权》2014年第10期。
③ 李扬：《互联网领域新型不正当竞争行为类型化之困境及其法律适用》，《知识产权》2017年第9期。
④ 李明德：《关于〈反不正当竞争法〉修订的几个问题》，《知识产权》2017年第6期。
⑤ 郑友德、王活涛：《新修订反不正当竞争法的顶层设计与实施中的疑难问题探讨》，《知识产权》2018年第1期。

正当性，应以公认的商业道德和诚实信用原则为价值判断标准，以损害为依据，从经营者利益、消费者利益和公众利益三个维度进行利益权衡。同时，在具体个案中要充分考虑互联网领域的技术特性、商业模式、竞争秩序、自律规范以及消费者利益等综合因素。① 另有学者从相关市场认定的角度出发，提出互联网领域竞争具有零价竞争、跨界竞争和平台竞争的特点，这些特点给相关市场界定的基本制度框架带来了挑战。但整体上这一基本制度框架仍然适用，只是需要适应互联网领域竞争的特点，避免将相关市场界定得过于狭窄。因此，需要注重对界定相关市场的各种方法的综合适用，注重衡量市场力量直接证据与间接证据的相互验证。②

第四，对2017年《反不正当竞争法》第12条的质疑与完善建议。《反不正当竞争法》第12条引发了社会各界的广泛关注。该条以"列举+兜底"的方式，对当下引发全社会广泛关注的互联网领域不正当竞争行为进行了描述和约束，并设计了相应的责任条款。在修法前，司法实践大多利用一般条款对涉及互联网的新型不正当竞争行为进行规制。互联网专款的增设为该类纷争提供了直接的法律依据。从填补立法空缺的角度来看，专款的增设能够引导实务部门在规制新型不正当竞争行为时适用相对应的具体条款。但从保障法律适用的角度判断，专款增设后与原法的协调程度及其适用性则仍需考量。有学者认为，专款的立法模式属于一种笼统的"以抽象界定抽象"的做法，除了会带来更多的混淆或者模糊之外，立法初衷难以真正实现。③ 此外，还有学者认为专款列举的典型行为与2017年《反不正当竞争法》第二章专条规定的其他行为有所重复，不重复的行为则可援引一般条款进行规制，因而并无新增的必要。④

---

① 谢兰芳、黄细江：《互联网不正当竞争行为的认定理念》，《知识产权》2018年第5期。
② 徐炎：《互联网领域相关市场界定研究——从互联网领域竞争特性切入》，《知识产权》2014年第2期。
③ 宁立志：《互联网不正当竞争条款浅议》，载王先林主编《竞争法律与政策评论》2017年第3卷，法律出版社。
④ 郑友德、王活涛：《新修订反不正当竞争法的顶层设计与实施中的疑难问题探讨》，《知识产权》2018年第1期。

目前，已有学者对反不正当竞争法修订的得失进行了分析与总结，并针对互联网条款提出了相应的完善建议，如对互联网领域的不正当竞争不应当盲目列举，而应当追求法律制度的体系化、系统化，条件成熟时应促成相应专门法的制定与出台；在内容设计上应更加精准平衡"适度归纳"和"准确列举"，应从互联网竞争行为的本质出发，探索与不正当竞争行为的共性，进一步完善目前碎片化的规定。[①]

四 中国反不正当竞争法学研究的未来展望

中国反不正当竞争法经过几十年的高速发展，已经形成了一个比较完善的理论体系。早期为了规制市场竞争行为而制定的《反不正当竞争法》，主要是以规制企业和企业之间的竞争为目的，竞争手段也主要集中在产品价格调控和质量监管上面。随着现代社会的发展，在专业化和社会分工深度和广度上有了一个极大的拓展，知识成为主要的经济要素，科学技术的发展推动了经济全球化和一体化的进程，经济关系变得愈加复杂。市场竞争已经不限于企业与企业之间，往往各国企业背后都有政府对其进行强有力的支撑，而除了产品价格和质量，人才、科技、服务、投资环境都是重要的竞争要素，这使得我国反不正当竞争法必须要发展才能赶上经济文化发展的速度。身处深化改革开放、加快转变经济发展方式的关键时期，中国反不正当竞争法研究应从以下几个方面着力，努力把当前的制度优势更好地转化为国家治理效能，为实现"两个一百年"奋斗目标、实现中华民族伟大复兴的中国梦提供切实、有力的保证。

（一）进一步突出反不正当竞争法的多元化立法价值体系

学界普遍认同我国反不正当竞争法的价值主要由公平、秩序、效率三方面组成。这是由于我国早期经济体制从社会主义计划经济向社会主义市

---

① 宁立志：《〈反不正当竞争法〉修订的得与失》，《法商研究》2018年第4期。

场经济转变后,市场的公平竞争、市场本身的秩序和效率成为现实的追求目标。到了法律体系相对完善的知识经济时代,信息爆炸带来的后果就是信息获取者一方对于信息的认识和吸收不完整,社会的变迁也使得交易中的当事人之不对等地位进一步加剧,信息不对称已经成为现代社会的普遍问题,对公平的追求已经不仅仅限于形式公平,需要在实体规则上给予弱者必要的倾斜保护以实现实质正义。[①] 那么规范市场的反不正当竞争法,在保护市场自由竞争的同时,也要加大对市场竞争处于优势地位的经营者的规制和对处于劣势地位经营者的保护,加大对消费者的保护。但是这种保护在有的情形下也会异化为对自由的限制,或者背离了竞争法作为竞争的保护者角色,所以现代反不正当竞争法应当在规制者与保护者这两种角色之间寻找平衡。

反不正当竞争法充分体现了在维护市场公平竞争、市场交易秩序和促进市场效率方面的作用。特别是通过专门条款的形式对互联网领域违反诚实信用原则和公认商业道德的不正当竞争行为予以了回应。虽然该条款存在诸多问题,但在法条中的单列设置,突出体现了《反不正当竞争法》的重点关注。另外,《反不正当竞争法》还应进一步完善一般条款的内容,以求应对具体条款尚未涵盖或未来竞争可能存在的不正当竞争行为。除了突出"扰乱市场竞争秩序"以表明在认定时应将市场竞争秩序作为首要考量因素,还应将消费者利益引入认定要件中,使利益衡量的法律结构更加完善,从而实现公共利益、经营者利益与消费者利益"三元叠加"的保护目标。这种调整也对司法机关产生积极影响,推动对不正当竞争案件的审理更加重视对涉案行为是否违反诚实信用原则与商业道德的论证与说理,从而大幅提升《反不正当竞争法》实施的科学性,进一步夯实其竞争法的价值本位。

---

① 马辉:《从信息不对称向决策瑕疵矫正的弱者保护路径变迁——基于对信息披露、撤回权与投资者适当性的考察》,载漆多俊《经济法论丛》,法律出版社,2014,第125~126页。

（二）进一步完善反不正当竞争法的制度框架和法律规范

1993年《反不正当竞争法》中除了典型的不正当竞争行为，还囊括了强制性搭售、掠夺性定价等排除、限制竞争行为，并且与《商标法》《产品质量法》等法律的调整范围也存在一定重合，从而导致在实践中法律引用和实施上的混乱。除了典型的不正当竞争行为外，还涵盖了本属于《反垄断法》《商标法》《广告法》等其他特别法的问题，造成了法律适用时选择法律依据的困惑。因此，在2017年的修订过程中，将现行法与其他竞争法存在交叉重叠甚至不一致的内容进行修正，以保持法律规定的协调一致成为学界的普遍共识。

修订后的《反不正当竞争法》对以往模糊不清的法律概念进行了明确，剔除了与其他法律的重叠区域，增加了新型的反不正当竞争行为类型。另外，在转致规定方面，2017年《反不正当竞争法》与相邻法律法规的衔接也更为协调。反不正当竞争法是维护市场竞争秩序的基础性法律。修订后的《反不正当竞争法》进一步厘清了与《商标法》、《广告法》、《产品质量法》等相关法律制度的关系，保持了法律规定的协调一致。例如，对经营者违反《反不正当竞争法》第8条进行虚假宣传，属于发布虚假广告的，依照广告法的规定处罚。

但修订后的《反不正当竞争法》对具体不正当竞争行为的规定尚不能完全涵盖主要的不正当竞争行为。例如，第8条列举了虚假或引人误解的商业宣传行为，但仅通过列举方式难以将破坏竞争秩序的商业误导行为全部涵盖。而且法条中使用的"商业宣传"概念更强调通过明示、公开的方式进行误导，无法将以默示方式实施的商业表示涵盖。《反不正当竞争法》实体规则中的这类缺陷还需要学界给予足够的关注，寻找合适的契机进行完善。

（三）进一步加强反不正当竞争法的制度协调和程序规范

在经济全球化的背景下，市场竞争的范围和程度都在不断扩大加剧，矛盾日益激化，而各国各地区的经济社会发展水平不一，这使得对市场的规制除了依靠法律，也要与产业政策、贸易政策、投资政策以及其他相关经济政策联系起来考虑，追求各种政策的协调。同时，反不正当竞争法律制度越来越从刚性转向柔性、灵活和务实，这是《反不正当竞争法》在长久适用过程中的一个重大转变。除此之外，数字经济的繁荣也使得传统意义上的制度规则已经不能满足大数据这种新型基础性社会制度的要求，竞争法律制度必然要发生变革，从大范围的基础规制形态往精准规制的高级形态转变。这种大数据背景下的精准规制要求竞争法进行相应的调适，包括主体的开放化、内容的信息化、证据的电子化以及责任的多元化等多方面的发展。

　　此外，面对市场竞争中多样态的不正当竞争行为，还需对《反不正当竞争法》实施过程中的程序规则进行持续探索。这是因为，实体规则的不确定性所带来的不足需要程序规则的完善来弥补，程序规则的意义在于规范执法者的执法行为、限制执法者滥用权力，根本目的在于保护市场竞争秩序，鼓励经营者诚实信用经营以及维护消费者合法权益。修订《反不正当竞争法》时，对于原法条中规范较为粗糙的"对涉嫌不正当竞争行为的调查"等程序问题进行了强化，尤其是监督检查部门调查涉嫌不正当竞争行为时有关职权履行、被调查的经营者、利害关系人及其他有关单位、个人面对监督检查部门的调查询问时的应尽义务等相关问题。

理论聚焦

互联网不正当竞争行为中的商业道德认定问题研究

杜 颖 魏 婷[*]

内容提要： 互联网技术的特殊大背景下，商业道德的基础内涵仍与传统商业道德强调的不能不劳而获、不能搭便车等商业伦理准则一致，但由于互联网新兴技术的专业性、前沿性与特殊性，商业道德的认定标准和思路不可避免地具有特殊性，实践中往往需要通过更为特殊的、更具针对性的判断方法来分析互联网环境下的商业道德内涵。参考诚实信用原则、行业自律管理、司法创设细则都是可取的方法，但要遵循一定的逻辑并受不同条件的限制。

关键词： 不正当竞争　商业道德　诚实信用原则　行业自律惯例

互联网浪潮打造出来的新型经济市场，竞争性十分明显。与之相伴而来的是相关主体对市场资源的争抢与划分，又因为其依托高级科技发展，行业整体技术性、隐蔽性突出，牵一发而动全身，影响力更加广泛、冲击力更加强大，带给市场公平竞争秩序的挑战也更大。而面对这种多样化的新类型问题，司法裁判需要寻找规范性的突破点，把握新型竞争行为的实质内核，寻找适用的法律依据，形成裁判经验，以供后续同类型竞争行为的判断参考。如是，非常有必要归纳梳理近年来互联网领域不正当竞争纠

---

[*] 杜颖，中央财经大学法学院教授，博士生导师；魏婷，中央财经大学法学院硕士研究生。

纷案件的特性与裁判要点，得出具体情况下运用的裁判路径与关注方向，这其中多数案件裁判中法官援引了《中华人民共和国反不正当竞争法》（以下简称《反不正当竞争法》）第 2 条所涉及的商业道德进行裁判，因而对于如何去认定互联网领域商业道德的标准的探讨迫在眉睫。

一 互联网不正当竞争行为中商业道德的概念及特点

从《反不正当竞争法》的领域去观察，商业道德是指从市场规范经营行为中抽象出的约定俗成的道德或者惯例，既涵盖所有经济交往都要遵循的道德伦理，也包括各个具体行业，如互联网行业、农贸行业等特定类型的商业道德。着眼于当下的互联网环境，依靠新技术、新观念的发展，新兴的商业模式如雨后春笋般被急速地开发出来，这种技术及商业模式通常被部分互联网公司所掌握，并且有可能在短时间内引起其他互联网公司的争相模仿，此时虽然很难抽象整理出这个新型商业模式的公认的商业道德，但是放眼未来的经济形势，确有必要对此予以规制，因而常常退而求其次，置身于整体互联网领域的语境下去整理其商业道德的适用范围。[1]

（一）互联网不正当竞争行为中商业道德与日常道德的区分

首先，互联网不正当竞争行为中的商业道德区别于我们现实生活中直观的良善品德，不针对经营者个人，而是针对具体的经营行为，是为了维护市场经济竞争的公平与稳定。[2] 互联网不正当竞争行为中的商业道德同时要兼顾技术发展的空间以及市场的公平性，所以，如果想要更好地规制互联网新兴经济模式，适用《反不正当竞争法》时必然要更加的灵活与多元，这种商业道德必然包括了更复杂的参与主体，需要保护的利益也更

---

[1] 参见谢兰芳、黄细江《互联网不正当竞争行为的认定理念》，《知识产权》2018 年第 5 期。
[2] 参见孔祥俊《反不正当竞争法的司法创新和发展——为〈反不正当竞争法〉施行 20 周年而作》（上），《知识产权》2013 年第 11 期。

加多样化，因此它与平常个人的直观的良善品德有所不同。

其次，互联网不正当竞争行为中的商业道德也明显区别于社会公德，社会公德追求整个社会的和谐美好，更多地强调义务，旨在创造和谐稳定的社会环境，互联网不正当竞争行为中商业道德限于商业行业，鼓励竞争行为、创新与抢占先机。而在一定程度上，商业道德和社会公德存在交叉的部分，并不能完全区分，如为了捍卫最基本的社会秩序、整体市场的和谐发展和升级进化，互联网相关主体应避免编造、传递虚假信息。

基于此，最高人民法院在司法政策中对正确把握商业道德的评判标准进行了总结，以特定商业领域普遍认同和接受的经济人伦理标准为尺度，避免将商业道德简单等同于个人道德或者社会公德，从实质来看，其更多体现和追求的是一种商业伦理。①

（二）互联网不正当竞争行为中商业道德的特点

区别于传统商业道德，互联网不正当竞争行为中的商业道德具有特殊性。首先，互联网不正当竞争行为中商业道德具有模糊性与概括性。其自身内容模糊宽泛并不具体，可能因技术、经营模式等而有所改变，甚至可能基于对某一要素的侧重而作出截然相反的判断。商业道德的内容过于模糊概括，会给它的适用带来很大的困难，市场中的主体往往是依照明文的规定衡量自身行为的正当性，而当这个标准规定无法具体确定地展示出来时，行为主体也就失去了行为预期的参照物，不利于发挥法律应有的指引和预测功能。②

其次，互联网不正当竞争行为中商业道德具有开放性与多元性。界定概念必然要进行综合考虑，结合时下的政治、经济、社会背景，商业道德就要紧靠市场经济的动向，在新兴市场开发、技术日益更新的今日，互联

---

① 参见孔祥俊《反不正当竞争法的创新性适用》，中国法制出版社，2014，第68页。
② 参见叶明、陈耿华《反不正当竞争法视野下商业道德认定的新思路——基于法律论证分析框架》，《商业研究》2017年第12期。

网领域的商业道德界定不仅仅要考虑突破创新的经营者,不能过于限制市场;同时也要考虑消费者主体,消费者的合法权利不受侵害,同行业的竞争者的合法权利不受侵害,需要在这多者之间寻找一个平衡点。处于互联网竞争市场中的不同主体,他们对于互联网领域的商业道德也会有着不同的定义与期待。因此,互联网行业的元素是多元开放的,参与到互联网市场竞争的主体也是多元的,基于不同的背景、环境等因素,人们对于商业道德内涵的理解亦难免有所差异。[①] 另一方面,互联网作为一个联结全世界沟通、交流的大网,其能够跨越时间与地域,将不同国家或者地区的竞争者和往来行为涵盖进去。反观传统的商业领域,其竞争往往囿于某个区域、某些垄断的竞争者,因此互联网领域去中心性、全球性、共享性等特点明显,这一行业的商业道德会更具开放性。

最后,互联网不正当竞争行为中的商业道德具有抽象性与前瞻性。采用不同技术的各经营模式下的商业道德具有抽象性,对其的掌握理解还应该依据技术模式、领域特点等细化、具体化。譬如对于那些与人的生存生活、身体健康等有关的行业,如餐饮、医疗等,这些行业的商业道德的标准自然会更高,把控更加严格。着眼于时下的互联网浪潮,随着其蓬勃发展,对行业内的商业道德的认识也日臻完善,既有传统道德的同一性,又有其行业特色。另一方面,互联网采用的新兴技术突破了以往人们的认知,也超越了法律的具体规制,具有前瞻性。自由和共享本身就是互联网行业的立命之本,未来依托互联网行业会有越来越多不可预见的商业模式发展起来,我们应为互联网行业的未来发展留有足够的空间,对其行业的商业道德规制不应该过于严格。因此在规制某类互联网不正当竞争行为时,也要顾虑其后的技术延伸与发展,较传统行业,更加需要具有前瞻性视角。新兴技术和新兴模式瞬息万变,互联网行业的商业道德伴随着前瞻性,现实条件也不允许我们为互联网行业附加上太多的条条框框,我们应给予其

[①] 参见吴太轩、史欣媛《互联网新型不正当竞争案件审理中商业道德的认定规则研究》,《现代财经》(天津财经大学学报)2016年第1期。

最大的包容。

二 互联网不正当竞争行为中商业道德的认定方法

我们观察了互联网不正当竞争行为中认定商业道德的一些典型案例，归纳出如下一些认定商业道德的具体方法。

（一）借助诚实信用原则认定商业道德

诚实信用原则和商业道德是我国《反不正当竞争法》第 2 条的核心要素，当一个竞争行为在法律上未有具体规制时，常常从其是否违背诚实信用原则和该领域的商业伦理角度去衡量，二者共同构建了此种情况下不正当竞争行为判断的基石。当我们谈论诚实信用原则，首先需要肯定的是其在民法中"帝王条款"的地位，而《反不正当竞争法》是从商业竞争、市场经济的角度对其进行了更细化的解读和延伸，包括对竞争主体诚信经营的要求，对于侵害其他竞争者合法权益的"不劳而获""搭便车"等行为进行坚决抵制。而当我们真正去界定某一行业的商业道德准则时，它的具体内容必然是与诚实信用原则密不可分的，可以说其是以诚实信用原则为核心而形成的商业往来之间的惯例、准则。①

如在"汉涛诉爱帮复制页面内容不正当竞争案"② 中，一审法院在最终判定爱帮是否构成违反商业道德的行为时主要运用了诚信原则的判定思路，认为存在于大众点评网上的服务者信息及消费者的评论，都是汉涛公司依托精心设计的商业运行模式并付出巨大成本而得到的。上述数据内容并非爱帮科技公司的劳动成果，其也从未投入相关成本，只是攫取大众点评网已有的内容，为自己的平台拥有获利，属于典型的"不劳而获"和"搭便

---

① 参见叶明、陈耿华《反不正当竞争法视野下商业道德认定的困局及破解》，《西南政法大学学报》2017 年第 5 期。
② 参见北京市海淀区人民法院民事判决书（2010）海民初字第 24463 号。

车"行为,违反公平原则和诚实信用原则,违反商业道德,构成不正当竞争。在处理与其类似的数据抓取、资源链接类型纠纷时,部分法官也将目光投向了"不劳而获""食人而肥""搭便车"等对诚实信用原则的理解适用上。①

(二) 以行业自律惯例认定商业道德

在互联网不正当竞争行为中,除借诚实信用原则认定商业道德外,部分判决也会援引那些被高度认可甚至已经形成明文规定的行业自律惯例来评价。互联网行业的商业惯例是在近几年不断发展的互联网市场中,被各种主体反复实践、普遍认可和遵守的行为准则,这类行业惯例通常表现为行业自律公约、通用的技术规则以及商业合同条款,对于法律没有具体规定的事项具有一种补充完善的功能。互联网行业的商业道德准则也是普遍被大家所认可遵循的行为标准,具有抽象性与模糊性,但也体现着较宽泛的约束与指引作用。因此在某种程度上,行业自律惯例可以被认为是承载了商业道德精神要求的具体条文。例如,在"腾讯诉奇虎 QQ 保镖不正当竞争案"② 中,最高人民法院指明,作为经济活动主体的相关方在某一领域发展较为成熟时,会自发形成行业协会或者自律组织以形成行业内统一的规范、维护行业的公平秩序,引导行业技术发展。而这些协会或组织肩负着依据行业特点及发展预期抽象归纳出整个行业运行规则标杆的职责。由此制定而来的行业性规范通常也代表了整个领域的商业道德高度,能够作为法官思考认定该类型竞争行为行业惯例的参照物。部分法院的审理指南也

---

① 参见中国联合网络通信有限公司青岛市分公司、青岛奥商网络技术有限公司与北京百度网讯科技有限公司不正当竞争纠纷案,山东省高级人民法院民事判决书 (2010) 鲁民三终字第 5 - 2 号;上海汉涛信息咨询有限公司诉北京百度网讯科技有限公司不正当竞争纠纷案,上海市浦东新区人民法院民事判决书 (2015) 浦民三 (知) 初字第 528 号;北京爱奇艺科技有限公司诉深圳聚网视科技有限公司不正当竞争纠纷案,上海知识产权法院民事判决书 (2015) 沪知民终字第 728 号;北京搜狗信息服务有限公司、北京搜狗科技发展有限公司诉北京百度网讯科技有限公司、百度在线网络技术 (北京) 有限公司不正当竞争纠纷案,北京市高级人民法院民事判决书 (2017) 京民终字第 5 号。
② 参见最高人民法院民事判决书 (2013) 民三终字第 5 号。

明文规定了行业自律惯例在认定商业道德标准时的重要地位，如北京市高级人民法院出台的《关于涉及网络知识产权案件的审理指南》第 34 条就明确规定，在定性商业道德时，可重点参考特定领域的行业惯例或自律规范。

（三）司法创设具体细则认定商业道德

当针对互联网行业某一具体的新兴技术或经营模式进行规制时，少数法院会结合个案特点与整体的行业商业道德，去创设一些只适用于某类特殊案子的特别规则，影响比较广泛、争议较大的具体细则有"非公益必要不干扰原则"、"协商通知规则"、"最小特权规则"与"一视同仁规则"等。

在"百度诉奇虎插标案"[①] 中，法官创设了非公益必要不干扰原则，其指出，在一定条件下，如为了维护相关使用者或社会公众的权益，特定主体可以不经使用者与关联方的同意和选择，直接干扰某互联网产品或服务的常规经营，但这种干扰能够施行的条件非常严苛，必要性和合理性是前提。反之，若其非公益必要而施行，则这种行为属于侵害他人合法利益、恶意冲击经营秩序的行为，应当界定为违反商业道德的行为，所以对于公益且必要的度的判断与把握十分重要。奇虎公司的插标行为实质并非为了使用者利益而努力，其并非广泛的监测，而是针对性地筛选百度页面的某些链接插标，凸显其风险性，并借此宣传哄抬自身拥有的浏览器的安全性，诱使使用者使用下载，以获取利益，违反了非公益必要不干扰原则，违反商业道德，构成不正当竞争。

如果我们对裁判思路进行总结，会发现非公益必要不干扰原则的实质为，原则上互联网领域竞争者的经营不得互相干扰，但退一步讲，如果为了社会公共利益确有必要进行干扰，这种干扰必须受到一定的限制，应当具有必要性及合法性。非公益必要不干扰原则多应用于近年来常诉于纷争的插标、修改搜索引擎链接、过滤及屏蔽广告等"干扰"其他软件正常运

---

① 参见北京市高级人民法院民事判决书（2013）高民终字第 2352 号。

行的行为,典型如"爱奇艺与极路由不正当竞争纠纷案"①"优酷与UC浏览器不正当竞争案"②。

而在"百度诉奇虎违反Robots协议不正当竞争案"③中,法院创设了"协商-通知"规则,主要适用于搜索引擎服务商与网站服务商或所有者对Robots协议产生纠纷时。按照四个步骤递进处理:首先,当搜索引擎服务商对现有的相对方设定的Robots协议存在异议时,其应书面确定修改抓取数据的需求;其次,相对方收到异议需求后,经研究作出不予修改的决定,要在限期内及时书面回复不予修改并详细解释缘由;再次,若提出修改方难以接受的拒绝缘由,任意一方可寻求自律组织或行业协会的调解和裁决;最后,若相对方未及时、书面告知提出需求方其不予修改的缘由,或者对于给出的缘由,需求方认为难以信服,而此时协议修改程序的延误会严重影响其正当经营的,可寻求法律帮助。

同样是在"百度诉奇虎插标案"中,法官还肯定了专家辅助人提出的最小特权规则。④ 在历经二审程序后,奇虎公司表示同意二审法院关于非公益必要不干扰原则的观点,但是其认为该原则不能一概适用于所谓的"网络服务提供者",指出二审法院忽视了安全软件与一般软件的差异。而针对这一抗辩,再审法院应用了最小特权规则进行回应,其指出虽然安全软件基于其特性于系统运行中"享受"优先权限,但这种"特权"的使用并不是无限扩大的,相关经营者应以"实现安全软件功能所必需"为边界发挥作用,即专家所称的最小特权规则。这一规则在"搜狗诉奇虎篡改浏览器不正当竞争案"中也有所应用。⑤

---

① 北京市海淀区人民法院民事判决书(2014)海民(知)初字第21694号,法院指出:"经营者可以通过技术革新和商业创新获取正当竞争优势,但非因公益必要,不得直接干预竞争对手的经营行为。"
② 北京市海淀区人民法院民事判决书(2013)海民初字第24365号,法院指出:"经营者应当尊重其他经营者商业模式的完整性,除非存在公益等合法目的,经营者不得随意修改他人提供的产品或服务,从而影响他人为此应获得的正当商业利益。"
③ 参见北京市第一中级人民法院民事判决书(2013)一中民初字第2668号。
④ 参见最高人民法院民事裁定书(2014)民申字第873号。
⑤ 参见陕西省高级人民法院民事裁定书(2015)陕民三终字第00059号。

而在"搜狗诉奇虎不正当竞争案"①中,法院创设了一视同仁规则,认为奇虎科技公司作为安全服务企业,同时经营非安全类终端浏览器软件服务,导致其既是裁判者,又是浏览器市场直接的竞争者。虽然现行法律并未禁止安全企业混业经营、保持业务独立性,但互联网环境下的商业道德要求其在双重身份下应保持更高的克制,特别是在自己直接参与的竞争领域,尽量将安全服务与浏览器业务区分,使二者最大限度保持独立。在其以安全服务者自居时,也应对自己所有的应用软件严加管控,对应用软件的审核应一视同仁,不能放松对自身应用的筛选,剥夺用户在市场同类软件中选择的权利。奇虎科技公司软件有针对性地阻碍使用者下载某几种浏览器,但同时对自家浏览器的相关操作无特别提示,上述行为与一视同仁规则的要求不符,违反了商业道德,构成不正当竞争。

三 互联网不正当竞争行为中商业道德认定的争论

上述认定互联网不正当竞争行为中的商业道德的不同方法引发了广泛的争论,针对不同的方法,不同的观点从各个角度进行了剖析。

(一) 借助诚实信用原则认定商业道德的争论

司法裁判的过程也是法官进行分析论断的过程,在这个过程中,法官或多或少会参考学界理论的意见,而最终得出的司法裁判同样也影响着学界理论,二者之间是互相作用的。正如前所描述,诚实信用原则更多地被适用于民法中,从民法的角度来看,经过多年的理论探讨与实践应用,对它的解读已经足够成熟和完善。而竞争法学中,诚实信用原则很少引起人们的关切,更不用说对更为细致的诚信原则与商业道德关系的探讨,因此在此方面,学界的观点较为零散,见仁见智,仍未形成主流学说。如有学者主张"等同说",提出没有必要严格区分二者含义,认为二者的实质相

---

① 参见北京市第二中级人民法院民事判决书 (2013) 二中民初字第 15709 号。

同，没有办法完全区分。① 而与这种观点截然相反的是，有学者认为要严格区分二者的含义、适用范围、适用条件，二者在适用次序上完全不同。② 介于两种观点之间的学说则认为，既不完全分离二者也不完全等同二者，而是在二者之间寻求一种隐性联系。如有声音认为商业道德属于反不正当竞争法的一个兜底性原则，其内涵包括一般条款中的自愿、平等、公平和诚实信用原则。③ 也有观点主张，诚实信用原则是商业道德的基础，并且诚实信用原则较多依靠公认的商业道德的形式展现。④

（二）以行业自律惯例认定商业道德的争论

在互联网不正当竞争行为中，以行业自律惯例认定商业道德已经屡见不鲜，且最高人民法院也通过文件说明肯定了其认定商业道德的积极作用，但是它毕竟不是具有法律规范效力的明确具体的法规，因此对于其适用学界仍有争议。在司法实践中，对于行业自律惯例适用的怀疑常常体现在当事人的抗辩中，某一方的当事人依据行业自律惯例主张对方违反商业道德，构成不正当竞争；与其对抗的当事人就会对于此种行业自律惯例的适用提出异议，否定这种自律性文件的效力，否认其公认性与强制性。例如，在"搜狗与百度不正当竞争纠纷案"⑤ 中，双方当事人在一审程序中均提交了相关证据以证明行业惯例是否存在，一审法院亦认定"在搜索环境中，输入法是否提供搜索功能以及输入法的搜索功能以何种形态向用户展现，尚未形成行业惯例"。但二审法院认为，行业惯例与被诉行为的正当性无必然联系。不能否认，行业惯例对于确认商业道德并非毫无作用，尤其是就相

---

① 参见丁邦开、戴奎生等《中华人民共和国反不正当竞争法释义》，南京大学出版社，1994，第8页。
② 参见董笃笃《互联网领域"公认的商业道德"的司法适用》，《重庆邮电大学学报》（社会科学版）2016年第5期。
③ 参见倪振峰、汤玉枢《经济法学》，复旦大学出版社，2014，第153页。
④ 参见孔祥俊《反不正当竞争法的司法创新和发展——为〈反不正当竞争法〉施行20周年而作》，《知识产权》2013年第12期。
⑤ 参见北京知识产权法院民事判决书（2015）京知民终字第2200号。

对稳定的行业或商业模式而言，行业惯例与商业道德具有相对更大的重合性。但需要强调的是，行业惯例并不等同于商业道德，尤其对于新兴行业或新出现的商业模式更是如此。例如，在视频分享网站刚开始出现的阶段，大量视频分享网站会假借用户名义上传他人作品（尤其是热播影视作品）以获取流量。这一做法在一定程度上亦可谓当时的行业惯例，但显然不能认为其符合商业道德。由此可见，无论输入法的其他经营者是否采用了被诉行为的具体方式，均与被诉行为正当性的认定无必然联系。因此，就目前的司法实践来看，对于以行业自律惯例认定商业道德的做法仍存在质疑的声音。

（三）司法创设具体细则认定商业道德的争论

在互联网领域的不正当竞争行为中，依靠司法创设具体细则来推定商业道德准则的行为具有很大的争议性，因为这种方法对法官的个人能力要求极高，且最终形成的具体细则过于具体化，倾向性较大，往往只适用于某个案件，随后的司法裁判中再不见踪影，因此极不稳定，影响司法裁判的权威性与正当性。

关于非公益必要不干扰原则的适用争论，支持者指出，此规则约束了软件之间的开发运行，与《反不正当竞争法》规制竞争行为、促进市场健康发展的内在要求一致，[1]建立了与《反不正当竞争法》第2条的联系，能抽象应用于对互联网领域同类不正当竞争行为的判断与规制。与此同时，也有学者指出，这个规则本身的适用是值得肯定的，但是仍存在缺陷与漏洞，有必要探讨修改，使其更加系统完善，比如列举出"恶意"的条件并明确公益的内涵。[2]

反对者主要从以下几点分析：首先，有人认为此规则预先确定了软件

---

[1] 参见陶鑫良《非公益必要不干扰原则与反不正当竞争法一般条款适用》，《电子知识产权》2015年第3期。
[2] 参见吴太轩、史欣媛《互联网新型不正当竞争案件审理中商业道德的认定规则研究》，《现代财经》（天津财经大学学报）2016年第1期。

干扰竞争模式下受法律保护的前提，因此其适用将只针对于此类互联网不正当竞争，范围过于狭窄；① 其次，这种规则偏向于保护某一方的权利，与《反不正当竞争法》法益保护的宗旨相冲突；② 再次，这种硬性约束，体现出一种静态的竞争观，减弱了竞争强度，从长远发展来讲，易打消互联网领域竞争者开拓创新的积极性；③ 最后，非公益必要不干扰原则虽然使得商业道德和行为正当性的判断更为细致，但若依靠规则中体现的几方利益无法满足现有互联网领域竞争的多元化，这种因素之间的比较模式较为单一僵化，对于类似案件的适用有时容易出现生搬硬套的嫌疑。互联网新型不正当竞争案件具体行为因案而异，利益关系错综复杂，试图以"一般违法，特殊除外"的特定行为规则评判所有新型互联网不正当竞争行为，极易导致对专有权的绝对保护。因此，非公益必要不干扰原则并不适合在互联网新型不正当竞争案件中推广使用。

"协商－通知"规则的构建，为其后互联网行业 Robots 协议相关的纠纷指明了道路，对该规则具体应用于什么场景以及如何应用都进行了透彻的解析。但在此类案件中会出现一个较为普遍的问题，即规则中确定的第三项，"拥有正当的拒绝修改 Robots 协议的合理理由"，此种情况下何为正当的拒绝理由，规则里并没有对此进行解释，这一点本质上便是模糊宽泛、易引起争议的。此外，这个程序的适用性究竟有多高，是否被采纳仍取决于竞争者。若竞争者认为这种沟通程序效率低下、没有结果，仍采用技术手段进行对抗，那么对抗后诉至法院仍是合理的，因为这个规则并不是司法程序的硬性的前置程序，法院并不能强制竞争者先去进行"协商－通知"，没有明确合意后再寻求司法途径，所以如果竞争者选择忽视此规则，又或者选择了此规则但对拒绝理由的正当性存疑时，最终还是会回到寻求

---

① 参见李扬《互联网领域新型不正当竞争行为类型化之困境及其法律适用》，《知识产权》2017 年第 9 期。
② 参见宋亚辉《网络干扰行为的竞争法规制——"非公益必要不干扰原则"的检讨与修正》，《法商研究》2017 年第 4 期。
③ 参见孔祥俊《论反不正当竞争法的新定位》，《中外法学》2017 年第 3 期。

司法救济的道路上来,也就是说,弯弯绕绕仍走向了同一个终点。最后,"协商-通知"规则中提到了自律组织,但是竞争者是否加入自律组织并受其约束仍是未知数。且就算受其约束,一个沟通的过程本身就是冗长且繁杂的,而在瞬息万变的互联网行业,每一分每一秒竞争机会都在大量流失,损害也会很大,因此这种"协商-通知"程序可能不利于受害方的及时止损。

四 互联网不正当竞争行为中商业道德认定的出路

结合上述几种认定方法及相关的争议,笔者以为,我们可以对各种认定方法进行修正,扬长避短,以达成对商业道德的准确认识。

(一) 可以诚实信用原则为基础理解商业道德

若发生纠纷,寻求司法救济是我们所能维护权利的最后途径,因此法院必须直面这种难题,开拓解决,而这形成的最终的结论又会引导着整个互联网行业的发展,所以必须具有信服力。面对这种情况,法官不能凭空创造针对这种技术或经营模式的商业道德,那他只能寻求更宽泛概念的帮助,诚实信用原则作为上位概念,作为一种补充方法,已经过了无数的学理论证及实践应用,因此通过诚实信用原则来确认商业道德是合理恰当的。诚实信用原则作为一个大的原则性概念,抽象地来说,所有的不正当竞争行为者都或多或少地违反了诚实信用原则。在互联网行业,我们要为新兴技术和新型经营模式的发展留有足够的空间,但是我们也要牢牢捍卫住底线,对于竞争者恶意明显的行为不能置之不理。因此诚实信用原则就成了一道必要的防线,对于可以诚实信用原则为突破口理解商业道德的来源的正当性,我们可以从以下几个层面进行剖析。

1. 核心内容相同

诚实信用原则,即在整个的经营过程中,竞争者要诚实、善意和恪守信用,如果投机取巧,想要运用不正当手段利用他人正当劳动成果,则违反了诚实信用原则。而商业道德，即某一领域大家普遍认同的规矩、习俗。诚实信用原则作为一个贯穿于整个法律体系的原则要求，是所有人必须守住的底线，商业道德则是将诚实信用原则具体落实于商业竞争中，赋予诚实信用原则有关特定行业的特定解读。商业道德不仅从本质上来说，具有日常生活中人们强调的道德的具体内涵，如果为其附加互联网领域竞争行为这一条件，那么它又必须具有互联网领域的多元性、跨区域性等特点。全国人大法工委在《反不正当竞争法释义》一书中对"商业道德"做了专门解读，其认为，商业道德形成于长期的市场交易活动，是以诚实信用原则为基调建构的商事规则的总称。从某种程度上来说，诚实信用原则构成了商业道德的主体，同时商业道德又是诚实信用原则的具体体现。

2. 规范目标一致

在反不正当竞争法领域，不论是诚实信用原则还是商业道德，它们应用的目标最终都是为了抑制和惩罚市场竞争中具有损害性的不道德的行为。追根溯源，诚实信用原则本就发端于善良风俗，最后被法律固定下来，这个过程其实就是抽象道德的条文化和规范化，市场竞争中法律追求竞争者自身的诚信自觉、道德经营。而商业道德与诚信原则不同的是，诚信原则更多的是公权力对市场经营者的约束与要求，商业道德最开始往往是同一个区域的市场竞争者的内在的约定俗成，旨在互相制衡、不受干预地公平竞争，是竞争者权衡各方利益后寻找到的使彼此间能够健康独立发展的支点。这就使得随着技术的发展、时代的改变，其内涵也会不断地有所调整，但诚实信用原则的基本概念是自古恒之的，是不能被破坏的基础。诚实信用原则和商业道德都追求在市场天然的逐利性和市场发展环境的公平性之间寻求平衡，既不过分约束竞争者，又可以推动整个大环境健康发展，核心要义皆是要求经营者维护客观的市场正义和遵循内在的道义精神，其本质上体现了"道德在商业领域的延伸和具体化"。从这个角度看，诚实信用原则与商业道德规范市场竞争的目标一致。

（二）行业惯例可被认定为商业道德但应有所限制

即使没有司法裁判，行业中的大部分竞争者仍会默默遵守彼此间约定俗成的惯例进行经营活动，因为这个行业惯例本就是由他们自己约定，充分体现了他们的合理诉求的。对于竞争者来说，行业惯例体现了他们的自主性与积极性，也必定是建构于他们公认的良善标准之上的，具有较高的代表性，反映了行业惯例的正当性。而商业道德，也是经人们长期反复实践并逐步形成、固化下来的判断标准。亦即两者的源起高度契合，因此司法裁判中以行业自律惯例来辅助认定商业道德，是充分考虑了竞争者自主性和行业内部规律的合理做法。

但是需要注意的是，正是因为行业自律惯例是由同一领域的内部竞争者通过反复的协调沟通形成的互惠互利的自我治理的规则，所以首先它肯定会更多地关注商业利益的实现，那市场中的其他主体，比如消费者的利益就常常被忽略。而法律是保护每一个主体合法权益的，不能保证行业自律惯例会与法律产生冲突，因此若想应用行业自律惯例来认定商业道德标准，法官首先还要考虑某行业自律惯例的合法性、合理性，对其应用应当附加一定的限制条件。

1. 论证应用合理性

在互联网领域，如果想要借助行业惯例来推定商业道德标准，那法官首先必须要论证应用这一行业惯例的合理性，这个论证中应该包括行业惯例自身的合理性以及对此案适用的合理性。在论证互联网行业惯例自身的合理性时，主要是从行业惯例是否有违背法律法规的要求以及这个行业惯例的影响性与约束性是否覆盖了整个行业或者说使用这一技术、这一经营方式的所有竞争者。首先，互联网行业惯例必须保持与法律的一致性，因为行业惯例本身不具有法律的权威性与强制性，它更多地表现出一种契约性，那这种自主的合意必须是在遵守法律的前提下达成的，不能超越法律的界限，也不能逾越法律赋予竞争者的权利，否则它的效力不会被承认，从而成为一纸空文。

其次，这种行业惯例约束的主体应当是某一竞争类型的所有主体，也就是说它是具有普遍性、代表性的，而不能是由几个或者部分竞争者约定俗成、以偏概全形成的合意，这样便不具有正当性。假设某一个行业惯例是由互联网行业绝大多数竞争者统一遵循甚至形成协约并签署生效的，那大概率可以推定它对于整个行业的效力，即使小部分竞争者没有加入这个协议，也可以援引这个行业规则对其进行限制，不能因为个别竞争者的好恶而去推定一个行业惯例的正当性，而要参考绝大多数人的诉求与权益保护。但需要指出的是，我们这里谈到的行业惯例是指已经落实于书面，有据可循的行业惯例，对于那些没有形成书面表述，但是通过多种证据足以证明被同行业竞争者所认同和遵守的口头和行为上的行业惯例，也应当具有能够推定商业道德的效力，不过对于它的证成应该更加严谨，需要足够充分的证据来形成完整严密的证据链条进行论证适用。

2. 明晰禁止性规定

互联网行业惯例依据其性质可以划分为建议性规定和禁止性规定。建议性规定主要指那些提倡行业应该怎么做，应该遵循什么的规定，而禁止性规定是明确强调不能做什么，因此建议性规定的约束力较小，主要起到一个积极方面的引导作用，而禁止性规定约束力较强，是行业所不能违反的规则。而在互联网不正当竞争行为的司法裁判中，法官若通过行业惯例去推定商业道德，多采用的是禁止性的行业惯例，因为建议性的行业惯例并不具有强制性和惩罚性，且禁止性的行业惯例的适用条件、适用范围等更加明晰，其应用也更加合理便捷。而互联网行业的禁止性行业惯例，也正是规定了那些绝对不可违反的道德事项，因此在推定是否违反商业道德时更具一致性，也充分反映了互联网领域竞争者的直接诉求。

比如由中国互联网协会牵头，组织业界代表企业、研究机构及法律专家等共同研究制定的《互联网终端软件服务行业自律公约》，其内容中有多项涉及了禁止性规定。[①] 如第四章中的第19条，"除恶意广告外，不得

---

① 参见《互联网终端软件服务行业自律公约》。

针对特定信息服务提供商拦截、屏蔽其合法信息内容及页面"。此条规定就是针对近几年来频繁出现的互联网行业广告屏蔽、拦截的纠纷所提出的,明确规定了竞争者可以使用技术软件屏蔽、拦截其他竞争者的仅限于恶意广告,不可屏蔽其合法的信息内容,损害其他竞争者的合法权益。而相比较而言,早期的互联网行业惯例更多地确定了一些建议性的规定。

(三) 司法可创设商业道德认定细则但应明确条件

在认定商业道德准则时,司法可以创设具体细则,但是相较于借助诚实信用原则和行业惯例推定商业道德,创设细则的要求更为严谨,因为前两种方式,或多或少有可以借鉴的条文或者说很明显的表现形式,而依靠司法创设具体细则来认定商业道德更多情况下是依靠法官的个人能力,因为这种几乎"凭空"产生的细则受到的关注与非议也会更多,从适用主体、适用范围到适用程序等,每一个步骤都要接受人们的质疑与验证,要拥有足够的合理性与正当性才会具有说服力。因此在互联网不正当竞争行为中,虽然司法可创设具体细则认定商业道德,但仍应明确其适用的具体条件。

1. 创设的中立性

司法创设具体细则,并不是脱离于实际而"臆造",虽然往往一个细则的提炼是在具体的个案中,但这种提炼也是在充分考证研究双方当事人所列举的与此种竞争行为相关的系列证据后完成的,并不是听信一家之言,很多情况下还会借助外部的专业力量,比如说参考整理专家辅助人的意见等,所以通过这种不偏不倚的归纳分析,最终司法创设的具体细则一定是具有中立性、客观性与公正性的。

以非公益必要不干扰原则为例,"公益"二字所包含的利益十分多元,法官既要考虑双方当事人的自由竞争还要衡量合理损害的界限,在此种程度上,还要关切社会公众和消费者即网络用户的权益。在互联网不正当竞争纠纷中,新兴的技术和新型的经营模式能否运用、如何运用都是一个未知数,司法裁判的结论会最终引导市场的发展动向,因此司法应力求公正,平衡好多方的权益,这样才有利于后续的行业发展和经济的壮大。诚然,一个规则的正当性与否是需要实践来检验的，法院创设的细则并不天然地就是准确的、完美的，所以司法仍应保持谦抑的态度，不能对市场竞争造成不当干预。若在个案中法院最终想要依靠创设具体细则的方法解决纠纷，则其必须要对其结论形成完整的论证，这种论证在其后的同类竞争案件中应该是具有适用的价值的。

2. 适用的灵活性

值得注意的是，司法创设的具体细则必须具有适用的灵活性，因为如果某一个细则完全是为个案服务，将会是一个浪费效率又难以考量其正当性的细则。司法创设具体细则一定是透过某种竞争行为的表象去挖掘其本质，找到同类型案件的特征，总结和提炼针对这种特征的保护手段。因此当某一个案子尘埃落定后，它创设了针对某种竞争行为的具体细则，其后同类案件的审判应当是可以参考应用这个案子归纳整理的审判思路和逻辑推理路径的。并且考虑到互联网行业技术的飞速发展，当某种竞争行为同此前竞争行为本质相同但有新特点后，法官完全可以结合此前案件中提出的细则进行"再创造"，结合新的行为特点赋予具体细则新的生命力，甚至只要某一环节体现了相同的特质，相关细则的构成要素也是可以拆分适用到不同个案中的。

司法创设具体细则是一个正面的引导过程，具体细则的创立与发展是一个综合考虑诸多因素的漫长又复杂的过程，并非瞬息之事，也不是完全的颠覆性的重建与突破，它必然是具有一定的正当性与合理性的。在认定商业道德标准时，司法创设的具体细则必须是针对互联网行业技术和经营方式的具体特性，总结归纳出的本源性的、一般性的、常态性的判断。

结　论

通过归纳整理近几年互联网行业的不正当竞争纠纷案件，我们可以发现，在面对某种新类型的竞争方式时，法院首先多从诚实信用原则、行业自律惯例方面入手，概因诚实信用原则至上的地位与其长久以来形成的完善的分析体系，且诚实信用原则与商业道德互为表里，核心内容一致，二者最终的目标都是维护市场的公平稳定。

在借由行业自律惯例认定互联网行业商业道德标准时，要注意有所限制，行业自律惯例从本质上来说更偏向于自愿受其约束的契约性，而非法律的强制性，因此其适用的力度较弱。司法裁判中若想应用行业自律惯例，法官必须进行充分的说理，不论是那些已经写入协约的被互联网行业竞争者们所确定下来的惯例，还是虽未成文但仍被行业所遵守默认的习俗，法院都可以借用，但是要能够证明其行业的通识性。在参考绝大多数竞争者参与制定的成文的行业自律协约时，较优的选项是应用那些禁止性规定来推定商业道德标准，因为建议性的规定提供的多为积极方面的指引，并不内含必须遵守的具体规定。

在没有具体的行业自律惯例和诚实信用原则要求可以借助认定时，司法可发挥其能动作用，凝练创设出针对某类行为的具体的规制细则，但这种创设对法官的个人能力要求极高，同时对其创设的论证要求也更为严格。法官需要在归纳整理当事人提供的繁杂的证据的同时，对于那些晦涩难懂的专业性极强的互联网技术，往往要寻求专家辅助人的帮助，对某一种技术或经营模式只有在完全掌握其运作方式及特性的情况下，才能整理出一整套成熟的针对此类行为的认定细则，因此这将是一个漫长而又充满质疑的过程。而在某一项具体细则形成后，其后的司法裁判中也可依据自身案件的特点对其进行修改完善、灵活适用。

互联网行业作为市场中发展最快速的领域，未来社会的发展对其的依赖性只会越大，互联网行业的飞速发展已经是全球一股不可逆的潮流，而与它为我们带来的科技与便捷相伴的是众多从未谋面的难题。面对开创性的技术与竞争行为，我们不应该畏首畏尾避而不谈，而应该积极地去寻找方法规制引导，充分发挥新技术的魅力，同时我们要考虑行业发展的自由性与自主性，规制应该有边界，行业竞争者的利益不应该被忽视，要在规制必要性与规制谦抑性中寻找平衡点，对互联网行业的不正当竞争行为的规制应该抑扬结合。因此，要不断深入挖掘和分析互联网行业的商业道德标准，权衡多方利益，针对不同的竞争行为要充分论证、具体说明。互联网行业不正当竞争行为中的商业道德标准内容会随着时代的进步、技术的更迭、经营方式的改变而不断变化，呈现出不同的表现方式，所以我们要全身心地做好准备，未来对于互联网行业不正当竞争行为中商业道德标准的探索与认定将会是一个漫长而又繁杂的未竟的过程。

《反不正当竞争法》"互联网专条"兜底条款的构成要件研究

——以网络空间的架构为切入点

苏成子[*]

内容提要： 在兜底条款的构成要件之中，"利用技术手段"包含了经营者的价值判断，且与竞争损害构成直接因果关系。"影响用户选择"这一构成要件的意义在于，用户主动选择不必然正当化经营者的干扰行为，对不正当行为的判断应当回到是否"利用技术手段，妨碍、破坏产品或服务的正常运行"上去。技术竞争应当指向创新，如果技术能够实现创新，但是在创新之外带来了竞争损害，应当追问竞争损害与创新是否可分，反不正当竞争法的适用应当鼓励技术竞争在避免竞争损害的同时实现创新。技术竞争并不必然招致法律的介入，只有当竞争机制被扭曲时法律才会介入。在网络空间中，竞争机制是否被扭曲需要回溯到该竞争所处的网络空间的架构之中进行讨论。

关键词： 互联网不正当竞争　创新　消费者偏好　竞争损害

一　问题的提出

在新《反不正当竞争法》（简称"《反法》"）出台之前，面对层出不穷

---

[*] 苏成子，华东政法大学经济法硕士研究生。

的互联网新型不正当竞争案件，由于无法适用既有的类型化条款，法院多依照《反法》第 2 条进行审理和判决。据检索，截至 2018 年底，援引《反法》的互联网不正当竞争案件的司法文书有 2705 份，其中有 1651 份明确援引第 2 条，超过 60%。[1] 但是《反法》第 2 条属于"在法律具体列举的不正当竞争行为以外认定其他不正当竞争行为要件的抽象规范",[2] 它仅提供一般原则，不加区分地滥用会导致反不正当竞争法适用范围的不当扩张。基于这一背景，2017 年出台的新《反法》在第 12 条中增加了针对互联网新型不正当竞争行为的规定，即"互联网专条"。

然而，自新《反法》确立以来，几乎少有法院援引互联网专条审理案件。据学者统计，截至 2019 年 5 月底，仅有 4 份适用新《反法》第 12 条进行判决的新型互联网不正当竞争案件判决，其中 2 份还是同一案件的一审和二审判决。而互联网专条也招致了学界的广泛批评，学者的观点主要集中于以下几个方面：一方面，第 12 条第 2 款前三项的类型过于具体，适用范围狭窄，且文本表达不够明确清晰,[3] 而恶意不兼容的规制使得新反不正当竞争法与现行反垄断法调整范围产生重叠，拉低了法律干预的门槛;[4] 另一方面，由于前三项类型无法满足实际所需，因此需要转向求助于第 4 项兜底条款，然而兜底条款的字面含义过于宽泛，极易出现不恰当的扩大适用，在实践中往往需要借助一般条款结合立法目的进行补充论证。事实是，在这 4 起案件中，主要是借助第 2 款第 4 项兜底条款予以规制，但其说理仍然是延续了之前运用一般条款的违法判定思路，未针对互联网专条本身之规

---

[1] 国瀚文：《中国新"反不正当竞争法"的司法适用——基于"互联网专条"的分析与实践》，《商业研究》2019 年第 3 期。

[2] 郑友德、范长军：《反不正当竞争法一般条款具体化研究——兼论〈中华人民共和国反不正当竞争法〉的完善》，《法商研究》2005 年第 5 期。

[3] 裘轶、来小鹏：《反不正当竞争法中一般条款与"互联网条款"的司法适用》，《河南师范大学学报》（哲学社会科学版）2019 年第 4 期。

[4] 蒋舸：《〈反不正当竞争法〉网络条款的反思与解释——以类型化原理为中心》，《中外法学》2019 年第 1 期。

定实现说理上的突破。①

在实践中，未能纳入前三项具体规制范围的新型不正当竞争行为，应当适用第12条的兜底条款，还是第2条一般条款？应当明确的是，在互联网专条已经出台的当下，选择规则并尽可能明确规则的内涵及构成要件尤为重要。本文试图通过探索市场竞争的本质和网络空间的运作原理，挖掘互联网专条背后的价值取向，结合案例明确互联网专条的构成要件，构建互联网专条的适用进路。

二 市场竞争的本质：创新与消费者偏好

规制法专家森图姆曾借用西西弗斯和赫拉克勒斯的寓言，说明政府应当利用市场力量而非逆市场力量而行，"如果政府创设了正确的架构条件，市场会为他完成大部分的工作"。② 反不正当竞争法应当保持谦抑性，这是由市场经济的性质决定的：反不正当竞争法是对竞争自由的限制，而竞争自由是市场经济的核心。③ 什么是竞争？有学者认为竞争就是"市场主体争取交易机会或者获取竞争优势的活动"，④ 这一解读直截了当，但不尽然准确，未能点出竞争的本质。倘若竞争就是市场主体争取交易机会或争夺竞争优势的活动，那为何需要加以法律上的保护？诚如学者所言，"竞争利益因受到制止不正当竞争行为的保护而成为法益，而不是因为法益而受到保护"，⑤ 在反不正当竞争法的视域下，市场竞争的本质应当从其何以"正当"的角度切入。

反不正当竞争法最初脱胎于侵权法，二者都是以"妥善处理权益保护

---

① 陈兵、徐文：《优化〈反不正当竞争法〉一般条款与互联网专条的司法适用》，《天津法学》2019年第3期。
② 〔德〕森图姆：《看不见的手——经济思想古今谈》，冯炳昆译，商务印书馆，2016，第391页。
③ 张占江：《论反不正当竞争法的谦抑性》，《法学》2019年第3期。
④ 孔祥俊：《反不正当竞争法原理》，知识产权出版社，2005。
⑤ 孔祥俊：《〈民法总则〉新视域下的反不正当竞争法》，《比较法研究》2018年第2期。

和行为自由的关系为核心和出发点",社会中存在着不可避免的相互损害,这些损害原则上应该自我承受,只有在一定条件下法律才会限制行动自由和另行分配损害。① 侵权法区分保护权利和权益,其原因在于权利具有归属效能、排除效能和社会典型公开性三个特征,② 这使得权利具有清晰的边界,能够将确定的利益归属于特定主体。而利益则不然,单纯的利益仅具有合法性而不具有可诉性,司法在确定反不正当竞争的规则时,需要考虑"受害人损害填补和加害人行为自由之间的平衡"。③ 传统的反不正当竞争法仅保护竞争者利益,对消费者和公众利益的保护是通过反射保护④来实现的。但是随着消费者运动的兴起和竞争行为外部性的日益显著,消费者利益和公共利益也被纳入了反不正当竞争法的保护范围。目前的反不正当竞争法建立起了一套多元保护目标,即保护经营者利益、消费者利益和公共利益。关于公共利益的解读有很多,⑤ 本文的观点认为,在反不正当竞争法视域下,公共利益仅仅指向正当竞争。反不正当竞争法的根本目的就是"建立和维护一种自愿、公平、诚实信用和遵守公认的商业道德的竞争秩序",在这一竞争秩序之下,市场自发运转产生的利益惠及经营者、消费者和社会公众。

---

① 孔祥俊:《〈民法总则〉新视域下的反不正当竞争法》,《比较法研究》2018年第2期。
② 于飞:《侵权法中权利与利益的区分方法》,《法学研究》2011年第4期。
③ 仲春:《数据不正当竞争案件的裁判规则》,《人民司法》2019年第10期。
④ 反射保护是指反不正当竞争法的保护光芒本来直接照射到竞争者,但是通过竞争者间接反射到消费者,即消费者保护是竞争者保护的副产品。参见范长军《德国反不正当竞争法研究》,法律出版社,2010。
⑤ 比如"公共利益存在于竞争的效率功能作用,即保障市场参与者的行动和决策自由",参见孔祥俊《论反不正当竞争法的现代化》,《比较法研究》2017年第3期;"公共利益是该竞争领域内的最大多数人的最大利益,多数个人利益的集合形成了公共利益",参见郑友德、范长军《反不正当竞争法一般条款具体化研究——兼论〈中华人民共和国反不正当竞争法〉的完善》,《法商研究》2005年第5期;"公共利益重在维持公平的竞争秩序,即保护未被扭曲的竞争",参见 Henning-Bodewig, *International Handbook on Unfair Competition*, Muchen: C. H. Beck · Hart · Nomos. 2013:3;"公共利益仅指未被扭曲的竞争秩序,而不包括其他内容在内的公共利益","反不正当竞争法对公共利益的保护实际在于保护正当竞争本身,而这又是通过保护竞争者和消费者等市场主体的个体利益来实现的",参见杨华权、崔贝贝《论反不正当竞争法中的公共利益——以网络竞争纠纷为例》,《北京理工大学学报》(社会科学版)2016年第3期。

"创新理论"的奠基人熊彼特在其著作《经济发展理论》中指出,创新和效仿这一动态性连续过程构成竞争的本质,他将竞争描述为一个创造性毁灭的过程。① 在该书中,熊彼特将生产定义为"把我们所掌握的原材料和生产要素结合起来",②而发展则是"利用不同的方法使用现有的资源以及使用现有的资源创新"③。另一方面,他认为,经济系统中的创新并不是首先在消费者中出现新的自发性需求,然后生产工具在这样的压力下进行革新,"通常情况下是生产者作为规则的制定者引起经济上的变化,消费者在必要的时候受到了生产者的启发,他们好像被教授去需求新的东西",但同时他也指出,"我们必须从需求的满足出发,因为它们是所有生产的终点"。④ 根据熊彼特的经济发展理论,可以得出这样一个结论:创新与消费者需求满足是竞争的两个决定性因素,创新是竞争的起点,由于生产服务于竞争,因而竞争的终点也指向消费者需求的满足。需要明确的是,并非所有的创新都能获得市场认可,原因在于市场接受程度的不确定性要远大于技术的不确定性。有经济学学者研究发现,在市场经济系统中存在一个自发的、内生的技术创新选择机制,消费者可以根据自身偏好选择产品,通过市场价格与生产者形成互动,最终选择出最适合市场需求的技术个体。技术选择的结果由消费者需求偏好与技术特点共同决定,能否被市场选择最终由消费者需求偏好进行调节。⑤

反不正当竞争法的立法宗旨是维护市场竞争秩序,那么反不正当竞争法的适用就应当鼓励创新和充分发挥消费者偏好的调节机制,从而建立和维护公平的市场竞争秩序。创新是市场竞争的原初动力,消费者需求的产生和满足是创新的结果而非原因,因此,在考察消费者偏好对竞争的影响

---

① 〔德〕森图姆:《看不见的手——经济思想古今谈》,冯炳昆译,商务印书馆,2016,第16页。
② 〔美〕约瑟夫·熊彼特:《经济发展理论》,王永胜译,立信会计出版社,2017,第61页。
③ 〔美〕约瑟夫·熊彼特:《经济发展理论》,王永胜译,立信会计出版社,2017,第64页。
④ 〔美〕约瑟夫·熊彼特:《经济发展理论》,王永胜译,立信会计出版社,2017,第61页。
⑤ 陈明明、张国胜、张文铖:《新一轮科技革命中技术创新的市场选择机制研究》,《当代经济科学》,http://kns.cnki.net/kcms/detail/61.1400.F.20191024.1338.004.html。

时,不能仅仅着眼于消费者需求是否被满足,以此来判断竞争的正当性,还应当从消费者偏好是否能够更好地促进创新出发,消费者偏好的作用不在于满足消费者个人利益,而在于实现消费者偏好的"可持续发展",而这种潜在的、发生在未来的满足得益于创新。反不正当竞争法应当"鼓励创新"而非"保护创新",创新在前者中体现为一个动态概念,而在后者中常常体现为静态概念,法律应当"保护"的是一种动态的创新运动,而将创新的成果交由市场检验,这体现为对创新的激励;保护创新最终往往演变为保护创新者,那些"旧体制下的成功者",他们已经成为"创新的敌人"。[①]

三 网络空间的运作原理

传统的市场竞争发生在物理空间,商人在一个有形的市场中通过商业手段争夺有限的顾客并进行交易。但是随着通信技术和数字技术的发展,一个新的市场从无至有地被开辟出来,也就是网络空间。一个显而易见的事实是,网络空间与物理空间的市场竞争存在着某些本质差别,在互联网新型不正当竞争案件中,这些差别使得那些通常可行的法律条款无法或不适当地发挥作用,最终暴露出反不正当竞争法的应对不能。但是,尽管网络空间和物理空间存在着差别,市场竞争的本质在这场空间跃迁中并未发生变异,创新仍然是竞争的原始动力,消费者偏好仍然是考察竞争的重要因素,只是二者在不同空间的呈现方式不尽相同。人们曾深入而细微地研究那些最重要、最典型和公认的不正当竞争行为(如致人混淆、商业诋毁、虚假宣传)的运作机理,为反不正当竞争法的应对提供支撑;因此,沿袭传统的分析思路,想要明确互联网专条应当如何在网络空间中适用,关键

---

① 原句出自《君主论》:"创新的敌人就是所有那些旧体制下的成功者。唯独那些将在新体制下成功的人在支持着创新,然而并不热心。他们的答案部分是因为恐惧,部分是因为普遍心存疑虑。在未得到经验证实之前,他们从不真正地信任新生事物。"转引自〔美〕劳伦斯·莱斯格《思想的未来:网络时代公共知识领域的警世喻言》,李旭译,中信出版社,2004,第5页。

在于明晰创新和消费者偏好的满足在网络空间里是如何实现的。回答这个问题的第一步在于厘清网络空间的运作原理。

在网络空间诞生之初，人们常常宣称其是一个"没有政府管制的思想自由的空间"。① 但是互联网专家劳伦斯·莱斯格认为，网络空间指向控制，"它可以追溯到控制论的领域，即对远程控制的研究"，他进一步指出，"从社会中排除所有的自觉的控制，并不能带来自由的繁荣，把自由放在某种自觉的控制之中，才有可能带来自由的繁荣"。② 因此，网络空间的首要特点是控制，网络空间的自由借由控制而实现，而网络空间的创新是控制和自由的结果。

网络空间实现控制和自由的方式体现在通信系统的结构上：通信系统的最底层是物理层，包括计算机以及将计算机接入因特网的网线，信息通过物理层传递；中间层是代码层，包括因特网的基本协议（如 HTTP 协议）以及在协议上运行的软件；最顶层是内容层，包括数字图像、文本、视频等。网络空间最重要的原则之一叫作端对端原则，网络设计者将那些用来与其他计算机建立连接的机器称为网络内计算机，而将用来上网的计算机称为网络端点的计算机。端对端原则认为，网络内的计算机只履行应用程序所需的基本功能，而一些特殊功能应由网络边缘的计算机来实现。网络设计者知道，一个傻瓜网络将促进最大限度的创新。网络空间的端对端原则揭示了网络空间的最高价值：互联互通，实现创新。因特网搭建于私有的技术网络之上，但是这个受控的私有网络建立了一个有史以来最大的创新空间，提供了迄今为止最重要的公共资源。这一基本原则揭示出网络空间与市场竞争的本质——创新，从而为后者提供了肥沃的土壤。在网络空间里，创新不再局限于产品或服务本身，而是向空间延伸，空间自身也成为创新的客体。

---

① John Perry Barlow, "A Declaration of the Independence of Cyberspace", *Elec. Fronter Found* (Feb. 8. 1996).

② 〔美〕劳伦斯·莱斯格：《代码：塑造网络空间的法律》，李旭等译，中信出版社，2003，第 5 页。

网络空间的架构由代码实现，它和现实空间的架构一样，规范和约束着社会及法律，最终保护着社会最基本的价值理念。问题首先是：网络空间自身是否存在价值判断？事实上，网络空间自身蕴含着价值，它通过使某种活动可能或不可能来表达这一价值。[①] 比如早期的因特网交流只能通过文本实现，用一种回溯的视角去评判，很容易认为这是一种局限，但是这一局限使得另一些活动成为可能，"在聊天室中，评判盲人、聋人、长相不好的人的标准获得了统一"。进而问题转化为：由于不同的网络架构蕴含不同的价值，如果价值之间发生了冲突，何种价值应当优先受到保护？对于这一问题，可借由网络法专家莱斯格提出的约束模型进行分析。莱斯格提出，个体在网络空间里行动时承受了各种约束，他构建了一个约束模型，包括四种约束方式：法律、社会规范、市场、架构。这四种约束模式有时独立，有时协同对个体施加约束。法律通常是最后适用的规制方式，通常情况下，社会规范和市场会先与架构发生互动，架构之间也会产生互动，从而改变约束的作用。社会规范通常体现为行业惯例，市场通常表现为获得产品或服务的对价，架构之间的互动体现为技术竞争。在某些情况下，上述的协同作用失效，此时需要法律的出面。近些年来不断涌现的互联网不正当竞争案件都体现了这一点。

发生在网络空间的不正当竞争行为，往往难以通过社会规范和市场价格的规制得到约束。以行业惯例为例，行业惯例不具有强制约束力。此外，行业惯例本身亦无法推导出行为正当性，在很多时候，行业惯例的设立初衷是保护成员的利益，而较少考虑非成员的利益，甚至与非成员的利益对立；再论及市场，传统市场中的竞争主要体现为价格竞争，但是在网络空间中，企业往往以提供免费服务的方式换取用户关注，在互联网的多边市场中，价格被隐蔽地转化为各式各样的点击和关注，传统市场中的可视化价格消解为互联网时代的"流量"，企业通过用户数据在付费市场上获得商

---

① 〔美〕劳伦斯·莱斯格：《代码：塑造网络空间的法律》，李旭等译，中信出版社，2003，第80页。

业收益。对于这样一种市场运行机制，由于显性的"价格竞争"机制失效，用户往往难以通过市场选择做出及时有效的回应，进而形成某种约束。在反垄断法领域，经济学家提出用 SSNDQ 测试代替 SSNIP 测试，考察小幅但显著且非暂时性的质量下降对竞争的影响。但是这一方式仍存在诸多问题，首先 SSNDQ 交叉弹性测试假定消费者能够马上发现质量下降，而这与现实恰好相反；其次，消费者可能存在现状偏见，现状偏见是指即便有更优的选择，他们仍然继续使用默认选项。[1]

在社会规范和市场难以很好地发挥约束机制作用的情况下，架构和法律就成为网络空间中规制行为的最重要的两种手段。基于反不正当竞争法这一视域，本文在第四部分将详细讨论互联网专条是如何在代码规制和法律规制之间寻求分界的。

四 互联网专条的一般构成要件

《反不正当竞争法》第 12 条第 1 款规定：经营者利用网络从事生产经营活动，应当遵守本法的各项规定。该款规定在整个互联网专条中具有提领作用，它将第 12 条的适用范围限定于"利用网络从事生产经营活动"的经营者，是对反不正当竞争法视域下"经营者"的进一步限缩，网络空间在生产经营环节中承担起全部或部分的职能，产出的内容包括网络产品和服务。从经济学的角度来看，网络产品或服务是具有消费外部性、转移成本、兼容性和规模经济性等特征的产品或服务的总称，[2] 根据给消费者带来效用的直接与否，可以分为数字产品、数字平台、互联网基础服务设施三大类。[3] 对于传统经济，网络空间主要借助数字平台和互联网基础服务设施在经营者的生产经营中发挥作用，如借助电商平台和物流展开货物商品贸

---

[1] 〔美〕莫里斯·E. 斯图克、〔美〕艾伦·P. 格鲁内斯：《大数据与竞争政策》，兰磊译，法律出版社，2019，第 139~141 页。
[2] 盛永祥：《博弈视角下的网络产品与服务定价问题研究》，江苏大学，2008。
[3] 龚伎：《网络产品市场需求扩大》，《应用科技》1999 年第 5 期。

易，共享经济下各类旨在聚合个人劳动力的数字平台，如"滴滴打车"等，在这些生产经营活动中，网络产品或服务指的是数字平台和基础网信设施而非实物商品或服务或劳动。厘清这一点至关重要，随着传统经济转型，信息技术和数字技术的大范围适用，产品或服务贸易都将或多或少带上"互联网"的痕迹，若仅因某一竞争行为涉及互联网就笼统地将其纳入互联网专条的规制范畴，易导致该条款不适当地膨胀。另一方面，某一竞争行为也不因"利用网络从事生产经营活动"就必然落入第12条的规制范畴，应当着眼于该行为是否满足第12条第2款的构成要件进行综合评价。

《反不正当竞争法》第12条第2款表述为：经营者不得利用技术手段，通过影响用户选择或者其他方式，实施下列妨碍、破坏其他经营者合法提供的网络产品或者服务正常运行的行为：……（四）其他妨碍、破坏其他经营者合法提供的网络产品或者服务正常运行的行为。其中第4项为兜底条款，用以涵盖未列举的互联网不正当竞争行为。根据条文，可提炼出互联网专条兜底条款的三个构成要件，分别是："利用技术手段""影响用户选择""妨碍、破坏网络产品或服务正常运行"。下文将对各个要件展开讨论。

（一）利用技术手段

学界通常将适用互联网专条的不正当竞争行为称为互联网新型不正当竞争行为，有学者将其定义为"在经营互联网产品或服务过程中依托不断革新的互联网信息技术和数字技术实施的不正当竞争行为"。[①] 根据该定义，互联网新型不正当竞争行为区别于传统不正当竞争行为的关键在于行为是否依托于互联网信息技术和数字技术展开。在新反不正当竞争法修改后，第12条第2款也明确了"利用技术手段"为适用互联网专条的首要要件。对于这一要件，有学者认为"利用技术手段"不该被纳入行为要件，因为"如果经营者实施了误导的行为，即使在互联网环境中不需要技术手段也可

[①] 陈兵：《互联网新型不正当竞争行为审裁理路实证研究》，《学术论坛》，http://kns.cnki.net/kcms/detail/45.1002.C.20190926.1043.006.html。

实现，此时反而限制了该条款的适用"，① 也有学者认为，相较于德国通过一般条款规制此类不正当竞争行为，尽管第 12 条"创造了更大的法的安定性，但因其以技术为指向的表述而面临因技术的发展而过时的危险"。② 本文的观点是，"利用技术手段"恰恰是区分互联网新型不正当竞争行为和其他不正当竞争行为最关键的一个特征。

互联网专条属于典型的类型化条款，是案例群类型化思路的体现。类型化立法技术的合理性在于，类型化条款提供了比一般条款更加精细的认知模型，能够大幅降低决策成本。③ 设立类型化条款的前提是，能够从案例群中提炼出一套既区别于其他类型化条款，又进一步精细化一般条款的认知模型，从而降低重复决策成本。笔者在本文第三部分已经述及，通信网络由物理层、代码层和内容层构成，在端对端原则下，代码层的应用程序控制了网络的发展，④ 网络空间的创新则体现在终端的内容层。代码决定了网络空间的架构，也决定了特定网络空间蕴含何种价值，这种价值是通过某种活动的可能或不可能来实现的。对互联网不正当竞争进行类型化规制的原因在于网络空间区别于其他空间的规制特性，即网络空间的架构由代码决定，代码作者是"设置因特网本质的人，他们决定如何对网络进行编码，因而决定网络应该是什么样的"。⑤ 代码的作者是某一特定网络空间的"立法者"，这使得他们拥有了针对网络空间的高度的控制力和约束力。在传统的物理空间中，经营者往往是市场架构的被动承受者；而在网络空间中，端对端原则赋予了他们相当程度的掌控权，这在促进某些创新的同时，

---

① 裴轶、来小鹏：《反不正当竞争法中一般条款与"互联网条款"的司法适用》，《河南师范大学学报》（哲学社会科学版）2019 年第 4 期。
② 〔德〕安斯加尔·奥利：《比较法视角下德国与中国反不正当竞争法的新近发展》，范长军译，《知识产权》2018 年第 6 期。
③ 蒋舸：《〈反不正当竞争法〉网络条款的反思与解释——以类型化原理为中心》，《中外法学》2019 年第 1 期。
④ 〔美〕劳伦斯·莱斯格：《思想的未来：网络时代公共知识领域的警世喻言》，李旭译，中信出版社，2004，第 38 页。
⑤ 〔美〕劳伦斯·莱斯格：《代码：塑造网络空间的法律》，李旭等译，中信出版社，2003，第 75 页。

也可能同步遏制另一些创新的发生，在近年来广泛讨论的广告屏蔽案中，一个主要的争议焦点在于：浏览器或者路由器提供屏蔽广告功能，迎合了大部分消费者的需求，这无疑是一种创新，但这类创新对内容生产者造成了消极影响，长远来看，可能会抑制内容生产的创新。

"利用技术手段"是对"利用网络从事生产经营活动"的进一步限定。在大众交通诉百度等商标侵权与不正当竞争纠纷案中，被告网站接受百度的"竞价排名"服务，且未经原告大众交通公司许可在其经营业务的网站网页的显著位置使用了"大众搬场"等字样作为其企业字号，使相关公众产生了误认。在本案中，尽管百度提供了"竞价排名"这一技术服务，但被告网站的行为本质上属于擅自使用他人企业名称的不正当竞争行为，构成虚假宣传，适用《反不正当竞争法》第 8 条的规定，而无须适用互联网专条，被告网站的行为与现实空间中的混淆、误导行为别无二致，在原有的反不正当竞争法框架和商标法框架中即可得到圆满解决，因此"利用技术手段"这一要件并非"限制了互联网专条的适用"，而是精确划分出互联网专条和其他类型化条款的适用空间，适用互联网专条的前提是网络空间的"立法者"利用其对空间的约束力实施了不正当竞争行为。技术手段应当与不正当竞争行为构成直接因果关系，否则将无限地扩张本条的适用范围。如侵犯信息网络传播权的行为，无论是直接上传作品、利用爬虫技术抑或 P2P 技术获得作品，还是通过链接实现强制跳转，侵权行为的实现都建立在网络技术之上，但若将其都归结为"利用技术手段实施不正当竞争"，则相当于直接架空了信息网络传播权的有关条款。另一方面，尽管技术的发展不可预知，但是网络空间归根结底是由代码所构建的，"利用技术手段"应当回到对网络空间运行的理解中去，明确其内涵，而外延的丰富和拓展则交由科学研究和探索。

对"利用技术手段"的另一种攻讦来自技术中立原则。在司法实践中，被告常常以技术中立为由进行抗辩，认为自己的行为不构成不正当竞争。技术中立原则最初确立于 1984 年"环球电影诉索尼案"中，通常被作为知识产权间接侵权责任的限制性条款，其基本含义是只要一项技术构成实质性非侵权使用,不管是否被用于合法或有争议的目的,技术服务提供者都不必对用户实施或可能实施的侵权行为承担责任。技术中立主要体现为信息网络传播权保护制度中的"避风港规则"。① 技术中立原则意味着禁止歧视和干预,网络环境下的技术中立认为网络服务商应该扮演"纯粹传输者"的角色,其功能在于传递信息而不改变信息的形式或内容。按照技术中立原则,网络仅作为一种纯粹的信息传播工具,不承载任何价值判断。② 但是正如前所述,代码决定了网络空间的架构,也决定了特定网络空间蕴含何种价值。传播学原理认为网络媒介具有双重属性,即自然属性和社会属性,网络媒介既然被"社会的人"所创造和应用,这决定了它的社会属性,即服务于特定的社会目的。③ 因此,应当认为"利用技术手段"包含了代码作者的价值判断,代码蕴含的价值指向不正当竞争,且与其构成直接因果关系。

(二) 影响用户选择

"影响用户选择"是否构成不正当竞争的判断标准?有学者提出"不应当视作不正当手段",④ 有人提出"应当赋予用户选择权,允许一定条件下基于用户选择的干扰行为正当化"。⑤ 提出反对观点的理由似乎很显然,《反不正当竞争法》保护消费者权益,而消费者权益最好的判断者是消费者自身,法律不应当越过消费者代替其判断某一市场竞争行为是否给其造成损失。

如本文第二部分所述,竞争的一个决定性因素是消费者偏好,但是消

---

① 何培育、刘梦雪:《技术中立原则在信息网络传播权保护领域的适用》,《重庆邮电大学学报》(社会科学版) 2017 年第 3 期。
② 虞婷婷:《网络服务商过错判定理念的修正——以知识产权审查义务的确立为中心》,《政治与法律》2019 年第 10 期。
③ 燕道成:《"网络中立":干预性的中立》,《当代传播》2012 年第 4 期。
④ 李阁霞:《互联网不正当竞争行为分析——兼评〈反不正当竞争法〉中"互联网不正当竞争行为"条款》,《知识产权》2018 年第 2 期。
⑤ 周樨平:《竞争法视野中互联网不当干扰行为的判断标准——兼评"非公益必要不干扰原则"》,《法学》2015 年第 5 期。

费者需求的产生和满足是创新的结果而非原因,因此,在考察消费者偏好对竞争的影响时,不能仅仅着眼于消费者需求是否被满足,以此来判断竞争的正当性,消费者偏好的作用不在于满足消费者个人利益,而在于实现消费者偏好的"可持续发展"。要使得消费者偏好在竞争机制中发挥作用,关键在于竞争过程中传递的信息的真实性以及消费者选择的自由,保障消费者的自由决策机制不受扭曲。① 在许多案件中,经营者因为剥夺了用户的知情权和选择权,进而被认定为构成不正当竞争。② 在另一些情况下,消费者的知情权得到充分的保障,其基于自身的偏好进行产品和服务的选择,这是否意味着消费者偏好得到保障,从而维护了竞争机制?典型的例子是屏蔽广告行为,屏蔽广告通常出于消费者的主动选择,并不存在第12条第2款第2项中的"误导、欺骗、强迫"等行为。③ 对于这一问题,中外的司法实践呈现出截然相反的态度。如果否认用户的自主选择权,不允许用户选择正当化干扰行为,那么将会不适当地扩大网络兜底条款的适用范围,架空第2项类型化条款。但是,对于用户的自主选择权,是否应当全盘接受?

美国著名的规制法学者桑斯坦认为,私人偏好的形成会受到可得机会、信息和社会压力等条件的限制,因此需要通过规制来改变限制条件,法律体系的目标并非"通过允许偏好获得满足而实现自治,而是要促进偏好形成过程中的自治"。④ 以消费者的隐私偏好为例。有人质疑对消费者隐私进行保护,他们的观点是如果消费者真的关心隐私,就不会贸然将私人信息泄露给第三方。这种主张假定消费者的在线行为揭示了其真实的隐私偏

---

① 张占江:《论反不正当竞争法的谦抑性》,《法学》2019年第3期。
② 如百度诉上海很棒不正当竞争和侵犯著作权案(2007)高民终字第967号;搜狗诉奇虎案(2017)京73民终字第679号;搜狗诉奇虎不正当竞争案(2015)高民(知)终字第1071号;奇虎诉搜狗不正当竞争案(2016)京73民终字第50号;奇虎诉搜狗案(2016)京73民终字第313号等。
③ 见腾讯诉世界之窗案(2017)京0105民初字第70786号、(2018)京73民终字第558号。
④ 〔美〕凯斯·R.桑斯坦:《权利革命之后:重塑规制国》,钟瑞华译,中国人民大学出版社,2008,第44页。

好。但是问题在于：首先，消费者往往并不知道什么数据会被收集以及如何被使用；其次，消费者的决策会受到各种启示、偏见和情境因素的影响，因此消费者的选择并不必然反映他们的实际偏好；最后，消费者往往无从选择，他们没有机会从符合其实际隐私偏好的竞争性系列选项中进行选择。①

另一方面，自利亦并非享有政治优势的充分依据，桑斯坦提出，应当将自利转化为一些包容性更强的公共利益概念。② 从功能设计上看，法律也并非保护自利的最优选择。奥尔森在其著作《集体行动的逻辑》中指出，所有不同类型的组织被期待增进的利益多数是共同利益，纯粹私人或个人的利益可以通过个人的、没有组织的行动来增进，而且通常更为有效。③ 根据自然法理论，权利基于共识，具有构建的功能，权利背后隐含着共同体的需求。法律并非为促进私益所设置，不能因单纯的私益偏好寻求法律的支持。

由于竞争最终都体现为对用户的争夺，用户群体存在着此消彼长的对应关系，只要经营者之间成立竞争关系，就势必存在通过影响用户选择的方式争夺客户。从这个角度看，"影响用户选择"不过是"竞争"的同义反复。这一构成要件更重要的意义或许"意在言外"：用户主动选择不必然正当化经营者的干扰行为，对不正当行为的判断仍然应当回到是否"利用技术手段，妨碍、破坏网络产品或服务的正常运行"上去。

（三）妨碍、破坏网络产品或服务正常运行

依文义解释，"妨碍、破坏"有两种解读，作为手段抑或结果。作为结果的妨碍、破坏可以理解为竞争性损害，即"由市场竞争造成的损害"，竞

---

① 〔美〕莫里斯·E. 斯图克、〔美〕艾伦·P. 格鲁内斯：《大数据与竞争政策》，兰磊译，法律出版社，2019，第68~71页。
② 〔美〕凯斯·R. 桑斯坦：《权利革命之后：重塑规制国》，钟瑞华译，中国人民大学出版社，2008，第12页。
③ 〔美〕曼瑟尔·奥尔森：《集体行动的逻辑》，陈郁、郭宇峰、李崇新译，格致出版社、上海三联书店、上海人民出版社，2014，第6页。

争性损害具有中性特征,[①] 因为它是竞争的天然结果,属于市场竞争的常态,因而并不具备反不正当竞争法上的意义。美国《反不正当竞争法重述》(第三版)第 1 条就规定,除非符合特别规定,凡是从事商业或者贸易活动造成他人损害的,不需要对该损害承担责任。因此,应当将"妨碍、破坏"解读为手段意义上的妨碍和破坏,此时,妨碍、破坏实质上等同于"利用技术手段"这一行为要件,最终达到"产品或服务正常运行不能"的后果。因此,要解读这一要件,必须厘清"产品或服务正常运行"的内涵。

前文已述,在网络空间中,个体的行动受到四个方面的约束,分别是代码、社会规范、市场和法律。这四重规制手段还会互相作用,实现协同约束,而法律具有后置性,通常作为"最后的规制者"。结合这一网络空间的规制结构,可以将"产品或服务正常运行"理解为"产品或服务在社会规范、市场和代码约束作用下的运行",通常情况下,如果产品或服务的提供(而非产品服务本身)能够在社会规范、市场价格和代码的约束作用下实现运行和迭代,则应当将其认定为法律上的"正常运行"。由于社会规范和市场的约束作用在网络空间并不显著,因此,行为正当性与否的判定集中于代码规制的正当性上。

在现实空间中,经营者的经营行为如果受到了某种干扰,他们的第一反应通常不是寻求法律的帮助,而是自力救济。网络空间的经营者们同样如此,这些熟知网络架构的代码作者,擅长运用代码建立一个使竞争对自己有利的空间架构,也擅长利用技术对空间进行有利于自己的改造。问题通常是:在某些情况下,技术竞争是低效率甚至是无效的,此时,法律是否应当介入,应当如何介入。本文的观点是,技术竞争应当指向创新,如果技术无法带来创新,那么应当认定为无效率。如果技术能够实现创新,但是在创新之外带来了竞争损害,那么应当认定为低效率。低效率或无效率的技术竞争并不必然招致法律的介入,只有当竞争机制被扭曲时法律才

[①] 关于"竞争性损害的中性"的论证,详见孔祥俊《论反不正当竞争的基本范式》,《法学家》2018 年第 1 期。

会介入。法律通过避免竞争机制被扭曲而激励创新，而在网络空间中，竞争机制是否被扭曲需要回溯到该竞争所处的网络空间的架构之中进行讨论。下文将结合浏览器插件引发的不正当竞争案件来对这一问题进行讨论。

目前市面上的主流浏览器均支持第三方浏览器插件，谷歌的 Chrome 浏览器更是因其强大的扩展功能获得了大量的用户。Chrome 是 Google 公司开发的一款浏览器，但从某种角度上来说它已经超越了浏览器成为一个平台甚至是一个操作系统。Chrome 的一大特点是支持开发者为其编写各种扩展插件和应用来扩充其功能。Chrome 扩展可以对用户当前浏览的页面进行操作，如将指定脚本注入指定页面，当用户访问这些页面时，相应脚本即可自动运行，该注入的脚本与当前页面中的全局变量互不干扰。浏览器为使插件更好地发挥其作用，通常会给予插件更高的权限。

这一功能设计的初衷是尽可能减少对插件的限制，最大化创新，是网络空间端对端原则的体现。Chrome 为第三方插件的创新提供了自由发挥的平台，在促进创新的同时也维持了高度的用户黏性。但是这一设计也使得网站经营者和插件经营者在技术竞争中可能处于劣势地位。以"帮5淘"案[1]为例，该案涉及一款叫"帮5淘"的浏览器插件，该插件的技术原理是：使用 CSS 指令，可在不修改 HTML 的情况下改变页面设计，包括改变字体、字号、字体修饰、创建按钮、顶部菜单、导航栏、底部停靠栏等。用户安装"帮5淘"插件后，组成"淘宝网"和"天猫商城"网站的动态网页代码被插入许多外来代码，形成一个新的网页文件，该插件能够在购物网站页面上插入关于比价、包邮、价格优惠等信息。淘宝和天猫在 2015 年的诉前保全申请中提出，尽管天猫和淘宝为阻止这种不正当竞争行为曾做出安全升级，但"帮5淘"作为浏览器插件，拥有比网站高得多的权限，网站在技术上、对抗上处于权限弱势，很难通过技术攻防彻底

---

[1] 上海载和网络科技有限公司、载信软件（上海）有限公司与浙江天猫网络有限公司其他不正当竞争纠纷二审民事判决书（2017）沪73民终字第197号。

解决问题。① 不过这一技术劣势也并非绝对："购物党"插件助手案②恰好与此形成鲜明对照。在该案中，经营"购物党"插件的聪明狗公司以"恶意不兼容"为由提起不正当竞争之诉，被告是淘宝公司。聪明狗公司称，该插件可以在某些购物网站上运行，实现比价功能，但是在淘宝、天猫网页上运行则出现闪退。在该案中，原告聪明狗公司认为淘宝公司采用了技术手段屏蔽了购物党插件，构成恶意不兼容。但是被告淘宝公司抗辩称，购物党比价插件只有在采用 http 超文本传输协议时才能注入，而淘宝和天猫采用的是 https 安全超文本传输协议，购物党无法嵌入的原因在于其插件自身设定的注入条件与采用 https 安全超文本传输协议网站存在冲突。法院支持了被告的观点，二审也维持了一审判决。有趣的是，在本案之前，淘宝曾在 2016 年就聪明狗公司的不正当竞争行为申请诉前保全，并获得了法院的诉前禁令。③

对比两个案件可发现，在第一个案件中，网站经营者处于技术弱势，在无法通过技术手段实现自力救济的情况下寻求法律的介入；第二个案件相对更加复杂：为应对不正当竞争行为，网站经营者先是求助于法律，而后采用技术手段进行对抗，而这又引发了新一轮不正当竞争之诉。可见，技术竞争的过程中，经营者可以在受害者身份和加害者身份之间互相转换。在"受害者←→公平竞争者←→加害者"的转换路径中，必定存在身份转换的某个临界点。在上述案件中，法院得出的判定标准是：经营者的产品或服务是否能够按照自己的意愿正常展示。

在"帮5淘"案中，被控不正当竞争行为可归为两类：插入行为和跳转行为。对于横幅的插入，法院认为其并非处于页面中心，也未遮挡被上诉人网站页面的内容，并未实质影响被上诉人网页内容的展示，不构成过

---

① 新浪科技：《浦东法院叫停"帮5买"劫持淘宝天猫流量行为》，http://www.techweb.com.cn/internet/2015-10-30/2219854.shtml，最后访问日期：2019 年 11 月 12 日。
② 北京聪明狗网络技术有限公司与淘宝（中国）软件有限公司等不正当竞争纠纷二审民事判决书（2019）京 73 民终字第 1128 号。
③ （2016）京 0108 民初字第 5132 号。

度妨碍；但是商品详情页插入的标识和按钮嵌入网页的显著位置，且通过插入的按钮引导消费者至网站进行交易，用户无法选择关闭，该行为严重破坏上诉人网页的完整性，使得被上诉人无法按照自己的意愿正常展示，属于过度妨碍。综合考量各方利益后，法院认为，其对被上诉人造成的损害与其欲实现的正面效应显然不符合比例原则。而在"购物党"的诉前禁令案中，法院认为聪明狗经营的购物党比价插件运行后，相关标识直接展开并遮挡天猫网页中的相关内容，不当过滤搜索结果，阻碍天猫相关商品和服务信息的展示。因此法院裁定聪明狗立即停止运营购物党比价插件改变天猫网页面设置及运行情况的行为。这一审判思路亦能够从德国竞争法中得到理论支撑。依照德国竞争法的观点，只有当一种竞争手段使得竞争对手的业绩在市场上不能或不能完全发挥作用，使得竞争对手不能依其自由意志进行真正的业绩比较时，方存在法律意义上的阻碍。[①]

技术竞争应当指向创新，如果技术无法带来创新，那么应当认定为无效率。如果技术能够实现创新，但是在创新之外带来了竞争损害，且该竞争损害与创新无关，那么应当认定为低效率。技术无法带来创新的典型案例是淘宝诉美景科技案[②]。在该案中，原告淘宝公司推出"生意参谋"数据产品，被告美景科技经营"咕咕生意参谋众筹"网站，经营"生意参谋"租用业务。在本案中，法院提出，如果美景科技是在合法获得"生意参谋"数据产品基础上通过自己的创新劳动开发出新的大数据产品而且能给予消费者全新体验的，这样的竞争行为难谓不正当，但是美景科技仅提供了明显同质化的网络服务，属于不劳而获的搭便车行为，同质化的网络服务只是单纯的模仿，难以称其为创新。"帮5淘"插件实现的比价、帮购服务能够带来消费者利益的提高，法院对此亦表示认可，认定其构成不正当竞争的原因在于，插件插入图表和按钮，并引导消费者至另一与淘宝界面相似

---

① 郑友德、范长军：《反不正当竞争法一般条款具体化研究——兼论〈中华人民共和国反不正当竞争法〉的完善》，《法商研究》2005 年第 5 期。
② 安徽美景信息科技有限公司、淘宝（中国）软件有限公司商业贿赂不正当竞争纠纷二审民事判决书（2018）浙 01 民终字第 7312 号。

的购物网站交易的行为足以使相关消费者对提供服务的主体产生混淆，或认为二者具有特定的关联，在客观上存在误导消费者的情形。不正当性在于这种混淆构成了竞争损害，因此是低效率的。应当明确的是，这种竞争损害和创新是互相独立、可分的，反不正当竞争法的适用应当鼓励技术竞争在避免竞争损害的同时实现创新，而在本案中，这是完全可实现的。

结　语

《反不正当竞争法》的适用应当鼓励创新和充分发挥消费者偏好的调节作用，消费者偏好的作用不在于满足消费者个人利益，而在于实现消费者偏好的"可持续发展"，而这种潜在的、发生在未来的满足得益于创新。在网络空间之中考察竞争行为的正当性，应当考量互联网的特性和价值。正如莱斯格教授所言，"多些参与，活动的价值就会增加，而非减少"，[①] 在网络空间中，参与增多所带来的价值超过使用增多所导致的成本，网络空间的架构鼓励更多的参与进而实现价值增值，作为网络空间的另一重要约束机制，法律的规制作用体现在：如何让这一价值增值的路径不被扭曲。网络空间的特点使得经营者对空间具有相当程度的掌控权，这在促进某些创新的同时，也可能同步遏制另一些创新的发生。如果技术能够实现创新，但是在创新之外带来了竞争损害，应当追问竞争损害与创新是否可分，反不正当竞争法的适用应当鼓励技术竞争在避免竞争损害的同时实现创新。

---

① 〔美〕劳伦斯·莱斯格：《思想的未来：网络时代公共知识领域的警世喻言》，李旭译，中信出版社，2004，第93页。

《反垄断法》中农业适用除外条款的审视与修正

段宏磊　邱隽思[*]

内容提要：反垄断法的农业适用除外制度存在两种立法模式：欧、美、日属于限制型立法例，主要授予农业生产者适用除外资格；中国、以色列属于扩张型立法例，将适用除外的主体范围扩张至下游农产品经销商。中国《反垄断法》第56条的规定导致农业上下游市场的结构性差异被混同，一方面弱化了农业产业政策的功能，另一方面又导致农业经销环节的限制竞争行为欠缺制度威慑。我国《反垄断法》第56条应修正为："农业生产者及其联合组织在农产品生产、加工、销售、运输、储存等经营活动中达成的垄断协议，不适用本法。"并增加一款内容，规定"本法所称农业生产者联合组织，是指在农村家庭承包经营的基础上，由农业生产者自愿联合、民主管理，以解决农业生产经营互助性需求为主要目的的经济组织，如农村集体经济组织、农民专业合作社等"。

关键词：反垄断法　适用除外　农业　农业生产者

《反垄断法》第56条规定了农业适用除外制度，它明确了"农业生产者及农村经济组织在农产品生产、加工、销售、运输、储存等经营活动中实施的联合或者协同行为，不适用本法"。之所以作此规定，主要是基于农

---

[*] 段宏磊，湖北经济学院副教授；邱隽思，中南财经政法大学博士研究生。

业领域所具有的脆弱性和公共性，为强化产业政策对农业的调整、扶持和干预效果，主动令其豁免于《反垄断法》的威慑范围。如今，实施已10余年之久的《反垄断法》的修正问题已经提上日程，有关农业适用除外条款是否有必要修正、如何进行修正的问题，有必要在这一阶段进行系统的梳理和分析。本文即旨在完成该任务：论文第一部分将对不同国家有关反垄断法农业适用除外制度的立法模式进行对比分析；第二部分则着重探讨中国《反垄断法》第56条的实施现状及危害；最后，在论文第三部分，将结合国际经验，为我国反垄断法农业适用除外条款的修正做出展望。

一 反垄断法农业适用除外制度的国际比较

从全球范围来看，基于农业生产过程中的脆弱性、农民较差的抗风险能力以及在农产品销售过程中较低的议价能力，农业的反垄断法适用除外制度是一个较为普遍的制度设计。[①] 但在适用除外范围的具体设计上，则有细微的差别。其中，欧盟、美国、日本属于限制型立法例，即主要授予农业生产者组织和行为的反垄断法适用除外资格，而下游农业经销商则不予适用除外；而中国、以色列则属于扩张型立法例，即倾向于将适用除外的主体范围扩张至下游农产品经销商。

（一）限制型立法例：欧盟、美国、日本

《欧洲联盟运行条约》（简称《条约》）同时规定了竞争政策和农业产业政策。[②] 条约第三编"农业与渔业"规定了适用于欧盟的"共同农业政策"，该政策主要包含两大目标体系：其一为对农业生产者利益的维护，如明文要求提高农业生产者的收入及其生产力；其二为对农业消费者利益的

---

① United Nations, "Application of Competition Law: Exemptions and Exceptions," UNCTAD/DITC/CLP/Misc.25, 2002.
② 本部分内容对《欧洲联盟运行条约》内容的分析均以如下译文为基础：《欧洲联盟基础条约——经〈里斯本条约〉修订》，程卫东、李靖堃译，社会科学文献出版社，2010。

维护，如保证农产品的充分供应及其价格的合理性。① 由此可见，在欧盟农业产业政策的制度设计中，农产品经销主体的利益并不受特殊优待。以此为前提，《条约》第七编第一章第 101~109 条所规定的欧盟竞争政策，其在农业领域的适用要以不违背"共同农业政策"为前提，② 这就实际上赋予了农业的反垄断法适用除外地位，为产业政策在该领域更好地发挥作用预留了制度空间。③ 另外，欧盟委员会于 1962 年出台了《关于处理农业领域协议的 26 号法规》（简称《26 号法规》），依其规定，只有农业生产者及其协会的生产、销售、贮藏、处理或加工行为，才属于适用除外范畴，④ 而不包含农产品经销商。另外，依照《26 号法规》，即便是农业生产者及其协会实施的行为，若属于价格垄断协议，也不属于适用除外的范畴。

美国对于农业反垄断法适用除外的规定与欧盟较相似。根据 1922 年《凯普沃斯蒂德法》（Capper-Volstead Act）的规定，享有农业反垄断法适用除外资格的法律主体仅局限于由农业生产者组成的非营利的互助联合组织。《凯普沃斯蒂德法》对这一主体进行了严格限制。其一，此处的农业生产者仅指"农民、植物园主、牧场主、坚果或水果种植业者或乳品场主等参与农产品生产的人"，⑤ 不仅不包含农产品经销商，即便农产品加工环节的加工商、包装商亦不属于农业生产者的范畴。⑥ 其二，上述农业生产者必须以互助和非营利的目的组成联合会，方能具有适用除外资格。⑦ 为保证联合会的上述性质，《凯普沃斯蒂德法》设置了著名的"一人一票"标准和"回报率 8%"标准，即参与联合的农业生产者成员均不得因为其投资比例而拥有

---

① 参见《欧洲联盟运行条约》第 39 条。
② 参见《欧洲联盟运行条约》第 42 条。
③ 参见段宏磊《中国反垄断法适用除外的系统解释与规范再造》，《社会科学》2018 年第 2 期。
④ Arie Reich, "The Agricultural Exemption in Antitrust Law: A Comparative Look at the Political Economy of Market Regulation", *Texas International Law Journal*, vol. 42.
⑤ 7 U.S.C. §291.
⑥ David P. Claibome, "The Perils of the Capper-Volstead and Its Judicial Treatment: Agricultural Cooperation and Integrated Farming Operations", *Willamette Law Review*, vol. 38, 2002.
⑦ 这种"互助"与"非营利"的联合会本质上就是一类合作经济组织法人，在我国即体现为各种类型的"合作社"。

超过一票的投票权或超过 8% 的年投资回报率,这两大标准可以有效地防止农业生产者联合会抵抗来自大股东资本的侵袭。[①] 在司法实践中,美国不断通过判例对农业反垄断法适用除外的范围进行限制,比如,只有参与者全部属于符合规定的农业生产者联合组织时,方具有适用除外资格,而不能存在任何非农业联合组织;[②] 即使是适格主体,也只有垄断协议和兼并属于适用除外的范围,而在实施"排他行为"(类似于中国反垄断法中的滥用市场支配地位)时,也应当受到反垄断法审查。[③]

日本《禁止私人垄断与确保公平交易法》并不存在对农业适用除外的直接规定,该法唯一明确的适用除外主体是依法设立的合作社。据此,农业合作社及其联合社在同时符合《禁止私人垄断与确保公平交易法》的下列要求时,可取得适用除外主体资格:满足农民的互助性目的;社员自由加入或退出、彼此享有平等表决权;社员的利益分配受到各项法规和合作社章程的限制。[④] 相关规定与美国《凯普沃斯蒂德法》对农业联合组织规定的基本导向极为类似。另外,即便是适格的农业合作社,其实施的滥用市场支配地位行为也不属于适用除外范围。

纵览欧盟、美国、日本的相关规定,其对农业反垄断法适用除外范围的限制呈现出如下两方面特点。其一,在主体范畴上,主要将农业生产者或其联合组织纳入适用除外,一般不包含农产品经销商的联合行为。这并

[①] Donald A. Frederick, "Antitrust Status of Farmer Cooperatives: The Story of the Capper-Volstead Act", Cooperative Information Report 59, 2002 (9).

[②] North Texas Producers Association v. Young, 308 F. 2d 235 (5th Cir. 1962), cert. denied, 372 U. S. 929 (1963).

[③] 相关判例有:1. United States v. King 2 29 F. 276 (D. C. Mass. 1915); 250 F. 908 (D. C. Mass. 1916)(强迫农业联合组织成员抵制与组织所列的"黑名单"人员进行交易);2. Gulf Coast Shrimpers & Oystermans Ass'n v. United States, 236 F. 2d 658 (5th Cir. 1956), cert. denied, 352 U. S. 927 (1956)(联合其他商人共同抵制某交易对象);3. United States v. Maryland & Virginia Milk Producers Ass'n, 362 U. S. 468 (1960)(在与顾客交易时施加不公平交易条件)。

[④] Iwakazu Takahashi, "Anti-Monopoly Act Exemptions in Japan", August 8, 2003, The Specific Workshop between the Drafting Committee on Competition Law of Vietnam and the Japan Fair Trade Commission.

不是意味着经销阶段的农业行为必然不属于适用除外，而是取决于该经销链条是源于农业生产者的还是下游经销商的，根据农业"上弱下强"的产业组织特征，后者实施的经销行为不应当配置反垄断法适用除外。① 亦即，农业生产者及其协会向下游链条的延伸行为，如农民自建经销渠道，是受鼓励的；而农业经销商向上游链条的延伸行为，则仍会受到反垄断执法的威慑。其二，在行为范畴上，即便是农业生产者及其联合组织，其竞争行为也并不全纳入适用除外范畴，一些对市场竞争的负面影响较为严重的行为，如价格垄断协议、滥用市场支配地位等，亦属于反垄断执法范畴。

（二）扩张型立法例：以色列、中国

以色列《限制性商业行为法》第3（4）条规定，以下协议不属于垄断协议："协议是关于限制一定区域内下列类型农产品的种植和销售的：水果、蔬菜、农业作物、牛奶、鸡蛋、蜂蜜、牛、羊、家禽或者水产，协议成员均是农业生产者或批发商；该规定不适用于此类农产品的人造加工品。"② 该规定与欧盟、美国、日本相关规定的差别主要在于，其明确将农业领域的经销商纳入适格的适用除外主体范畴。③ 实践中，以色列这一规定导致经销环节的农业经营者竞争行为难以受到有效威慑，农业生产者的利益频繁遭受损害。④ 面对这一问题，以色列从2002年开始学习欧盟、美国等地区的经验，尝试修正农业适用除外制度，限制其在经销环节的适用范围，但至今并无实质性突破。

在中国，《反垄断法》第56条规定了农业适用除外条款，也是一种扩

---

① 参见段宏磊《农产品流通竞争环境的现状审视与反垄断法规制改进》，《法学论坛》2019年第2期。
② Arie Reich, "The Agricultural Exemption in Antitrust Law: A Comparative Look at the Political Economy of Market Regulation", *Texas International Law Journal*, vol. 42.
③ Yael Kachel, Israel Finkelshtain, "The Agricultural Exemption from Antitrust Regulation: A License for Cartel or a Necessary Evil for Cooperation?" http://departments.agri.huji.ac.il/economics/en/events/israel-anti-paper.pdf.
④ Arie Reich, "The Agricultural Exemption in Antitrust Law: A Comparative Look at the Political Economy of Market Regulation", *Texas International Law Journal*, vol. 42.

张性的立法倾向。在本条规定中，适用除外的适格主体包含"农业生产者"和"农村经济组织"两类。其中"农村经济组织"一词的具体内涵并不明确，但学界主要倾向于对其作扩张解释[1]：主流观点认为，农村经济组织包括但不限于农村集体经济组织[2]、农民专业合作社[3]、乡镇企业[4]、农村企业[5]、农村信用合作社[6]、农业类行业协会[7]等。依照这一主流学术解释，除农村集体经济组织和农民专业合作社两类主体主要是农业生产者的联合组织之外，其他主体如乡镇企业、农业企业、农村信用合作社、农业行业协会等，都有可能是农业下游链条经销商联合的结果，或属于生产者与经

---

[1] 国内对"农村经济组织"作扩张性解释的代表性论述有：李亮国、王艳林：《农业在反垄断法中的适用除外研究（上）——中国反垄断法第五十六条之解释》，《河南省政法管理干部学院学报》2008年第4期；全国人大常委会法制工作委员会经济法室编《中华人民共和国反垄断法条文说明、立法理由及相关规定》，北京大学出版社，2007，第353页。
[2] 农村集体经济组织是依据《土地管理法》第10条对农民集体所有的土地享有经营管理权的组织，改革开放以来，农村集体经济组织在现实中的称呼多有变化，至今多有村民委员会、村股份经济合作社、生产大队等不同层面的称呼，但其法律性质相同，均是代表村民集体行使对土地经营管理权的农村经济组织，只是在村民出资和获取收益的方式上有所不同。
[3] 农民专业合作社是指依照《农民专业合作社法》第2条的规定，"在农村家庭承包经营基础上，农产品的生产经营者或者农业生产经营服务的提供者、利用者，自愿联合、民主管理的互助性经济组织"。
[4] 乡镇企业是指依照《乡镇企业法》第2条的规定，由农村集体经济组织或者农民投资为主，在乡镇（包括所辖村）举办的承担支援农业义务的各类企业。乡镇企业实际上是以普通农民或第一类中的农村集体经济组织为主要投资者所成立的农业商事主体，正因为如此，《乡镇企业法》要求其"农村集体经济组织或者农民投资超过百分之五十，或者虽不足百分之五十，但能起到控股或者实际支配作用"。
[5] 根据财政部1992年《农业企业财务制度》第2条，农业企业的内涵为"从事种植业、养殖业或以其为依托，农、工、商综合经营，实行独立核算和具有法人地位的农业社会经济组织单位"。
[6] 中国早期的农村信用合作社具有很强的互助性，旨在为农民社员提供合作金融服务。但近年来，伴随发展和改革，越来越多的农村信用合作社已向一般的存款性金融机构发展，其从事的业务性质已属于商业银行无疑，甚至很多已索性改制为"农村商业银行"，早已不具有农业联合组织的性质，也失去了最初将其建立为农村合作金融机构的目标定位。有关此类问题的梳理分析，详见段宏磊《供给侧改革视野下农村合作金融的法制改进》，《山西农业大学学报》（社会科学版）2018年第2期。
[7] 农业行业协会是指依据《社会团体登记管理条例》成立，从事农产品生产、加工、贸易等经济活动的农户或企业，围绕某一产业、产品和区域建立起来的非营利性中介组织，主要起到参与协会的相关农业产业人员间的信息服务、关系协调和行为自律等功能。有关此类主体的详细研究，参见李瑞芬《国内外农业行业协会发展的比较与启示》，《世界农业》2008年第2期。

销商混合联合的结果。这便将适用除外的主体范畴从上游生产链条向下游经销链条延伸,使我国反垄断法农业适用除外呈现出与以色列立法相类似的现状。在执法实践中,第56条也倾向于被扩张解释,以至于《反垄断法》实施已10余年以来,未见任何有关农产品竞争领域的反垄断执法案件,似乎农业被反垄断执法"忽略"了。

二 中国《反垄断法》第56条的实施效果及其反思

如前所述,恪守扩张式立法模式的中国《反垄断法》第56条,其产生的实施效果是,该法实施10余年以来,几乎未见任何有关农产品竞争领域的反垄断执法或诉讼案件。从功能定位上来看,反垄断法适用除外制度设置的原因在于,通过限缩反垄断法的调整范围来为产业政策在特殊领域发挥作用预留空间,从而解决竞争政策在某些市场领域的功能有限性问题,它"既是对反垄断法价值目标的合理背离,又是对反垄断法局限的克服"。[①] 因此,研判《反垄断法》第56条实施效果的判断标准,即为10余年来,农业产业政策的若干既定目标——包括提高农民收入水平、确保农产品低廉且充分的供给、维护国家粮食安全等——是否得到了妥善实现。

2010年以来,中国农产品价格上涨现象几乎从未停滞。中国初级农产品的历年上涨水平几乎均高于食品价格涨幅,而食品价格涨幅又几乎每年都高于CPI涨幅,由此可见,农业领域的物价上涨水平高于居民一般消费物价上涨水平。[②] 与之相对应,我国农民的收入水平并未伴随这一涨幅而获得显著提高,农产品价格上涨所产生的福利更多地是由农产品经销商而非生产者所攫取了。[③] 换言之,中国农产品市场的竞争环境呈现出与以色列相类似的情形,这与《反垄断法》第56条将适用除外主体资格扩张至经销商领

---

① 种明钊主编《竞争法》(第2版),法律出版社,2008,第236页。
② 参见于左《中国农产品价格过快上涨的垄断因素与公共政策》,《中国价格监管与反垄断》2014年第5期。
③ 参见战英杰、申秋红《影响我国农民收入的因子分析》,《东北农业大学学报》2010年第4期。

域不无关联。

作为一类极具特殊性的产业，农业上下游经营者的产业组织特征呈现出极大差别：一方面，对上游实际从事农业生产的农民来说，农业生产受市场供需结构、自然环境等方面的影响极大，这导致农业生产极具脆弱性；另一方面，农产品本身又具有较强的时令性和地域性特征，这使农产品供销具有一定的自然垄断属性，农民对经销链条依赖性极大，这一定程度上会催使下游农业经销商具有一定的优势地位。这种"上弱下强"的产业组织特征要求反垄断执法必须对不同经营者做出甄别，施加差别化的竞争政策：对于上游的农业生产者，应赋予其适用除外主体资格，着重发挥产业政策的作用，对其农业生产和经营活动予以扶持、鼓励，甚至要一定程度上鼓励农业生产者"向下延伸"，即自主开发农产品经销链条，保证农产品销售渠道的通畅，减少分销环节，这样便能减少经销渠道经营者对农业生产者的层层价格盘剥；而对于下游农业经销商，则不应将其纳入反垄断法适用除外的范围，应对其行为进行严格规制，防止其通过限制竞争行为影响农业产业环境、盘剥农业生产者或消费者利益。

以中国、以色列为代表的扩张型立法例，一定程度上导致农业上下游市场的结构性差异被混同，从而一方面弱化了农业产业政策在提高农民收入、保证农产品供给、维护国家农业安全层面理应发挥的作用，另一方面又令农产品经销商攫取了不合理的适用除外地位，导致农业经销环节的限制竞争行为欠缺制度威慑。在中国，农产品经销渠道的限制竞争现象早已不胜枚举，主要体现在如下几个方面。

（1）农产品价格垄断协议。农产品经销商会利用农业生产者和供货方对经销渠道的依赖，彼此达成有关农产品价格方面的垄断协议。比如，在2013年11月的杭州市，生姜批发商即通过价格垄断协议攫取垄断利润，从而导致生姜价格暴涨，出现了被网民戏谑的"姜你军"现象。[1]

---

[1] 参见于左《中国农产品价格过快上涨的垄断因素与公共政策》，《中国价格监管与反垄断》2014年第5期。

（2）农产品经销商滥用市场支配地位。农业生产者多对当地农贸市场、农产品批发市场、超市等供销渠道具有较高的依赖性。部分农产品经销商会利用其市场支配地位，与农业生产者达成独家供货协议，以排斥其他竞争对手；或者通过强立名目，要求农产品供货方缴纳摊位费、上架费、服务费等，这些费用会最终摊到消费者手中，造成农产品价格的严重上涨。[①]

（3）农产品供销渠道的行政性垄断。为了加强对食品安全的监管，地方政府多通过集中管理的形式组织农产品批发市场、农贸市场等。农产品的生产者和供货方为了利用这一供销渠道，可能会不得不缴纳超出行政监管要求的不必要的管理费用，这类规范性文件具有较强的滥用行政权力排除、限制竞争行为的嫌疑。

三　反垄断法农业适用除外条款的修正前瞻

通过对国内外反垄断法农业适用除外制度的比较研究，以及对中国《反垄断法》实施10年来农业领域反垄断执法缺位的反思，本文认为，我国《反垄断法》第56条的修正，应当以欧盟、美国、日本等国家或地区的经验为借鉴，从扩张型立法例向限制型立法例过渡，将农产品经销商的限制竞争行为纳入反垄断执法的威慑之下，促进我国农业市场竞争环境的优化发展。具体来说，本文建议，对第56条之内容应当做如下修正。

原第56条内容：农业生产者及农村经济组织在农产品生产、加工、销售、运输、储存等经营活动中实施的联合或者协同行为，不适用本法。

建议修正为：农业生产者及其联合组织在农产品生产、加工、销售、运输、储存等经营活动中达成的垄断协议，不适用本法。

本法所称农业生产者联合组织，是指在农村家庭承包经营的基础上，由农业生产者自愿联合、民主管理，以解决农业生产经营互助性需求为主

---

① 参见于左《中国农产品价格过快上涨的垄断因素与公共政策》，《中国价格监管与反垄断》2014年第5期。

要目的的经济组织,如农村集体经济组织、农民专业合作社等。

上述修正建议主要对现行《反垄断法》第 56 条所规定的农业适用除外制度进行了主体和行为两方面的限缩,下文分别说明其修正理由。

(一) 适格主体之限缩

本文以国外限制型立法经验为基础,在参考中国农业产业组织特征的基础上,将现行《反垄断法》第 56 条规定的适格主体进行了限缩,将"农业生产者及农村经济组织"修正为"农业生产者及其联合组织",并单设一条对农业生产者联合组织进行了内涵界定。

在原条文中,"农村经济组织"是一个具有较大不确定性的概念,而学界与实践中又倾向于将其做扩大解释,这就导致农业适用除外条款的适格主体不合理地向经销链条的主体蔓延。基于这一教训,参考欧盟、美国、日本等国家或地区的立法经验,本文将适格主体的法律用语重新调整为"农业生产者及其联合组织",这就消除了农产品经销商攫取反垄断法适用除外资格的担忧。

另外,又新增第 2 款对农业生产者联合组织进行了概念界定,将其界定为"在农村家庭承包经营的基础上,由农业生产者自愿联合、民主管理,以解决农业生产经营互助性需求为主要目的的经济组织",其中,对农业生产者联合组织"民主管理"和"解决农业生产经营互助性需求"的要求,能使此类法律主体与农村的若干经营性企业,如乡镇企业、农业企业、农村信用社、农村商业银行等,进行明显的区分,防止农业适用除外条款适格主体被不合理地放大。最后,中国的农村集体经济组织脱胎于农村集体所有制,显然代表农业生产者整体利益需求;而中国的农业专业合作社在联合农业生产者、解决其互助性需求方面已然发挥出巨大功能,本文认为,《反垄断法》第 56 条新增的第 2 款应当将这两类法律主体明示为符合农业生产者联合组织性质的机构,赋予其明确的反垄断法适用除外主体资格。而其他农业类社会组织,则需要在符合第 56 条新增第 2 款法律要求的基础上,方能取得适用除外主体资格。未来,反垄断主管机关还可考虑出台农业领域的反垄断执法指南，为农业生产者联合组织提供更为明确的判断标准。①

（二）适格行为之限缩

现行《反垄断法》第56条将适格的农业适用除外行为列举为"联合或者协同行为"，这一界定存在范畴不清晰的问题。目前学术界倾向于认为，从基本语义来看，"联合或者协同行为"必然不可能包含滥用市场支配地位行为，但必然包含垄断协议。这是因为，《反垄断法》第13条第2款对垄断协议的解释，即明确"本法所称垄断协议，是指排除、限制竞争的协议、决定或者其他协同行为"，由此可见，在现行《反垄断法》的予以结构中，"协同行为"一词本身即属于"垄断协议"的同义语。但"联合"一词，是指代经营者集中行为，还是与"协同行为"一词一样，仅仅是对垄断协议各种行为表现的并列式列举，则在学界存在不同理解，未有定论。②

参考欧盟、美国、日本等国家和地区的经验，对农业生产者及其联合组织赋予的适用除外资格，主要局限于垄断协议范畴，而不包含滥用市场支配地位和经营者集中。即使是垄断协议，对于一些核心卡特尔，比如对农产品价格达成的垄断协议，基于其可能存在的对市场竞争的不良影响，欧盟也排除了其适用除外资格。因此，综合考虑，应当明确将滥用市场支配地位和经营者集中两类垄断行为排除在适用除外资格范围之外。至于垄断协议中的价格卡特尔，基于现阶段中国农业仍处于小农经营阶段，农业生产者组织性较差、相较农产品经销链条主体而言议价能力极弱，将其排除在适用除外资格之外，有"杞人忧天"之嫌，与中国农业市场化发展的阶段性需求不符。因此，综合考虑国外立法经验与中国现状，笔者建议将所有的横向与纵向垄断协议均纳入农业反垄断法适用除外资格范围之内。

---

① 如前文所述的美国《凯普沃斯蒂德法》所设置的"一人一票"标准和"回报率8%"标准等，均可成为实践中衡量是否符合农业生产者联合组织性质的标准。

② 参见邱隽思、段宏磊《中国农业反垄断执法的省思与改进——基于对〈反垄断法〉第56条的再审视》，《学习与实践》2019年第1期。

将原《反垄断法》第 56 条的"联合或者协同行为"直接修正为"垄断协议"一词即可。

四 结语

农业在一国国民经济状况中通常发挥着基石般的作用,其竞争政策与反垄断执法的问题,不应受到忽视。在《反垄断法》修正已经提上日程的今天,理应重新审视《反垄断法》第 56 条存在的问题,设计出更为周延和谨慎的农业适用除外条款。希望本文提出的法律修正建议能够真正反馈于修法程序,为我国农业领域竞争执法的完善贡献绵薄之力。

学术专论

论大数据时代的市场竞争风险和法律应对[*]

王德夫[**]

内容提要： "大数据"意味着数据信息资源的高度集中，以及对数据信息的多元化应用。大数据技术作为现代社会"信息化"浪潮中的重要内容，也在相当大的程度上改变着社会竞争的状态。此时，数据信息成为市场竞争的主要因素，甚至成为市场基础设施，并使得基于数据信息的不正当竞争行为和垄断行为具有更高的隐蔽性与复杂性。对此，需要有关法律制度继续发展、完善的同时，既要为相关产业的发展留下足够的空间，也要应对潜在的数据信息滥用带来的风险。

关键词： 大数据　信息　不正当竞争　垄断

一　国家战略视野下的大数据

近年来，"大数据"的应用与发展在全社会范围内取得了令人瞩目的成绩，其独特的数据信息处理方式也引起了高度的关注，乃至于被写入了我国"十三五"规划，成为我国国家发展战略层面所关注的对象。与此同时，

---

[*] 中国法学会部级项目"大数据的知识产权与市场竞争问题研究"[CLS（2017）C34]；2018年武汉大学自主科研项目"大数据时代"的数据信息交易问题研究。

[**] 王德夫，武汉大学法学院/知识产权与竞争法研究所讲师。

我国中央政府颁布实施的《促进大数据发展的行动纲要》（以下简称《行动纲要》）明确指出，大数据是"推动经济转型发展的新动力、重塑国家竞争优势的新机遇、提升政府治理能力的新途径"。①

在《科学》（Science）杂志曾经出版的专刊中，大数据被定义为"代表着人类认知过程的进步"。② 我国《行动纲要》所指向的"大数据"，是我国现代信息化进程中产生的和可被利用的海量数据集合的代表，是当代信息社会的数据资源的创新性应用模式，既包括互联网数据，也包括政府数据和行业数据，具有重要的经济和社会价值。③ 而数据作为"原始资料，其共享有利于政府部门的精准、高效决策，有效地配置公共资源、节约成本，实现最优的社会效益"，④ 也从大数据功能和应用的角度，对这一创新性的信息化系统进行了阐释。事实上，在《行动纲要》中，大数据同样采用了这种广义的界定方法，以摆脱对电子信息技术细节的限制。

因此，大数据既是一类呈现数据容量大、增长速度快、数据类别多、价值密度低等特征的数据集，也是一项能够对数量巨大、来源分散、格式多样的数据进行采集、存储和关联性分析的新一代信息系统架构和技术，更代表了一种新的社会生产方式——大数据模式，并表现为帮助人们从信息社会海量数据中发现新知识、创造新价值、提升新能力、形成新业态的强大生产力。这种创新性的生产力是如此重要，以至于大数据以及相关应用足以改变整个社会的面貌，并且成为相关市场竞争活动中的重要因素。而当"大数据"作为竞争工具时，又会带来许多新问题，值得立法和相关研究的重视。

---

① 中华人民共和国国务院：《促进大数据发展的行动纲要》，第一章"发展形势和重要意义"部分。
② Graham-Rowed, Goldston D., Doctorow C., et al., "Big Data: Science in the Petabyte Era", Nature, 2008, 455 (7209): 8 - 9.
③ 黄如花、苗淼：《中国政府开放数据的安全保护对策》，《电子政务》2017年第5期。
④ 焦海洋：《中国政府数据开放共享的正当性辨析》，《电子政务》2017年第5期。

二　大数据对市场竞争的影响

（一）数据与信息成为竞争的主要因素

在大数据环境下，无论是相对传统的市场还是互联网等信息技术发展而孕育出的新市场，都产生着深刻的变化。对于经营者或消费者而言，这些变化或许并不是那么的显著，但其影响却不应被忽略。从某种意义上讲，相比于互联网技术等开拓性技术的诞生或推广应用，"大数据"技术以及相关应用更多地体现出一种"润物细无声"的方式，绵密而坚决地渗透到社会的各个部门，让人无从察觉，也杜绝了倒退或反复的可能性。从竞争的角度来看，它既是展现大数据进步性的基础，也是孕育新风险的温床。

在市场经济中，竞争无处不在，影响竞争的要素也多种多样。创新无疑是重要的因素之一，但创新本身并不一定直接转化为产品或服务的竞争力，它仍需依靠相关经营者管理水平、营销水平、生产制造工艺乃至其他领域相关产业发展的状况，以及社会基础环境和设施等多方面因素。因此，从这个角度看，不同行业之间的竞争或许会因为社会信息化浪潮而有所加剧，但整体上仍受到不同行业具体特征或特定物质条件的制约，并在竞争态势上展现出一种"百花齐放"的形态。然而，这一相对传统的态势在大数据技术与应用不断深入社会方方面面的当下和不远的将来，将会有所改变。

这是因为，在大数据环境下，数据信息依托于以云计算为代表的新型互联网架构，成为超脱于最初应用本身的新的知识产品，并产生意料之外的经济价值和竞争利益。因为，一般而言，任何一种依托于互联网的应用，无论它来自个人、企业或政府机构等任何主体，也无论该应用是一种纯粹的在线应用（如网络游戏、电子邮箱等）或者是否会与线下客观世界相关联（如网络购物、在线订餐等），都会有一种或多种特定的用途或目的，对应于数据信息，则表现为服务器端（包括经营者、个人租用服务器或公共设施）富集到与该应用或多或少相关联的数据信息，并为相关产品或服务贴上"信息化"的标签。这也是相对传统的"数据库"的产生方式之一。但随着互联网技术的发展，数据信息搜集、传输以及存储的方式与成本快速下降，使得"数据库"到"大数据"的嬗变成为可能。正如前文所述，数据信息种类与数量的堆积只是一个相对的"量变"概念，但也为之后的"质变"提供了物质基础。具体而言，大数据是云计算的核心，云计算是大数据赖以产生的物质基础，它们作为整体，在向云外提供计算能力、信息或服务的同时，也在不断地收集反馈过来的信息资源，形成由云端所独占的大数据。用户对云计算的依赖程度越高，云端就会富集越多的来源于用户的数据，如交易信息、消费倾向、计算需求等，甚至一些与商业无关或涉及隐私的信息，也会被大数据所包含，并被记录、归类、分析和利用。由此，相关经营者会富集到海量的、能够带来经济利益的信息，并逐渐取代具体技术上的进步而成为企业的核心竞争力，使该企业能够较容易地将其业务扩展到其他的领域而无须在该领域谋求技术突破。当然，这里并不是否定技术进步的意义，而是说，企业可以利用所掌握的大数据来获得在多个市场上的竞争优势，这种优势可以打破自身技术缺陷（或落后）所带来的限制。这种方式或许是其直接进入某一领域进行生产或者经营，也可能是仅仅通过与该领域的某些经营者进行信息层面的合作，但掌握这种基础性数据信息的经营者在事实上会成为影响某一市场竞争状况的决定性力量。譬如我国的腾讯公司，其之所以能够轻易地进入一个个原本未曾涉足的市场，并迅速地击败那里的竞争对手，所依仗的并非更优秀的产品或服务，而是其在自己传统领域（即时通信软件市场）所获得的数据优势。事实上，腾讯公司与其竞争对手的产品或服务之间大多有着较高的相似性。但在传统领域中，除非后来者的产品或服务在性能、价格上有较大优势，否则难以与该市场经营多年的对手展开竞争。数以亿计的腾讯用户以及伴随产生的数据信息，支撑起了腾讯公司的数据基础设施，并使其利用这些信息迅速地推广自身产品、服务。而且，数据信息本身的进一步扩大还呈现出不断加速的态势，即按照"数据信息—竞争优势—更大规模的数据信息—更大的竞争优势"之路径递进循环。

在社会发展与市场竞争的进程中,技术的先进性或许会褪色,但数据信息的积累却难以被超越,它类似于基础设施般难以被替代,就像深厚的城墙一样拱卫着其拥有者,并不断扩大其信息优势、保持对其他竞争者的领先,甚至将其吞并为自身的一部分。而在这一态势下,相关行为具有明显的合理性或合法性——至少不直接地违反法律规定,而竞争法相关制度亦缺乏适用的前提。

(二) 数据与信息成为新的市场基础设施

大数据及技术以及相关应用本身并非某种开拓性的技术进步,而是互联网技术广泛覆盖社会生产、生活各部门之后,在应用领域和方式上的创新。但对于全社会而言,"大数据"也会带来新的竞争因素:它使得数据信息成为足以决定经营者市场地位的关键内容,并带来丰厚的竞争利益。尤其在以互联网为媒介的相对虚拟的环境中,数据信息本身既是达成交易的必要条件,也是关乎产品或服务质量的关键因素。尤其是当"大数据"的规模"已经超出了传统意义上的尺度,一般的软件工具难以捕捉、存储、管理和分析的数据"[①] 时,某一经营者所掌握的数据信息本身就意味着决定性的市场竞争力,而直接决定后续的经营活动或决策的成效。

而且,互联网天然的技术特征会使得相关经营者所占有的数据信息呈现出滚动扩张的态势,并不断强化这种由数据信息带来的竞争优势。当这种竞争优势达到一定程度以后,即会带来另一种变化:掌握数据信息优势的企业逐渐由市场竞争的参与者转变为市场基础设施的供应者。

无论是在相对狭小的某个细分市场,还是在更为宏大的"互联网"领域,相关经营者都清晰地认识到,"用户规模"之于自身存在与发展的重要意义。网络时代下市场竞争的本质即在于"争夺用户"。在很多方面,"用户规模"、"用户反馈"以及"用户习惯"对竞争结果所产生的影响,已经

[①] 黄鼎城、郭增艳:《科学数据共享管理研究》,中国科学技术出版社,2002,第36~37页。

超过了产品或者服务本身性能、价格等传统因素。然而,"用户"仅仅是一个观念层面的表达,还需要通过现代信息技术"转化"为企业的生产要素。这一"转化"的"结果"或者"最终载体",即为以用户为基础的数据信息。这意味着,构建于"数字技术"之上的"互联网"乃至"网络产业",至少在消费端,是围绕着"用户数据"来运转的。在这个意义上,"获取用户"即意味着"获取市场"。而当这一过程经由"自由发展",通过"量变"形成"质变"以后,即意味着"数据优势企业"对其他经营者的全面影响,而无论其是否与自己存在直接或者间接的竞争关系。这种趋势也为近年来愈发频繁的"网络平台二选一"事件所证实:无论是对平台上其他经营者所实施的"二选一",还是对网络用户所实施的"二选一",往往都以"技术兼容"、"自主经营"、"用户选择"以及"数据安全"为掩护,将自身在某一领域的经营优势通过"数据化"转变为"市场本身",形成对网络用户的吸引甚至控制,并且最终形成对市场的不合理支配。这种有别于"传统"垄断行为的新行为,已经引起了修订中的《反垄断法》的警惕,但在具体的规制路径上,还有待进一步的明确与细化。

(三) 大数据技术将促进全国统一市场的形成

全国统一的大市场所能带来的利益十分明显,它可以充分地整合我国富饶的自然资源以及资金、技术、人才等生产要素,形成资源的高效配置。更为重要的是,统一的大市场可以充分发挥出我国人口众多的优势,激发出潜在的消费能力,极大地促进经济发展,并增强我国抵御国际经济波动风险的能力。然而,虽然我国作为一个独立的政治国家,具备较为完善的中央—地方行政、经济管理体系和法律制度架构,但由于幅员辽阔,各地区之间自然环境差异明显,社会和经济发展不平衡等问题仍十分突出。因此,无论是从行政区划、经济布局还是地理分割的角度观察,我国在形成全国统一的大市场上还有相当长的路要走。事实上,不同的区域间还存在着流通领域的重重障碍,市场准入机制缺乏公正、透明的实施与监督以及存在扭曲的定价机制等,严重地抑制着相关市场的创新和产业升级。而且,由于阻碍全国统一大市场的这些客观因素无法在短期内得以消除，可以预见，若无大数据技术以及相关应用对社会面貌的改变，短时间内，这样的局面无法得到根本性的扭转。

但是，在互联网技术的发展和普及下，传统的市场以及地理、行政界限正在变得模糊和脆弱。当我国互联网服务覆盖大部分的国土和人口时，其跨地域、无边界以及接入标准相对统一的特点，足以抵消行政管理和自然地理的限制，为全国统一大市场的形成奠定硬件基础。此外，由于电子信息技术在信息传递方面的高效率，资金融通、信用评价、市场准入及交易方式等对市场形成与完善而言至关重要的标准或规则足以实时地覆盖全国，为全国统一大市场的形成奠定软件基础。对应地，交易相关的信息流动驱使各类生产要素在全国范围内自由配置的同时，也会使侵害市场的行为扩散到全国范围，造成更广泛的不利影响。此时，市场的空前活跃，也将对市场监管提出更高的要求，需要立法者制定出适用于全国的统一规范，并使制度在服务于效率的同时，切实地维护市场公平。值得注意的是，此时制度对于效率与公平这两种价值目标的态度是有侧重的：制度首先应服务于效率，之后才是公平。这是因为，效率是整个以互联网技术为基础的应用和经济活动的关键，也是打破地域限制的倚仗，"大数据"作为互联网相关技术的高级形态，本身即隐含了效率优先的前提。这是技术上的客观事实，而非价值追求上的取舍。但一味地追求效率必然带来其他的问题，当中最值得关注的则是"公平"。因此可以说，大数据环境下的法律制度建设是在效率前提下对公平的追求。

而且，在这一过程中，社会发展获益于大数据以及相关信息技术的同时，也应对可能的负面影响做好准备。这是因为，大数据本身即代表了数据信息，也就是说，新环境下市场竞争力的高度集中，会使得优势[①]主体（主要指企业）在获得利益造福社会的同时，有动机也有能力实施阻碍市场

---

① 此处的"优势"是指足以使相关经营者所掌握的数据信息（即"大数据"）达到提供创建某相关市场硬件设施和经营环境的程度。

自由竞争的行为。具体而言，当特定企业对数据信息的掌控达到某种程度时，它就跳脱出了原先的竞争领域，而凭借所掌握的"市场基础设施"获利。对于何种程度的"控制"方能使相关经营者达成这种市场状态，现实中并无固定的标准或范畴。但是，这一过程的外在形式往往"不谋而合"地指向了"平台化经营"。具备相应实力的企业热衷于构筑以自己为核心的"平台"或"生态圈"，表面上看是为用户或消费者提供"一站式"的便利服务，但事实上却带有不合理的因素。平台化经营者可能会运用自己所掌握的一切力量来巩固自己的用户群体，并且尝试以"更高性能产品"或者"更低廉价格"之外的其他因素影响网络用户的选择，继而获取竞争优势——毕竟，相比于高额投入、高度不确定的"创新"，以及营业收入压力巨大的"价格战"，如果能有更"轻松"和"高效"的获取市场优势的途径，相关经营者很难选择拒绝。尤其是当相关的"锁定用户"或者"锁定其他交易对象"等行为可以被"平台化"、"集成化"以及"一站式服务"等带有客观上的进步色彩，以及"数据安全""数据集中管理"等理念所"解释"甚至"合理化"时，平台化经营者在实施此类行为时，往往会更加肆无忌惮。在可以预见的将来，这种"自由发展"会造成人为的市场分割，对消费者、"平台"上或"圈"中的经营者造成难以挽回的损失，并最终损害社会整体利益。

三　大数据可能引发的竞争风险

（一）大数据对市场竞争环境的改变

与传统市场[①]的结合是大数据技术和相关应用促进经济繁荣、社会发展的主要途径之一。相比于"大数据"这一概念诞生之前的互联网应用和电子商务，互联网技术发展所带来的变革之处在于，它让更多的人更频繁地

---

① 既包括传统的、未与互联网相融合的产业所处的市场，也包括传统的单边市场。

联入互联网，开拓出广泛的市场并通过互联网引导网络用户产生消费。值得注意的是，笔者对"互联网技术的发展"始终秉承严格的判断依据：只要相关软、硬件技术没有突破"计算机联网"或"二进制"等基本模式，那么无论是"互联网""云计算"乃至当下炙手可热的"互联网+"都没有产生本质的进步，区别仅在于网络连接速度更快、覆盖面更广、相关使用和运行成本更低而已。换言之，笔者认为，从技术角度看，"大数据"技术及相关应用真正成熟之前互联网技术的发展仍处在"量变阶段"。从这个意义上讲，大数据环境下的交易还是原来的交易，① 但交易的渠道发生了改变：互联网平台取代了传统的交易网络，能发生交易的市场则产生了爆炸式的增长。虽然在事实上，无论互联网技术有多么普及，在可以预见的将来，它都不可能覆盖到100%的人群或完全地取代传统的交易方式。因为，实体交易网络的一些功能是网络信息技术无法替代的。但从完成交易的数量角度来看，网络平台可以联络到的经营者和消费者数量远远超过传统销售网络，理论上，前者单位时间内可以达成的交易数量也远超后者。此时，在全社会范围内，大数据技术将市场划分为了两个层次。较低层次中，市场交易与竞争仍保留着长期形成的规则与方式，经营者之间比拼高质量的产品或服务，或以更低廉的价格吸引消费者。从信息化社会拥有更高效率的角度看，这种传统的市场竞争愈发激烈和残酷。这是因为，信息对于交易主体高度透明且可以充分、自由流动，使得不同经营者之间的对比更为频繁，差异也难以遮掩，而消费者选择交易对象的成本则近乎零。由此产生的结果就是，有竞争关系的经营者之间细微的差异，在网络外部性的作用下，将会导致截然不同的竞争后果——强者赢得所有，而弱者则近乎难以生存。这与一般认识中的市场竞争有所区别：在传统的市场竞争格局中，经营者之间的竞争力差异也会影响到其经营状况，但即便是较弱的一方，也可以利用交易信息传递的有限性或消费者选择交易对象的成本考虑而获

---

① 即便在大数据环境下，各领域或市场中基本的交易规则、评价交易质量的标准和条件等并不会产生大的变化。

得一定的交易机会。而在互联网环境下，交易信息前所未有地充足而消费者获取交易对象信息的成本则近乎零，赢得更多消费者的一方会加速地争取到更多的消费者及交易机会，而失利的一方则处于加速衰弱的处境中。再加上电子商务中网络外部性的作用，除非竞争力得到显著的提高（如追加投资后显著地降低价格，或在产品、服务质量上产生飞跃），这种竞争劣势更难以被扭转。而在这一层次之上，大数据因其市场竞争中关键因素以及基础设施地位，促成了相关市场中互联网平台的竞争。相比于传统市场，互联网平台之间的竞争更为激烈。在大数据环境下，网络外部性始终是影响经营者市场地位的重要因素，它使得平台对用户的争夺趋于白热化：用户[①]除了作为消费者为经营者带来利润之外，本身还会成为其获得更多交易机会的竞争力来源。与此同时，网络外部性对于互联网平台竞争的影响更甚于对传统产业，因为前者有着近乎无限的经营范围和交易可能性，而更重要的是，在网络平台层面上，消费者更换交易对象的成本是高昂的。因此，在产品或服务质量不悬殊的情形下，某一领域交易的达成与否将直接取决于用户的消费习惯。网络平台每争取到一个用户，都可以被看作对该用户消费习惯的培养，也意味着对交易机会的获取、对利润的获取以及对自身竞争力的提高。在这种情况下，对经营者而言，甚至价格都会成为不敏感的因素：为了培育市场、争取用户，网络平台之间的竞争往往伴随着对消费者的折扣或补贴。若单从经济角度看，这些补贴行为往往可以被判断为"不经济"的。市场经营者此类"不经济"的行为，可能会给消费者带来好处（以低于成本的价格获得产品或服务），长期来看，也可能损害消费者利益（可参考《反垄断法》中"不公平低价"相关内容）。此时，竞争的经济成本与激烈程度将远超大数据时代之前，因此，法律在做出判断时，还应从尽可能多的角度进行考察。

[①] 对于互联网而言，"用户"包括一切使用该网络平台的人，既有可能是消费者（付费或免费），也有可能只是单纯的信息浏览者，而在"Web2.0"层面上，用户同时还是网络平台的建设者。此问题较为复杂且非本文讨论重点，故为表述准确和方便起见，本文仅从语词上区分"用户"和"消费者"，不对二者关系和精准范畴作进一步辨析。

大数据技术及相关应用在现代社会中充分展示其进步性的同时，带来了全社会范围内竞争环境的改变，也提示着竞争相关的风险。解决这些风险或疑难，是法律制度发展与完善的出发点与动因。总体而言，可将其归纳为因激烈竞争而引发的过度竞争和自由竞争发展到一定阶段后的排除、妨碍竞争两方面。此外，大数据等信息技术和相关主体的虚拟性，也对市场规制制度提出了新的要求。

（二）大数据环境下的不正当竞争风险

全国统一大市场的形成以及更激烈的市场竞争，预示着相关经营者对交易机会的渴望更加强烈。市场竞争是相关市场健康发展的前提，当竞争过于激烈时，往往也伴随着违反相关法律法规、侵害其他经营者及消费者利益的行为。在大数据环境下，不正当竞争行为所造成的不利后果和影响范围也得到了强化和扩展，并带有更高的复杂性。

首先，大数据环境下的不正当竞争行为更具有隐蔽性。互联网是一种相对虚拟的沟通媒介，其间所流动的信息的真实性对于每个网络节点乃至于整个网络而言都有着重要的意义。虽然在传统市场竞争中，虚假信息早已存在，但其传播终究会受媒介客观属性的限制。而在大数据环境下，交易有关的信息可以自由、充分地流动，给市场带来效率优势的同时，也产生了负面的效应：以互联网为媒介的信息流动，使得虚假信息更容易被传播，也更难以被识别。此外，交易相关主体之间往往并无密切的人身联系，也使得彼此之间的信息交换呈现出一种间接化的特征，在提升交易效率的同时也威胁着交易安全。

其次，大数据环境下的不正当竞争行为的认定更为困难。我国《反不正当竞争法》以列举的方式对一系列典型的不正当竞争行为进行了界定，通过一般性条款覆盖尽可能多的不正当竞争行为。然而，当传统行业与互联网相结合后，相关主体的行为模式便具备更多的复杂性，增大认定其法律性质的难度。其中，最大的冲击来源于传统产业对利润的追求和对互联网"免费文化"的融合。值得注意的是，此处的"免费"应取狭义，即不支付金钱。事实上，互联网中的消费者虽然免费地接受大部分的服务，但并非无须支付任何对价。而互联网中的"免费文化"还有另一层含义，即"free culture"，体现为对知识、信息等无体财产的自由共享（不与知识产权制度相冲突，或在对知识产权制度进行修改的前提下）。[1] 传统市场竞争中，产品或服务的价格一直都是判断经营者行为动机、后果和法律性质的关键因素。可是，大数据所带来的新的经营模式或开拓出来的新的市场之所以能够吸引大量的新用户并产生显著的经济效益，与互联网相关产业天然的"免费文化"是分不开的。在这种情形下，相关经营者的行为是否会因"免费"或"有利于消费者"而免于《反不正当竞争法》的规制，则应综合考虑法律、经济、伦理、道德等多方面的因素，对立法、执法提出了更高的要求。

最后，大数据环境下的消费者利益面临更多威胁。除了互联网虚拟性所带来的交易风险外，消费者的利益还面临信息安全方面的威胁。相比于市场经营者所掌握的技术秘密或商业秘密，消费者的个人信息往往成为主要的侵犯对象。在传统市场中，交易主体在交易的各个环节中处于一种直接或间接的"一对一"的关系中。如消费者面对销售者、销售者面对物流运输者，或是直接面对生产厂家。在这样的商务活动中，各方主体身份明确，所涉及的个人信息[2]仅在特定的主体之间传递，且信息传递的主体之间往往有着相对密切的联系。而在大数据环境下，由于各交易主体之间并无直接或是面对面的联系，为保证交易的正常进行，就必然要求各交易主体之间传递的信息更为完整、详细。而且，即便相关信息被一定程度"匿名化处理"，大数据应用也因其独特的"预测"能力而足以对敏感信息进行"推导"或"还原"。因此，一方面基于传统商务关系中各主体相对密切的联系，另一方面基于电子商务中传递信息的完整性，大数据环境下的市场经营行为所涉及的信息更为敏感、重要，且信息更容易面临被持有者不谨

---

[1] 〔美〕劳伦斯·莱斯格：《免费文化》，王师译，中信出版社，2009，第4页。
[2] 齐爱民：《个人信息保护法研究》，《河北法学》2008年第4期。

慎对待的风险。

在此情形下,大数据环境下的网络平台也具有通过不合理的信息使用行为获益的动机和可能性。具体而言,网络平台作为交易的载体,集合了在该平台上所有产生、传递的信息,其所掌握的相关信息数量最多。从数据信息种类上看,网络平台所掌握的消费者个人信息涵盖了消费者身份信息、金融信息和操作信息,与传统市场中的经营者相比也更为全面。在技术层面上,网络平台可以在消费者毫不知情的情况下,对收集到的零散的个人信息进行整理、分析,将其转变为类似于"档案"式的文件,一方面可以精确地指向具体消费者个人,[①] 另一方面也可以据此对消费者的消费能力和消费需求进行分析判断。[②] 网络平台或以此类信息为依据向消费者推销自身的服务或产品,或将信息出售给某些具体的卖家或是营销类企业牟利,也可能将其作为吸引用户的手段加以利用。不可否认,在这些信息的指引下,信息使用者有针对性的推销会满足部分消费者的需求,在一定范围之内具有积极意义。但考虑到购买个人信息的经营者的商业道德、守法自律水平的低下和对消费者的重复推销,这样的行为对于消费者利益而言是弊大于利的。这类违法行为还因为互联网技术上的层层嵌套,往往被覆盖在合法的表象之下,[③] 无形中增加了消费者发现侵权行为和维权的难度。而且,以购买个人信息来推销产品或服务的行为,也会使得诚信合法的经营者在竞争中处于劣势,扰乱正常的市场秩序。

(三) 大数据环境下的垄断风险

一方面,大数据可能引发的垄断具有一定的合理性,使相关法律规制活动面临理论上的困难。电子化的数据信息并不会天然地存在于社会之中,

---

[①] 如通过消费者留下的联系人姓名、联系方式、商品邮寄地址等信息。
[②] 如通过消费者的消费记录,获得有关商品种类、数量、价格等信息。
[③] 从技术角度看,互联网是分成多个层次的,不同的技术标准也有不同的认识,如五层分层或七层分层等,如应用层、传输层、网络层、链路层等。网络技术不是本文所讨论的重点,但值得指出的是,分层的目的在于将复杂的网络传输、交流、应用等问题简单化,也使大量的技术或数据信息细节被掩埋在低层次中。

也不会自动地集中到某一主体手中。换言之，大数据的形成与应用，依赖于特定主体的资金、设施等硬件投资，以及管理、运营以及人员、聪明才智等软件投入，天然地为大数据等知识产品的归属指明了对象。与自然竞争产生垄断的逻辑路径相类似，过多地强调大数据的私属性会产生数据信息的垄断风险。然而，鉴于大数据对市场竞争乃至社会发展趋势的重大影响，法律理应有所应对。而相关法律如何对掌握大数据的主体施加合理的限制，或以通过某种利益交换的方式抑制可能的垄断风险以及不利影响，尚需要深入、具体、有针对性的法学研究加以指引。

另一方面，大数据可能引发的垄断具有较强的隐蔽性和迷惑性，也为相关执法活动带来了新的挑战。网络平台间的竞争趋于无序化，并以"平台化"、技术标准等种种理由达成排除竞争的目的。掌控网络平台的市场经营者，在大数据背景下的市场经济活动中占据着中心的位置，对运行于其平台上的其他市场主体拥有着近乎自然垄断的控制能力。在我国竞争法律制度的规范下，明显的垄断行为如歧视交易对象、拒绝交易等行为容易受到法律惩处，但以信息技术手段为理由固定用户、控制交易对象、排斥竞争的行为则十分隐蔽且难以判断，平台化可以带来规模效应，往往有利于向消费者提供系统化的服务、扩大市场容量，必要的技术标准也有助于降低交易成本，因此带有进步意义，不应被"一刀切"式地禁绝。但是，在"平台化"的封装之下，究竟如何判断哪些行为体现了相关经营者阻碍竞争的目的，以及产业规模化与充分竞争所带来的利益之间的平衡问题，仍然为反垄断相关执法活动带来了新的挑战。具体而言，从限制竞争的角度看，掌握数据信息优势的主体（主要为企业）可以获得深远的、难以被撼动的竞争优势，甚至可以在一定程度上脱离传统意义上的市场竞争。而这种新型的竞争优势，是现有的反垄断法律制度所难予以有效规制的：面临相关市场认定的困难，即便在当下和不远的未来，在大数据信息包罗万象的理想状态下（或发展成熟状态下），数据信息层面的优势地位仍然是一个难以认定的事实问题，而这两种则是反垄断法律制度发挥作用的前提，无法回避。此外，在特殊情况下，一旦发生具有数据信息优势地位的经营者的集中，反垄断审查也无从发挥作用。试想，若有朝一日，我国的腾讯公司、阿里巴巴公司和百度公司三家公司决定合并，前两者分别在即时通信领域和电子商务市场上具有优势市场地位，而后者在搜索引擎市场上占据了绝大多数的市场份额，电子商务、即时通信领域和搜索引擎领域所提供的服务内容完全不同，当前的反垄断审查制度也难有介入的余地。而具有如此规模、影响力和实力的企业合并，对于我国互联网相关产业的竞争态势而言，会产生何种影响是不言而喻的。

因此，可以认为，大数据可能引发的垄断风险，主要源于数据信息优势在可预见的将来具有决定相关经营者市场地位的重要作用。从当下的社会发展现实和合理预期来看，数据信息方面的优势很可能会被掌握在少数企业手中，它们会凭借数据信息层面的优势地位，成为绝大多数细分相关市场中的竞争优胜者。更有甚者，经营者获得的竞争之外的利益可能会超过利润本身，并使其成为新的市场基础设施或类似于市场管理者的存在。而在这一过程中，非但反垄断法律制度难以发挥作用，竞争法中的另一组成部分——反不正当竞争法也面临适用难题：在信息化社会越来越强大的网络外部性作用下，具有数据信息优势地位的企业通过合法的宣传或经营活动就足以获得竞争优势或相关利益，在这样的利益对比下，典型的不正当竞争行为反而不会成为它们的选择。虽然这样的后果是，相关行为不具有明显的违法性，消费者或者用户的利益也没有受到直接的损害，但市场竞争的态势却被完全地改变了，众多的中小经营者（甚至包括了其他不掌握数据信息优势的大企业）成为其不合理利益的来源，而这种不合理利益最终一定会体现在包括大部分消费者或用户在内的每一个市场主体身上。

四 法律制度的应对与完善

在面对大数据技术以及相关应用未来可能的发展和影响时，竞争法律制度的失灵已经不是遥远未来才需要面对的一个问题。当下，我国反不正当竞争法正面临颁布实施20余年来的首次修改，在曾经版本的《中华人民共和国反不正当竞争法（修订草案送审稿）》（以下简称《送审稿》）中，一个引发了诸多争议和反对意见的条款值得引起关注。在《送审稿》第6条中，曾经规定了"市场优势地位"：经营者不得利用相对优势地位，实施下列不公平交易行为……并指出"本法所称的相对优势地位，是指在具体的交易过程中，交易一方在资金、技术、市场准入、销售渠道、原材料采购等方面处于优势地位，交易相对方对该经营者具有依赖性，难以转向其他经营者"。[①]《送审稿》曾经出现过的这一条，引发了诸多的批评：在"相对优势地位"渊源的认识上，它是反垄断法相关制度不完善情形下的过渡性措施；而从法律实施的角度看，它十分模糊，为司法判断带来困难，也人为地增加了可能的纠纷。但是，在笔者看来，在大数据技术以及相关应用逐渐深入整个社会方方面面，并从根本上影响社会整体竞争态势的背景下，这样的规定具有积极的意义：它可以在一定程度上缓解具有数据信息优势地位企业对市场上其他经营者利益的不合理占有或侵害，也可以在一定程度上保护市场竞争——不是从反不正当竞争法角度规范市场竞争、抑制过度竞争，而是从反垄断法的角度维护市场竞争，虽然它被写入了我国反不正当竞争法的修改意见稿中。这也在一定程度上说明了，在立法或法学研究层面上，数据信息的集中和其对市场竞争的负面影响已经引起了一定的关注。然而，这种关注或警惕体现为法律文本时，还显得十分粗糙和初步，上至立法（或修法）目的、下至执法操作都十分模糊。事实上，鉴于大数据对于社会创新、市场竞争乃至整个社会面貌的深远影响，相比于专利、著作权等相对传统的知识产权客体，对于大数据的知识产权保护应该更多地结合社会竞争利益进行。此时，最为欠缺的是契合大数据技术以及相关应用特性的理论指导和针对性的制度建设。

（一）法律制度应为大数据的发展保留充足空间

确保数据、信息等资源的充分开放和自由流动应成为贯穿整个大数据

[①] 《中华人民共和国反不正当竞争法（修订草案送审稿）》第6条，2016年3月版，最后颁布实施的版本中已无对应内容。

技术以及相关应用的灵魂与核心，对这一价值观的追求，应当成为相关法律制度构建的价值导向。在大数据技术以及相关应用仍处于发展变化的当下，法律制度的建设与完善存在着天然的滞后性，这种滞后并不一定体现为完全的负面性：无论是相关对象还是人的行为都处于变动中，法律制度的适度宽松，可以为相关产业的发展留出更大的空间，也可以使未来的制度构建更加合理、稳定。而当法律规则的供给无法适应社会现实发展需求时，相关法律制度的价值导向仍能提供宏观上的指引：它可以成为定纷止争的依据，或为相关权利人宣誓权利背书，或为交易与市场奠定制度基础。具体到"大数据"，相关法律制度的构建应以信息开放和自由流动为价值导向，理由有二。

其一，相比于其他的价值理念，信息开放与自由流动更适合于大数据这一独特对象。对于大数据技术以及相关应用而言，它在社会生产效率方面所体现出的进步性，是其足以引起法律关注的根本原因，因此，效率必然成为相关法律制度构建所应保障的价值目标之一。而在相关积极因素背面，大数据技术以及相关应用最可能带来的负面影响主要体现为对社会公平的影响：既有表面上的，对信息直接相关个人的合法利益保障不足，无法使其从长远的信息利用活动中受益；也有深层次的，对社会创新、竞争乃至自由与政治文明的潜在损害，以及个别优势主体基于超脱于市场竞争所攫取的不合理利益。此时，以保障财产安全、交易安全为导向的传统财产权制度体系，难以适应大数据技术以及相关应用发展所带来的客观现实。

财产权作为人身权的对称，是特定社会环境下，相关主体对物质资料占有、使用、支配、收益以及处分等关系的法律表现，而在不同的社会制度下，财产权的侧重方式也有所区别：资本主义制度中，私有财产是神圣不可侵犯的；而在公有制国家中，公有财产的地位更高一些。但无论财产权侧重于哪一方面，亦无论大数据语境下的数据信息来源于私主体的市场经营活动还是来源于政府机构的社会管理活动，财产权制度都以权利归属的稳定和权利人对相关财产的强力支配为主要内容，并以此为基础构建相应的行为模式。

因此，若以严格的财产权保护为主要价值导向，对大数据信息内容的使用以及其他活动进行制度构建，必然会造成对数据信息集中和过强支配的后果。具体而言，对于大数据这样无体无形、应用领域极其广泛且多变的、具有了相当市场基础设施因素的新型数据信息对象，法律制度若以财产权保护为相关制度构建的基础，会使得大数据相关权利人对这种"形式上的知识产权"获得"实质上的物权保护"，即获得类似于支配权属性的权利，使其在实现对相关对象强力占有与支配的同时，又对广泛且不特定的人群和市场上的竞争状态产生决定性的影响——某种意义上也即意味着对相关消费者、对与之有关联的其他经营者乃至社会创新的自然垄断。与此同时，相关法律制度的构建也并未排斥财产权制度，尤其会与知识产权制度产生关联。或者说，法律制度建设导向的目的在于对相关主体对数据、信息等权利客体强力支配的合理调整：从法律的层面弱化这种强力的支配，而非挑战其权利归属体系。

其二，"大数据信息内容的开放与自由流动"并非空泛的口号或缥缈的理想，它与信息公开、信息开放以及信息共享等相似理念或概念相比，具有确定的内涵，并因此具有指引制度建设的现实可能性。从字面上看，它比信息的公开、开放或共享等表述更具有抽象的含义：公开、开放或者共享都可以被看作"自由"的某种表现形式。换言之，宏观层面上的"信息自由"作为一种广义的信息或内容的解密，自由流动、获取以及使用，除了宣誓法律制度对信息的态度之外，也具有现实的基础。事实也是如此，信息公开、开放往往带有先天的语境：对政府所掌握的公共信息的开放。在大数据技术以及相关应用产生、发展之前，政府所掌握的公共信息并无太多市场经济方面的应用空间，其是否公开，多与政治文明有关。而大数据技术使得原本用途单一的政府[①]公共信息也具有了可观的经济价值，对它的灵活应用意味着对有限的公共资源的充分使用，提高公共资源利用效率、

---

① 既包括中央政府，也包括地方政府。由于本文不讨论政府政策或决策等具体内容，故为表述简洁起见不另作区分，一概地以"政府"统称其他具有社会管理职能的组织。

减少浪费。

但是，无论在大数据技术产生之前还是之后，决定政府是否要对其所掌握信息进行公开以及公开到何种程度的，仍然是政府对待权力的态度，而非市场经济层面的直接的权利诉求。而在微观层面，大数据信息内容的开放与自由流动也具有现实的基础：它们以数字化的客观事实为主要内容，可以在相当大的程度上排除著作权制度的限制，却并不否认相关信息与特定个人的联系。

或者说，从真正意义上的大数据的物理描述中可以假设，大数据中的信息单元是组成其他层次信息内容的基本单位，本身不再可分，亦不可版权。对于某些大数据信息系统中包含有著作权客体的，应作区别对待，数据信息的表现形式并不是区分"大数据"与"数据库"的关键，而在于具体的应用方式——大数据应用"普遍联系"的方式实现预测、分析等"数据挖掘"功能并提供产品或服务，而"数据库"则依赖于对数据信息有限的直接使用方式产生价值。因此，当数据信息应用的产品或服务直接与单独或多个作品相关时，该数据信息的应用方式就是"数据库"式的，现有的著作权制度足以对其加以规制：不得侵犯他人的著作权或其他在先权利。而当数据信息的应用方式体现为对数据信息按照某种逻辑或思路进行排列、分析后得出的结论或决策时，具体应用本身不应受到著作权制度的限制：即便数据信息中包含有著作权客体，它们也是作为知识而非作品或产品发挥作用（即不存在一般意义上的"展示作品"行为），大数据系统所应用的是更为碎片化的、不足以成为作品的数据信息。因此，无论从权利行使还是大数据信息内容的具体形态角度看，以促进大数据开放自由流动为导向构建法律制度也具有合理性和切实的可行性。

（二）法律制度应协调信息开放与保障社会竞争

事实上，数据信息作为一种电子化产品，相比于传统的、承载于纸质文本、雕塑或其他形态的信息而言本身就具有易于复制、易于传输和相关成本低廉的特征，更利于交流和使用，也即更为"开放"和"自由"。然而，对原理上更"自由"的数据信息提出"开放"的要求，正在于数据信息的天然特征：易于获取、易于传输，数据信息更易于集中。尤其在大数据技术以及相关应用发展成熟阶段，数据信息的集中将会使相关经营者具有无可比拟的竞争优势，并且数据信息在信息化社会中的基础设施地位使其具有了极高的网络外部性。而当这种网络外部性反映于特定细分市场竞争时，掌握数据信息优势的市场主体甚至会表现出超越一般相关市场经营者，获取宏观意义上的市场优势地位，乃至通过宏观意义上的市场优势地位，获得轻易地控制其他具体的细分市场的能力。而对于这种基于数据信息优势，而非经济规模或市场份额形成的"垄断"地位，且相关行为的违法性并不明显的特殊情况，现有的《反垄断法》及相关法律制度尚无有效的规制路径。但由此而产生的风险和不利因素，应为法律所重视。在大数据技术以及相关应用"自由生长"所带来的可能的负面影响中，对包括创新在内的市场竞争秩序的破坏最为引人关注，从某种意义上说，在当下和可预见的将来，对竞争利益的维护应当成为相关法律制度所关注的主要内容。

首要目标在于杜绝信息垄断现象的出现，这亦是"信息开放与自由流动"的根本目标。《反垄断法》难以对大数据领域下数据信息垄断现象予以规制，除了相关市场难以界定之外，难以认识"信息垄断"也是重要的原因之一。在互联网上，存在着难以计数的节点，政府部门、企业、个人、科研院所以及一切连接到互联网的终端都承担着搜集、存储和处理数据信息的功能。尤其在移动互联网和云计算背景下，数据信息搜集、积累的渠道被极大地拓宽，使得整个互联网上的数据信息量增长呈现出"爆炸"的趋势：每一秒钟，数据信息的总量都在飞速（且加速）地增长，以至于想通过量化的方式为其标称相对具体的数据都显得十分困难。因此，若以抽象的信息作为参考对象，特定主体所掌握的数据信息总量与之相比都是微不足道的，在这样的情况下，"信息垄断"缺乏存在的基础，相关法律制度的介入亦缺乏依据。然而，无论是在域外视角下还是我国国内视角下，具有数据信息优势地位的企业成为超脱出一般意义上市场竞争、获取广义市场优势乃至具有近似市场管理者地位的企业已经不是遥远的预测，而具有了现实的指向。虽然在当下，其表面上仍然通过市场经营行为获取利益和竞争优势，但实质上，其以数据信息优势为基础构建"平台"或"生态圈"的行为，已经超出了向消费者或用户提供优质服务获取竞争优势的基本市场经营模式，具有了捆绑消费者、从宏观上划分市场的趋势。若不加限制地放任这种趋势发展，相关企业的经营模式或营利模式必然发生转变：虽然信息化的社会中，相关市场的门槛大为降低，从事于其中的经营者数量显著地增长，但对于掌握数据信息优势的企业[1]而言，优质的产品或服务不再成为其生存或获利之必需，消费者或用户高昂的选择成本或放弃成本足以保障他们获得源源不断的利润并控制每一个产生利润的细分市场，其利润的获取甚至会带有"税收"的色彩：通过对相关市场上其他的经营者收取费用的方式获取利润，同时，以"免费"或"部分免费"的方式进一步形成对消费者或用户的吸引，影响其潜在的行为，继而进一步强化自身的优势地位。而在这样的循环中，消费者或用户的利益也一定会逐渐受损，或体现为支付费用的提高，或体现为与"付费用户"差距更大的产品或服务体验。但无论怎样，相关经营者所获得的经济利润的最终来源总是它的消费者或用户。不论消费者表面上享受到了多少"免费"的产品或服务，只要相关经营者的不合理利益在增长，那么也就一定有人的合理利益因此而受到侵害，并最终体现为全体消费者或用户的损失。对于这些可预期的风险和不利因素，无论是现有知识产权制度、对于数据信息的专门立法还是对"信息开放与自由流动"理念的贯彻实施，都不能单独地发挥作用，而应与竞争法以及竞争制度进行紧密的联系，以竞争利益的保障和最大化为目标，从微观和宏观层面共同促进社会整体福利的提升。

次要目标则在于减少无序竞争行为中产生的损害。在"信息垄断"这一相对宏观的风险之下，具体的细分市场上，相关经营者之间的竞争会因为大数据所带来的广泛创新和应用方式变得更趋激烈。此时，无序竞争亦

---

[1] 或构建了足够大的"平台"的企业。

属法律所规制的对象之一。相比于信息垄断对消费者或用户所造成的影响，无序竞争行为所带来的损害更为直接、具体和多样：它可能体现为对隐私相关信息的侵害、对数据信息安全的侵害、对个人生活舒适乃至安全的侵害等。"信息开放与自由"不能解决所有的问题。对此，亦需要相关法律制度综合地对大数据以及相关应用进行系统和有针对性的规制，但也应有所侧重——至少，不应过多地限制信息自由，或者仅在特定的领域或方面限制数据信息的自由开放和使用。

结　语

以大数据为代表的新型知识产品作为新的竞争要素，会在相当大的程度上改变整个社会面貌以及其中的经济关系、社会管理关系、人际关系等诸多方面。在这一历史进程中，电子化的数据信息以及高效率的数据获取、分析会为人们带来显著效率优势，并体现为社会进步与福利，而"信息垄断"的风险则会长期隐藏于这些耀眼的"光环"之下，并借助传统的财产权体系不断地巩固、强化由此带来的不合理利益，甚至在未来的某一天形成"尾大不掉"之势。实际上，无论是有意还是无意，当下法律对大数据相关利益的考虑总是盘桓于"交易"或"许可"相关主体之间，而忽视作为信息来源的"人"的利益，而这是掌握数据信息优势企业直接或间接的不合理利益来源，亦是其实施垄断或不正当竞争行为的原动力。在根源上，法律对这份利益的保障，即是对大数据相关竞争风险的极大削弱。此时，传统的利益分配方式虽然仍具有理论上的合理性，但基本上失去了实施的可能性，而只能以"信息开放与流动自由"为指引，通过自由地获取、使用社会上的大数据信息资源的方式获得利益，并以此解决自身信息"被利用"所带来的公平问题，亦从根源上化解大数据所蕴含的竞争风险。

我国声音商标显著性的判断标准探究

张楚璇[*]

内容提要： 声音商标作为对我国来说的一种新型商标种类，相关立法和司法实践都较为匮乏，这也给声音商标成功注册进入市场带来了许多问题。声音商标的显著性判断是声音商标问题的核心，传统商标显著性的判断方法是依照臆造商标、任意商标、暗示性商标和描述性商标四个层级进行显著性比对，声音商标也同样适用。除了传统的"分级法"，将声音商标按照其声音的类型进行分类讨论，如少量音节简单重复、纯粹的旋律等，以此"分类法"判断其显著性，可以作为声音商标设计或申请注册的参考，但是，具体到判断某一个声音是否能够注册成为声音商标，还需要按照"分级法"标准进行个案判断。

关键词： 声音商标　商标的显著性　分级法

引　言

声音商标（sound marks）在国际商标市场中存在已久，但对于我国来说尚为一种新型商标种类，相关立法和司法实践都较为匮乏。面对我国相对空白的声音商标市场，2013年修订的《商标法》取消了商标的"可视性"要素，确立声音作为一种识别符号，可以申请注册商标，这种改变无疑更加适

---

[*] 张楚璇，中国政法大学硕士研究生。

应我国现如今商业活动的发展以及商标申请人和市场的需求。但是由于缺乏更为细化的法律规定和大量的实践案例,声音商标进入市场仍然存在难题,声音商标何以区分商品或服务的来源?有何判断标准?如何判断声音商标之间的混淆?此类问题概言之,即声音商标的显著性判断问题。"商标显著性不仅是决定特定标志能否成为商标的关键,也是商标注册的核心要件,更是商标保护的真正目标。商标显著性成为贯穿商标法各项具体制度的主要经脉,成为商标法的灵魂。"[1] 因此,对于声音商标来说,其显著性判断问题是其能否作为商标以及能否发挥商标之功能的最重要的问题。

在商标法领域,由于商标在现今社会中的价值日益显现,其背后所蕴含的利益也十分巨大。这种利益一方面体现在商标的维护与推广上,另一方面体现为商誉累积带来的后期增值利益,[2] 这些都在如今的经济市场中占据了越来越大的份额,商标注册的审查条件如果具有过大弹性,则会造成不公以及巨大利益损失。因此,限缩商标评审机构或法院在执行时的自由裁量权,也即规定相对确切的声音商标的显著性判断标准或判断方法是尤为重要的。

本文中,笔者先讨论声音商标的概念及其特殊性,判断其是否适用一般商标显著性的判断标准,然后基于声音的特点,讨论是否有别的方法能够直接判断声音商标的显著性,比如将声音进行分类来看是否可以根据类别将某一类声音直接归入具有显著性的范围,最后综合讨论以何种方法判断声音商标的显著性更为适宜。

一 声音商标的概念及其特殊性

(一) 声音商标的含义及分类

"声音商标,又叫音响商标、听觉商标,是指利用声音、单音组成的音

---

[1] 邓宏光:《商标法的理论基础——以商标显著性为核心》,法律出版社,2008,第2页。
[2] 参见安艳宾《论商标的增值利益及其保护》,《法制博览》2018年第28期。

节甚至音符组成的乐曲、声音作为标志以区别不同商品或服务的商标。"①

一般商标是从显著性的角度进行分类的（固有显著性的声音商标和获得显著性的声音商标；事实上显著性的声音商标和法律上显著性的声音商标），此种分类方式对于声音商标来说仍然适用，但声音商标还有独属于其自己的分类，首先，可以按照图形表达方式的不同，分为音乐声音商标和非音乐声音商标，二者的区别在于能否用五线谱表达。前者能用五线谱表达，包括由较短的音乐、旋律等组成的商标；后者不能用五线谱表达，包括人说话的声音、动物的叫声、机器发出的声音等，这些声音是被创作的较短的声音或是直接来自自然的声音；② 当然也存在二者的结合，比如配合一段旋律的人声，比如"苏菲"声音商标就在 2014 年 8 月顺利注册成功，它的旋律既可以用五线谱表示出来，又配合人声"苏菲"，二者结合成为一个声音商标。其次，可以按照长短不同，分为长声音商标和短声音商标，比如苹果的 Mac 电脑的开机声音就是一个短促的声音商标，而 20 世纪福克斯电影片头曲所注册的声音商标就较长。

（二）声音商标的特点

声音商标作为一种非传统商标，具有一些传统商标所不具有的特点。但实际上，如果不使用传统和非传统的分类，会发现，所谓其特殊点，只是它本身的特征而已，这种特征和传统商标本身的特征是平等的。在讨论声音商标的特点时，需要注意以下两个问题：首先，该特点是专属于声音商标的；其次，该特点对于声音商标的显著性判断是具有意义的。对于前者来说，比如有学者认为声音商标具有传播方式多样、传播范围更广③等特点，但实际上这并不是专属于声音商标的特点，也就不能称之为"特点"。

---

① 谢明敦、王捷、王云云：《我国声音商标显著性审查标准探析》，《北京邮电大学学报》（社会科学版）2017 年第 5 期。
② 谢明敦、王捷、王云云：《我国声音商标显著性审查标准探析》，《北京邮电大学学报》（社会科学版）2017 年第 5 期。
③ 参见岳晓羲《论声音商标的显著性及其表达方式》，《电子知识产权》2013 年第 10 期。

随着科技发展，文字图形商标等商标以及其他的非传统商标也能够具备这样的特征。对于后者来说，讨论声音商标独有的音乐艺术性是没有意义的，因为审美艺术价值并不是判断一个商标是否具有显著性、能否区别于其他商标表明商品或服务的来源的标准之一。基于以上考虑，笔者认为声音商标具有如下两个特点。

1. 从听觉角度帮助消费者识别商品或服务来源

一般来说，声音商标以"非可视性"或"无形性"作为描述其特点的用语，笔者认为这并不是最有意义的描述方式。首先，非可视性和无形性是两个不同的概念，比如颜色商标具有可视性，却是"无形"的；其次，非可视性和无形性只是对声音商标特点的反向描述，并不是声音商标独有的特点，比如气味商标（scent marks）也具有这两个特点。实际上，如果把作为传统商标的文字图形商标和非传统商标放在平等的地位，我们会发现，"字"是文字商标的特点，"形"是图形商标的特点，正如"声"和"音"是声音商标的特点，"色"是颜色商标的特点，"味"是气味商标的特点一样。用反向描述或排除的方式来描述声音商标的特点，不如直接将这一特点描述为"从听觉角度帮助消费者识别商品或服务来源"。消费者只能依赖听觉感知，无法通过眼睛或者其他感官感知。

2. 具有强干预性和非持续性

相对于传统商标，声音商标通过听觉感知，具有更强的干预性，更加容易引起消费者的注意。也是基于这个原因，声音商标难以持续地与商品或服务结合。

有观点认为，传统的文字图形商标可以通过印刷等方式直接与商品或服务结合，而声音商标必须通过电子媒介与商品间接结合，因此间接结合性是声音商标的一个特点。[1] 笔者认为这种表述并不准确。

对于传统商标，部分商品可以与之直接结合，比如华为手机上的花瓣形标识；也有部分商品商标不能直接与产品结合，但可以印刷在产品的包

---

[1] 参见刘洋《声音商标的显著性研究》，《当代经济》2018年第4期。

装上，比如某品牌化学药剂，药剂本身不能被印刷上商标，但是可以在药剂盒上印刷上商标；对于服务与传统商标的结合，比如某品牌提供家政服务，其服务本身不能被打上商标的烙印，但是其工作人员的服装和清洁用具上都可以印刷上该品牌的商标。将这几种情况一概而论，认为都是商标与商品或服务的直接结合，是不准确的。但是无论如何，传统文字商标与商品服务的持续结合并不会对商品和服务造成影响，因此具有持续性。

而对于声音商标，比如电子产品的开机声音所注册的声音商标，也能够与商品直接结合，只不过在使用过程中，该声音不会反复持续出现，否则会给使用者造成困扰；再如视听类媒体的开头音乐注册的声音商标，也不会在节目或广播中持续出现，否则会影响节目内容。相比较而言，如果节目右下角一直打上节目的Logo，也即传统文字图形商标，则不影响节目的观看。

因此，以商标和商品或服务结合的直接性还是间接性来进行分类判断，并将间接性作为声音商标的特点，是不准确的。应该表述为，由于声音商标的干预性相较于传统商标更强烈，更加容易引起人们的注意，因此声音商标不能够跟商品或服务持续地结合，具有非持续性。

二 声音商标显著性的"分级法"判断标准

（一）商标显著性的概念及分类

在讨论声音商标的显著性判断标准之前，需要明确商标显著性的概念和分类。商标的显著性，是商标标识性和区别性的统称。所谓商标的标识性就是商标标识经营者提供的商品或服务的属性，所谓商标的区别性就是商标将经营者提供的商品或服务与其他经营者提供的商品或服务相区别的属性。[①]

对于商标显著性的分类，首先，按照消费者是否能够直接通过商标本

---

① 参见邓宏光《商标法的理论基础——以商标显著性为核心》，法律出版社，2008，第13页。

身的特征区分不同经营者提供的商品或服务，可以将商标的显著性分为固有的显著性和获得的显著性。前者是指商标本身所具有的显著性足以使消费者区分不同经营者提供的商品或服务；后者是商标本身不具有显著性，消费者不会直接将某个商标视为产品或服务来源的标识，但是经过长期的使用，消费者能够直接将该标识与特定经营者相联系，并将它视为区别不同经营者商品的标识，从而获得了显著性。另外，无论是固有的显著性还是获得的显著性，都是从消费者的角度来说的，属于事实上的显著性的范畴，如果从竞争对手的角度来说，还应该判断该商标标识是否有必要保留在公共领域中以确保竞争者能够免费使用该商标标识，这也就是所谓的"可用性原则"，也即从竞争政策的角度判断是否具有法律上的显著性。[1]

（二）一般商标显著性的"分级法"判断标准

所谓商标显著性的"分级法"判断标准即将需要判断的对象商标去比对一个既定的级别标准，看该对象属于哪个层级，基于此判断其显著性。根据显著性的层级不同，2008 年美国联邦第三巡回法院的"可可脂案"[2] 根据商标显著性的强弱，将商标用词分为四级，分别是臆造词（fanciful terms）、任意词（arbitrary terms）、暗示性词（suggestive term）和描述性词（descriptive terms），除了这四个层级外，还有不具有显著性的通用词（generic terms），[3] 这些词语成为商标之后，所对应的具有不同级别显著性的商标就分别为臆造商标、任意商标、暗示性商标和描述性商标，此种分级方式得到了较为普遍的适用，但一般适用于文字商标这种传统的商标类型。

---

[1] 邓宏光：《商标法的理论基础——以商标显著性为核心》，法律出版社，2008，第 100～101 页。

[2] E. T. Browne Drug Co. v. Cococare Products, Inc. 538 F. 3d 185 (3d Cir. 2008).

[3] E. T. Browne Drug Co. v. Cococare Products, Inc. 538 F. 3d 185 (3d Cir. 2008)，原文为 Terms asserted as trademarks may fall in four categories: [1] arbitrary (or fanciful) terms, which bear no logical or suggestive relation to the actual characteristics of the goods; [2] suggestive terms, which suggest rather than describe the characteristics of the goods; [3] descriptive terms, which describe a characteristic or ingredient of the article to which it refers [;] and [4] generic terms, which function as the common descriptive name of a product class。

首先，臆造商标是指凭主观创造的、杜撰的词语来作为商标；任意商标是指非独创的，但因与指定的商品或服务无关，因而同样能起到区别作用的商标；暗示性商标是使用隐喻、暗示等手法表达商品的某种属性或特点的商标；描述性商标指商标的内容或含义表述了该商标对应的商品或服务，或者该商品或服务的成分、性质等具体的特点。前三种商标具有固有的显著性，且固有的显著性是依次减弱的，其显著性不需要通过使用来获得，而描述性商标则不具有固有的显著性，其显著性需要通过长期使用，获得所谓的"第二含义"（secondary meaning），也即让消费者能够将商标与特定的商品或服务联系起来，这样才能获得显著性，才能够被注册成为商标。

一般来说，对商标显著性的判断需要依照上述四个层级的显著性进行比对，看某个商标是否属于以上四种商标，属于四种商标中的哪一种，如果不属于任何一种，则不能注册为商标。但是，以上分类和分级是针对一般商标来说的，非传统商标如颜色商标、气味商标以及本文所讨论的声音商标是否也可以按照这种标准来进行判断？笔者认为这种标准在非传统商标的适用上是不能一概而论的，需要根据不用的商标类别单独分析，该问题将在下文进行阐述。

在对商标的显著性进行判断时，除了明确判断标准，还需要明确判断步骤和判断方法。判断标准就是判断一个商标的显著性应当达到什么程度；判断步骤就是对一个商标按照什么顺序去判断其显著性；判断方法就是以什么方式来获得一个商标的显著性程度。对于判断步骤来说，判断一个商标的显著性的顺序与商标显著性的分类是密切相关的。对于一般商标，首先应当按照前述显著性的四个层级，看一个商标是否属于四个层级之一，也就是从消费者角度看一个商标是否具有事实上的显著性，然后从竞争政策的角度判断是否具有法律上的显著性。"……对商标显著性进行审查的过程中，先分析商标固有的显著性，再分析获得的显著性，最后从法律政策的角度，看是否具有法律上的显著性。"[①] 对于非传统商标，这种先判断事

---

① 邓宏光：《商标法的理论基础——以商标显著性为核心》，法律出版社，2008，第101页。

实上的显著性，后判断法律上的显著性的步骤仍然适用，只不过在判断事实上的显著性的时候，非传统商标的特殊性需要考虑进去，不能僵硬适用一般商标的显著性的分级标准。正如上文所说，这种标准对于非传统商标是不能一概而论的，应当先将四级标准限缩在传统商标的范围内，然后再对不同的非传统商标单独分析，从而得出其是否能够适用四级标准的结论。

对于判断方法来说，对于固有的显著性，可以从普通消费者的角度，从商标的字面或形状直接进行判断。虽然每个人的标准都不同，但是所谓普通消费者，并不是指具体到每一个作为消费者的真实的自然人，而是一个拟制的人，是一个法律概念，因此其可以被固定成一类人，针对这一类人，可以按照他们的一般思维，将这个范围限定下来。而对于获得的显著性，一般可以通过问卷调查的方法来获取消费者的认知，因为获得的显著性不是商标的固有属性，而是通过长期使用，让消费者将商标与特定商品或服务建立联系，对这种联系是否已经建立的判断是非常主观的，因此需要以调查的方式来获取数据。而对于非传统商标，不存在所谓的"字面"或"形状"，因此对其固有显著性的判断也需要考虑其特殊性，对其获得显著性的判断则和传统商标相同。

（三）声音商标显著性的"分级法"分析

传统的商标显著性分为四级，依次为臆造商标、任意商标、暗示性商标和描述性商标，前三者是具有固有显著性的，在符合其他实质和形式条件的情况下，可以直接被注册为商标，后者不具有固有的显著性，需要通过使用从而获得显著性，才能够被注册为商标。一般来说，对商标显著性的判断需要依照上述四个层级的显著性进行比对，看某个商标是否属于以上四种商标，属于四种商标中的哪一种，如果不属于任何一种，则不能注册为商标。

这种传统的标准是否对非传统商标也是适用的呢？笔者认为，这种标准并不是普适的。以颜色商标为例，"……的确，产品的颜色不同于'臆造''任意''暗示性'等词语或设计，这些词语或设计几乎自动告诉消费者它们所指的是一个品牌"。① 颜色充斥于人们的生活,人们身边围绕着各种不同的颜色,人们通过肉眼对颜色进行感知,这种感知并不是一定准确的,有时候光线的不同都会让人们的感知发生变化。即使一种颜色或颜色组合再少见,也不能说其是完全臆造的,是自然界没有的,也不能说一种颜色或颜色组合完全和某种商品或服务没有关联,因此也不可以作为任意商标,因此这种四级标准对于颜色商标并不适用。气味商标同理,其创新性较弱,人们对其的差异性也并不敏感,因此也难以用四级标准来对其进行划分和适用。由此可见,传统四级标准并不一定适用于所有的商标,需要具体情况具体分析。

声音商标是否也可以适用上述传统四级标准来判断其是否具有显著性,需要将不同的声音商标对应每一级进行分析。

1. 臆造商标

人们对颜色和气味的细微差别并不敏感,颜色和气味也没有较大的创新空间,但声音与颜色、气味不同,而与文字图形类似,具有较强的原创性,有非常大的创造空间,人们对不同声音的辨别能力也较强,因此声音商标可以有臆造商标这种分类。比如原创旋律注册的声音商标等,这些声音是凭空创造出来的,本身是不存在的,因此可以没有负担地注册为声音商标。

以诺基亚的声音商标为例。在 2016 年 10 月 6 日,诺基亚公司申请的第 9 类第 14515370 号声音商标初审公告显示,诺基亚的声音商标是一段纯音乐,共十三个音符,按顺序为 E,D,F 升调,G 升调,C 升调,B,D,E,B,A,C 升调,E,A(如图 1)。该段音乐是从西班牙音乐作品《Gran-Vals》改编而来的,最初名为《Grande Valse》,在 1998 年的时候改名为《Nokia Tune》。在成为诺基亚的铃声之前,人们已经对 Nokia Tune 的旋律非常熟悉了。毫无疑问,Nokia Tune 是一种原创的、臆造的音乐,这段音乐本身是不存在的,但是经过音乐家的创作和商标所有人的改编,具有了显著

---

① Qualitex Co. v. Jacobson Products Co., Inc., 514 U. S. 159, 162 – 63 (1995).

性，并被注册成了声音商标。虽然这段音乐在注册成为声音商标以前，已经通过长期使用人们耳熟能详，但这并不意味着其显著性是通过使用而获得的，实际上，这种原创或者在原创之后改编的音乐，本身是凭空创造出来的，符合"臆造"之意，在这种情况下，这段音乐可以没有负担地被注册成为声音商标。

图 1 诺基亚声音商标

2. 任意商标

对于声音商标来说，如果一个声音是原本就存在的，而非经过人的创作，而这个原本就存在的声音与指定的商品或服务无关，那么其也可以作为任意商标而被注册成为声音商标。

以米高梅公司的"狮子吼"声音商标为例，在1992年，米高梅公司想要将其标志性的"狮子吼"声音注册为声音商标，但是加拿大知识产权局对其一直搁置——传统认为，声音商标只有能够以图表或图画形式描绘出来才能够注册，而"狮子吼"声音作为自然界的一种声音，无法用五线谱等形式描绘。后来经过数年的耽误，加拿大知识产权局在2010年8月驳回了米高梅公司的申请，米高梅公司对此进行上诉，然后该案件被一路提交到联邦法院，米高梅公司最终胜诉，"狮子吼"也在加拿大知识产权局成功注册成为声音商标。在这个案例中，狮子吼的声音是自然界中存在的，并非臆造，由于"狮子吼"和电影公司所提供的商品和服务毫无关系，因此可以作为任意商标而注册成为声音商标。

3. 暗示性商标

暗示性商标并没有直接描述特定商品或服务的属性、功能、质量等特点，因此也没有违背可以注册为商标的最低限度要求。比如倒金币的声音可以作为银行服务的商标，金币碰撞的声音暗示了银行提供的服务，但并没有直接进行描述，因此可以作为暗示性商标。

4. 描述性商标

对于声音商标来说，没有人声的声音表达性相对于传统商标来说是较弱的，最多起到暗示作用，没有办法直接对某商品或服务的属性、功能或其他特征进行描述。但是单独的人声或配合人声的旋律是具有描述功能的，在这种情况下，如果通过使用获得了显著性，也能够作为描述性商标。

以QQ提示音"滴滴滴滴滴滴"声音商标为例，这种声音很难具有固有显著性，因为这种"滴滴"声一般都被用作提示或警告，已经形成了对类似服务的描述。但是由于长期的使用，人们听到这个声音，以及感知到这个声音特定的频率、节奏和音色，就会想到QQ新消息提示，这种声音与腾讯公司提供的特定服务产生了联系，因此具有了获得的显著性。

另外，由于上述四级标准的分类本身是具有周延性的，因此，不需讨论在这四级标准之外，是否还有别的声音也能够被注册成为商标。基于以上讨论，笔者认为，传统商标的显著性判断标准（四级标准）对于声音商标仍然适用。

（四）"分级法"的局限性

以上讨论的四级判断标准的确可以用于判断声音商标的显著性，但是正如上文所说，四级标准源于"可可脂案"，而在该案中，Ambro法官在确定四级标准时，使用的是"term"一词（fanciful terms, arbitrary terms, suggestive terms, descriptive terms），而该案件的争议对象也是一个文字商标；另外，臆造商标的英文是"fanciful marks"，其中文翻译有时是"臆造词商标"，由此可见，传统观念还是认为，四级判断标准可能更加适用于传统商标。当然，这并不是说传统的标准不能够扩张到非传统商标，通过以上讨论可知，这种扩张是可行的。

但是，此种"分级法"仍然有其局限性。把所有的可商标对象分为四级，虽然是相对周延的，但是这种方式也必然是抽象的，判断某一个具体商标是否具有显著性以及其显著性的强弱，虽然可以将其大致归入四级标准的四个层级之中（或者将其归入通用词，不可作为商标），但是这种判断是相对粗糙的，且在适用的时候需要经过复杂的论证。如上文讨论的 QQ 提示音声音商标，如果要使用"分级法"来讨论其显著性，则需要排除其不属于臆造商标、任意商标、暗示性商标，然后再对此种声音进行详细分析，论证该声音是一种描述性的声音，不具有固有显著性，然后再探讨其是否通过使用获得显著性。此种方式虽然可行，但是需要花费较高的分析成本，且对于同类型商标，会做很多重复性工作。

然而，声音商标作为一种非传统商标，具有一些独有的特点，比如上文所讨论的从听觉角度帮助消费者识别商品或服务来源、强干预性和非持续性等特点，基于这些特点，声音商标是否能够拥有更加直接和具体的显著性判断标准？笔者认为，将声音进行分类，然后对每一类声音进行集中讨论，然后判断某一类声音是否具有显著性，是一种可行的方法。

以"苏菲"和"雅虎"两个声音商标为例，二者具有以下几个相似点：首先，二者都是旋律配合人声；其次，两者都较短；再次，人声都是以"唱"的方式；最后，旋律都可以用乐谱表示。这两个声音商标具有这些相似点，并且都顺利地注册成了声音商标，这一类（具有上述四个特点）的声音，是否都可以被注册成为声音商标？笔者认为，这种分类判断的方式是具有讨论意义的。如果说传统的判断方法被称为"分级法"，那么这种判断方法可以被称为"分类法"。

三 声音商标显著性的"分类法"判断标准

以下讨论并不会将某一个大类的声音完全归入上面讨论的臆造商标、任意商标、暗示性商标和描述性商标四种商标其中之一，因为这是两种不同的判断方式，以下讨论"分类法"的可行性。

（一）"分类法"概念分析

所谓"分类法"，是指将各种声音分类，将具有相同特征的声音归纳整理，提炼不同类别的声音特点，然后分析某种抽象出来的特点是否能够作为该声音的显著性要素。在分类的时候，需要注意以下几点：首先，要明确的是，"分类法"本质上是归纳推理法，一方面其不可能穷尽所有情况，另一方面不能保证结论的绝对正确，允许反例的出现，此种方法实质上是一种节约分析成本提高效率但是牺牲准确性的方法，因此此种方法只能做参考；其次，在对声音进行分类时，类别之间尽量减少重叠，尽量概括常见的类型，否则此种分析将不具有较大价值；最后，"分类法"在分析声音商标时是适合的，不同类别在显著性的判定上有纵向的强弱区别，但是使用"分类法"在分析其他种类商标时，其适用性是有待考虑的，如在我国尚未出现的气味商标、颜色商标等，气味是可以进行分类的，将其分为"酸甜苦辣腥"等类别是相对容易的，颜色也是可以进行分类的，可以按照三原色分为三个色系，再在此基础上进行细化分类——但是，在这两种情况下，虽然分类是可行的，但是并无必要，因为此种分类无关商标显著性的判定，虽然进行了类别的划分，但是几个类别是横向的，对于商标显著性的判定并没有纵向的强度变化，都停留在同一层面。

（二）不同类别声音商标的显著性分析

1. 单个音节或少量音节

单个音节或少量音节可以类比"颜色消耗"理论，该理论认为，当一种颜色被注册成为商标之后，其他经营者就丧失了使用这种颜色的权利，然而颜色的数量是有限的，如果允许单色或者少量颜色的组合被注册成为颜色商标，则会造成经营者对颜色的抢注、公共领域的颜色稀缺等恶劣后果。"将颜色分配给经营者会产生内在的危险，即迅速限制并最终阻止新进入者进入市场。"[1] 将"颜色消耗"理论与声音商标领域中的单音符或少量音符注册商标的情况相比较，会发现两者具有一定的相似性。如果允许一

---

[1] Hillel I. Parness, "The Curse of the Pink Panther: The Legacy of the Owens-Corning Fiberglas Dissent and Its Role in the Qualitex Supreme Court Appeal", 18 *Colum.-Vla J. L. & Arts* 327, 330 (1994).

个仅对两个音符获得的声音商标的保护，那么整个音乐行业将被禁止以相同或基本相似的方式使用这些相同的音符，创造性将受到极大的限制，其结果将与著作权法目的相冲突。[1]

但是，"颜色消耗"理论也有例外情况，没有法律规定单色不能够注册颜色商标，也有单色注册颜色商标的案子，[2] 只不过基于"颜色消耗"理论，单色的显著性较低，但是如果有特例——某种单色也具有较高的显著性，则也不是不能注册，声音商标同理。

因此，单个或少数音符注册声音商标的确是受到限制的，但是并非完全不能注册，只要具有显著性，并满足其他注册条件，则可以注册为声音商标。比如苹果公司把其经典的 Mac 电脑的开机声音作为商标进行了注册申请（如图 2）。

图 2　苹果 Mac 电脑的开机声音商标

2. 单个或少量音节的简单重复

前文中提到，类比"颜色消耗"理论，一个音符或者一两个音符的简单结合很难受到商标法的保护，那么单个或少量音节的简单重复是否也应当类比"颜色消耗"理论呢？比如 QQ 提示音"滴滴滴滴滴滴"。笔者认为这种情况和一两个音符的简单结合是不同的。具有重复性的一段声音具有以下四个要素：①频率（不同频率的声音对应不同的音调）；②音符之间的间隔；③音符的数量；④节奏。以上四个要素，当任何一个要素发生改变，从听觉上就成了完全不同的声音，而人耳对这种差异十分敏感。在这一方面，声音商标和颜色商标不同，同一种颜色只有浓淡的区别，而且人的肉

---

[1] Michael L. Baroni, "The Sound Marks the Song: The Dilemmas of Digital Sound Sampling and Inadequate Remedies Under Trademark Law", 6 *Hofstra Prop. L. J.* 187, 212 (1993).

[2] Qualitex Co. v. Jacobson Products Co., Inc., 514 U. S. 159 (1995).

眼对同种颜色的浓淡差别并不敏感。因此，这种声音可能会根据不同的情况被归入臆造商标、任意商标、暗示性商标和描述性商标四种商标之中，比如上述四个要素按照较为复杂的方式组合则可能会产生较强的显著性，而像QQ提示音"滴滴滴滴滴滴"则是一种简单的排列，可能会被归属于暗示性商标或描述性商标，在这种情况下，可能需要通过使用，然后获得"第二含义"来获得显著性。

以图3为例，上方五线谱和下方五线谱上都有八个相同的音符，但是音符的间隔不同（即节拍不同），在听者耳朵里是完全不同的两段旋律。

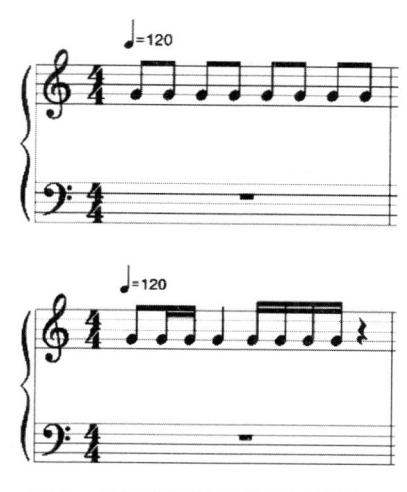

图3 相同音符但旋律不同的情况

3. 纯粹的旋律

纯粹的旋律有两种分类方式，按照著作权归属分类和按照长短分类。

首先，按照著作权归属可以分为三类，一是拥有在先著作权的旋律，二是已经进入公共领域（public domain）的旋律，三是原创的旋律。作品的显著性与作品的流传程度相关联。根据前文所述商标显著性的定义，显著性分为标识性和区分性，消费者很难将流传程度广的音乐作品和特定的商品或服务联系起来，该音乐作品也就很难代表特定商品或服务的属性，也即很难具有标识性，因此就很难具有显著性。第一，拥有在先著作权的，如果这段音乐广为人知，比如贝多芬的《欢乐颂》，则不具有显著性，如果鲜为人知，比如作曲家刚创作出来还没有发表，或者发表之后却并没有大面积流传，则可以认为具有显著性，比如前述诺基亚的Nokia Tune旋律。第二，已经进入公共领域的，也可以根据流传度判断，比如传统民歌《茉莉花》等作品就不拥有显著性，如果是某不知名作曲家发表作品死亡50年后，其作品进入公共领域，但其作品并没有流传，被用于注册商标，可以认为是具有显著性的。第三，原创的作品，一般来说是具有显著性的。

其次，按照长短可以分为短旋律和长旋律。福克斯电影开头有9小节，而像一些软件应用打开的声音或是电子产品开机的声音，只有一个短促的单音或一小节的短旋律，不同的声音商标有不同的长度，这些长度表现为时长或者五线谱的小节数。声音商标是否有一个长度区间，短于最低长度或长于最高长度都不能够被注册为声音商标？实际上，并不是长度决定了显著性，只能说有一定的影响。长的旋律和短的旋律在显著性的判断上是不同的。短的旋律具有固有显著性的可能性比较低，因为其音符数量较少，和其他音乐作品的片段的重合率会比较高，因此笔者认为，较短的旋律一般需要通过使用获得显著性。相对的，长的旋律具有固有显著性的可能性更高，因为音符越多，以一种固定顺序、固定间隔（节奏）和固定速度排列，和其他的音乐作品会有越低的重合率。因此旋律越长，其固有显著性就越高，旋律越短，其固有显著性就越低，需要通过使用来获得显著性。另外，是否旋律越长越好？前文提到了声音商标的长度区间，实际上，当旋律长度到达一定程度时，其固有显著性是会降低的，由于人的记忆力和对旋律的敏感程度有限，一段旋律过长，就很难在人的脑海中形成刺激和记忆，也达不到与别的声音形成区别的目的，也就丧失了显著性。

另外，由于音乐本身的复杂性，有的旋律本身就比较特别，有记忆点，这样的音乐固有显著性会比较高，但是对这种旋律的判断是很困难的，每个人的感受不同。

4. 配合人声台词的旋律

配合人声台词的旋律分为两个部分，一是人声台词，二是旋律。首先，一般来说人声台词是具有较高的显著性的，从人声的音色语气到台词的内容都能够显示出和其他人声台词的不同。旋律和上文中纯粹的旋律相同。二者结合起来的时候，对旋律显著性的要求会有所降低，因为人声台词的显著性对其进行了补充。比如中国国际广播电台节目开始曲所注册的声音商标，再如"苏菲"。仅有单独的两个音符的旋律，其显著性是较低的，但是加上人声，其和其他旋律的区分性就大大提升，从而提高了显著性（如图4）。

图 4 苏菲声音商标的旋律部分

5. 非乐器声音

非乐器声音是一个大类，包括自然界的声音（风声、雷声、树叶摩擦的声音等），动物的声音（狮子吼叫声、狗的汪汪声、羊的咩咩声等），还有物体碰撞的声音（钱币碰撞的声音、金属敲击的声音）等。这些声音不具有固有显著性，需要经过使用获得显著性。

6. 特殊音色

另外，关于特殊音色的问题，一些音色确实比较特别，比如一些合成音色，比较容易形成记忆点，有较高的辨识度，但是这种基于音色的"显著性"是否能够成为注册声音商标所要求的显著性呢？笔者认为，如果单独仅仅具备特殊音色，而音调旋律或声音本身不具有显著性，则整体不具有显著性；如果音调旋律或声音本身具有一定的显著性，笔者认为特殊音色可以对其显著性进行一定的补足；如果音调旋律或声音本身已经具有了显著性，那么特殊音色是加分项，并不会造成负面影响。对于前两种情况，也可以通过使用获得第二含义，进而获得显著性。

上面几种分类用表格表示见表1。

表 1　不同声音分类对应显著性判断

声音种类	显著性判断难易点	是否能够具有显著性	注册成功案例
单个音节或少量音节	可能会造成公共领域基础音符稀缺、与著作权目的相冲突等恶劣结果	如果是由多个音符组成的一个音，并且相对于简单的基础音符更加复杂，则能够具有显著性	苹果公司 Mac 电脑开机音
单个或少量音节的简单重复	旋律单一简单，难以形成特色	如果其音调、音色和节拍等能使这段声音具有特色，从而具有区分性，则能够具有显著性	腾讯 QQ 提示音
纯粹的旋律	旋律容易与在先音乐作品具有相似性	如果在先作品具有较高的流传度，则不具有显著性，反之，则能够具有显著性	诺基亚的 Nokia Tune 旋律
配合人声台词的旋律	人声更加容易具有标识性和区分性	一般情况下，能够具有显著性	苏菲
非乐器声音	难以通过人的创作使其具有区分性，一般是生活中本身就存在的声音	一些情况下可以作为任意商标，大部分情况下需要通过使用来获得显著性	米高梅公司"狮子吼"声音商标
特殊音色	特殊音色并不能单独存在，一般是附加到上面几种情况上，特殊音色可以作为显著性判断的加分项		
总结	以上分类并非声音的全部分类，只是进行了一些代表性情况的列举，在对以上分类分析的过程中，也没有完全运用前面分析的臆造商标、任意商标、暗示性商标和描述性商标的四级分类标准，因为通过分析发现，四级标准只能作为一个参考，具体到每个音乐商标，还是需要先对该商标本身的特点进行分析，然后再将其归到四级中的某一级别，并不能直接将上述分类的某一大类直接归入四级中的某一级别。以上分类分析只能作为个案分析时的参考，并不能直接定下标准，因为每个个案都千差万别		

（三）"分类法"的局限性

然而，通过以上分析，可以发现"分类法"具有一定的局限性，而且并不严谨。

首先，即使在一个大类中，也存在许多不同小类的声音，不能一概而论，不能因为这一大类可能具有较高的显著性，比如"配合人声台词的旋律"这一类，就认定所有属于这一类的声音都能够具有显著性，从而能够轻易地被注册成为声音商标;也不能因为这一大类可能不具有较高的显著性,就否认其固有显著性,比如前述"一个或单个音符",苹果Mac电脑的开机音就是反例。正如上文所言,"分类法"不能保证结论的绝对正确,允许反例的出现,此种方法实质上是一种节约分析成本提高效率但是牺牲准确性的方法,因此只能做参考之用。

其次,这种提炼特点的分类法并不严谨,并不能周延所有的声音,不可能把世界上存在的所有声音都纳入已知分类,因此,其他的声音出现之后,还是需要一个判断标准去判断它的显著性。

但是,"分类法"并非毫无用处,因为绝大部分声音还是能够被归入典型分类里的,如果对这些分类进行分析,仍然能够起到参考作用,且能够大大节约分析成本,提高效率。

因此,在使用"分类法"的时候,只能提炼某一大类声音的共通点,作为声音商标设计或申请注册的参考,而不能直接进行适用,不能因为某一声音属于某一分类,就直接认定其显著性。

判断声音商标的显著性,仍然需要从四个层级的标准出发,因为这种分类是周延而严谨的,"分类法"可以作为参考,因为每一类具有大致相似的特点,这种特点在先例中已经经过了四级标准的检验,因此一定程度上可以降低分析说理的要求,但是从四级标准来判断仍然是必要的。

结　语

传统商标显著性的判断是依照臆造商标、任意商标、暗示性商标和描述性商标四个层级的显著性进行比对,对某个商标的特点进行分析,看该商标是否属于以上四种商标,属于四种商标中的哪一种,如果不属于任何一种,则不能注册为商标——虽然这种判断标准不具有普适性,但是对于声音商标来说,仍然适用。但是,基于声音商标本身的特点,如从听觉角度帮助消费者识别商品或服务来源、具有强干预性和非持续性等,在判定上,也具有一定的难度以及需要一定的专业知识。

但是四级判断标准一般还是用于传统的文字图形商标，基于声音商标所具有的特点，将声音进行分类，然后对每一类声音进行集中讨论，然后判断某一类声音是否具有显著性，是一种具有参考性的方法，通过讨论，这种方法具有一定的价值，但并非周延而严谨，因此最后在判断声音商标的显著性的时候，仍然需要使用四级标准，"分类法"可以作为参考，每一类声音具有大致相似的特点，这种特点在先例中已经经过了四级标准的检验，因此一定程度上可以降低分析说理的要求。

归根到底，声音商标显著性的问题还是需要通过个案分析的方法，并不能通过对不同声音的大致分类而轻易下结论。对于一个声音是否可以被注册为声音商标，可以先将其归类，上述分类分析则可以作为参考，对其进行具体分析，然后看其是否能够被归入具有显著性的四个层级之中，在这个基础上判断该声音是否具有显著性以及是否可以被注册成为声音商标。

用户生成内容的著作权保护模式浅析

关梦颖[*]

内容提要: 用户生成内容(UGC)的大量出现冲击着传统著作权法,具有独创性的 UGC 作品可以受到著作权法的保护,但传统的保护模式可能无法应对大量 UGC 的出现,因此应当对"用户生成内容"的著作权保护模式进行革新。UGC 面临的问题有数量多、质量参差不齐、被授权效率低、传统许可机制运营成本高等,因此一套完善的版权过滤系统、知识共享、版权追踪机制、平台责任、集体管理模式等措施可以针对性地解决这些问题。

关键词: 用户生成内容 UGC 平台 共享理念

一 用户生成内容相关概念界定

(一)理论争鸣

"用户生成内容"(User Generated Content,简称"UGC"),是 Web2.0 时代下的产物,用户主动参与网络、主动上传内容。用户生成内容的兴起反映出大众对各类创造性内容的热情,各类衍生作品的出现大大丰富了人们的精神生活。然而,用户生成内容大多涉及对他人作品的引用问题,与

---

[*] 关梦颖,武汉大学 2017 级经济法学专业研究生。

之相关的知识产权问题不容忽视。在研究用户生成内容的著作权保护模式之前，需要对其概念进行界定。但是关于用户生成内容的概念，学界存在较大的争议。

1. "UGC"与"UCC"

"UGC"全称为"User Generated Content"，"UCC"全称为"User Created Content"。在一些文献中，学者认为"UGC"与"UCC"虽然组成中的 generated 和 created 不同，但其在英文语境下所表达的含义相同。[1] 但也有学者将 UGC 分为 User-Authored Content、User-Derived Content 和 User-Copied Content，并指出前两个才属于 User-Created Content，[2] 即 UGC 的含义中除了 UCC 的部分，还包括用户复制的内容（User-Copied Content）。正确处理"UGC"和"UCC"之间的关系，需要对"generated"和"created"两个语词进行对比。在著作权法中，作品的独创性是核心。认为"UGC"与"UCC"含义不同的学者往往认为用户完全复制的内容不属于"User Created Content"，他们将"created"认定为"有一定的创造性工作"。笔者认为，"generated"和"created"两个语词之间差异较大，"generated"能够将"用户复制的内容"纳入著作权法评价体系，包含的意思更加广泛，而"created"则意味着需要包含一定的创造性工作，产生新内容。在早期的文献研究中，由于未授权的"用户复制的内容"侵权性质较为明显，所以对其的研究往往一带而过。但是在技术发展迅猛、用户积极参与内容建设的今天，平台上各类用户上传的内容繁杂，"用户复制的内容"极易逃脱平台的审查，具有较高的隐蔽性。因此，针对"用户复制的内容"，由"UGC"将其纳入，这样的理解使得研究著作权保护模式更加有实践意义。

2. "User Generated Content"的翻译

第二个争议是"User Generated Content"的中文翻译，有学者将其翻译

---

[1] 参见刘颖、何天翔《著作权法修订中的"用户创造内容"问题——以中国内地与香港的比较为视角》，《法学评论》2019 年第 1 期；徐勇、武雅利、李东勤、赵涛、焦梦蕾《用户生成内容研究进展综述》，《现代情报》2018 年第 11 期。

[2] 参见 Daniel J. Gervais, "The Tangled Web of UGC: Making Copyright Sense of User-Generated Content", *Vanderbilt Journal of Entertainment and Technology Law*, 2009, 11 (4): 841 – 870.

为"用户创造内容",① 也有学者将其翻译为"用户生成内容"。② 支持"用户生成内容"的学者认为,"generated"的范围比"created"的范围更加广泛,"generated"包含著作权法语境下的创造行为与非创造行为。笔者认为,"generated"的中文翻译包含"产生、引起",更加强调用户积极上传的"新"内容,而非用户积极上传的具有独创性的"作品"。因此,将"User Generated Content"翻译为"用户生成内容",与 Web2.0 时代下用户参与"网络内容生产"的行为呼应,更加符合这个短语产生的背景,因此更加准确。③

3. "UGC"的概念

用户生成内容(UGC)的概念在学界并无定论。早在 2007 年 4 月,OECD 发布《参与型网络:用户创造内容》(Participative Web:User-Created Content)报告,该报告通过"用户创造内容"(User-Created Content)的三个中心特征对该概念进行了界定:①通过网络公开提供的内容;②反映了一定的创造性努力;③在专业惯例和实践之外创造的。④ 受该报告的影响,有学者针对"用户生成内容"也采用了与 OECD 发布的报告中等同或相似的概念。⑤ 有学者根据"UGC"的单词含义,对"用户生成内容"下定义。⑥ 也有学者指出"用户生成内容"是指用户上传到互联网平台的任何数字内容。⑦ 随着互联网时代的发展,有学者认为除了 UGC 以外,还存在"PGC"(Professionally Generated Content,即"专业生产内容")和"OGC"(Occupationally Generated Content,即"职业生产内容"),并指出"UGC"与"PGC"以一定的专业学识和资质资历为界,"OGC"更加强调以此为职业

---

① 参见熊琦《"用户创造内容"与作品转换性使用认定》,《法学评论》2017 年第 3 期。
② 参见倪朱亮《"用户生成内容"之版权保护考》,《知识产权》2019 年第 1 期。
③ 本文为便于阐述,UGC 和"用户生成内容"二词将交替使用。
④ OECD, "Participative Web: User-Created Content", http://www.oecd.org/internet/ieconom y/38393115.pdf.
⑤ 参见李妙玲《用户生成内容的版权问题研究综述》,《新世纪图书馆》2014 年第 6 期。
⑥ 参见倪朱亮《"用户生成内容"之版权保护考》,《知识产权》2019 年第 1 期。
⑦ 参见 Johannes Becher, "Copyright and User-Generated Content: Legal Challenges for Community-Based Businesses in Germany and the USA", http://www.gbv.de/dms/buls/646281399.pdf.

并且领取相应的报酬。① 也有学者指出"UGC"和"PGC"以是否以此为谋生手段为界。② 笔者认为随着互联网的发展，用户、专业人员和职业人员的角色极易转换，UGC平台上的各类分区的门槛也逐渐降低，一些用户可能在生成内容的过程中转变为专职内容生产者，一些内容分区可能并不要求有一定的专业学识和资质资历。笔者认为，以一定的专业学识和资质资历确定是否为"UGC"中的"用户"在现实中可操作性较差并且不符合内容平台的实践，按照是否以内容生产为职业判定是否为"用户"更加符合Web2.0时代下的"user"意义，专职内容生产者与一般用户在内容平台上的生产行为的目的并不相同，且专职内容生产者更加容易被识别。

综上，笔者认为，"用户生成内容"是与早期职业生产内容对应的短语，指的是普通用户在内容平台上生成的任何内容，并且该用户不以该内容生成行为为职业。

（二）类型化界定

OECD 2007年发布的报告将"UCC"分为原创作品（original works）和衍生作品（derivative works）。③ 有学者将"UGC"分为"纯UGC"、"衍生内容"和"纯复制品"。④ 通过对"用户生成内容"相关概念的界定，笔者认为根据"用户生成内容"原创程度的高低进行分类，更加利于我们对其从著作权法方面进行保护。"UGC"可以分为"用户原创内容"、"用户衍生内容"和"用户复制内容"，三类"用户生成内容"借鉴和引用的他人作品数量、程度不同，著作权法对其的保护力度也并不一样。

---

① 参见刘振兴《浅析UGC、PGC和OGC》，http://yjy.people.com.cn/n/2014/0120/c245079-24169402.html。
② 参见倪朱亮《"用户生成内容"之版权保护考》，《知识产权》2019年第1期。
③ 参见OECD,"Participative Web: User-Created Content", http://www.oecd.org/internet/ieconomy/38393115.pdf。
④ 参见Lev-Aretz, Y., "Second Level Agreements", *Arkon Law Review*, 2012, 45: 142, Cited in Appl C., Homar P., "Managing Content in a Platform Economy: Copyright-Based Approaches to User-Generated-Content," In: Redlich T., Moritz M., Wulfsberg J. (eds) *Co-Creation. Management for Professionals*, Springer, Cham, 2018: 189-199。

二 用户生成内容的合法性

(一) 用户生成内容作品的认定与合理使用

根据著作权法的相关规定，作品需要具有独创性，并且能够以某种有形形式复制。在三类"用户生成内容"中，"用户复制内容"并不具有独创性，只是单纯搬运他人的内容，如果他人的内容构成作品，那么"用户复制内容"不仅不会构成"作品"，还有可能侵犯他人的版权。而"用户原创内容"并不涉及他人作品的问题，是自己完全独立创作的，如果其具有独创性并符合《中华人民共和国著作权法实施条例》第2条的其他要求，那么认定它为"作品"也是较为容易的。并且用户原创的内容不一定因为其短小而不构成作品。例如近年来，我国短视频行业发展迅猛，在抖音小视频诉伙拍小视频一案中，法院认定涉案的15秒短视频具有较强的独创性，属于"类电作品"受到著作权法保护，用户上传内容的长短、大小与其独创性无明确的关联。最后一类用户生成内容——"用户衍生内容"由于涉及大量已有的文学、艺术和科学领域的作品，所以这类内容的可版权性存在较大的争议。

如果"用户衍生内容"所使用的作品经过相关作品著作权人的授权，并且在材料选择、编排、改编等方面体现出自身的独创性，那么它也可能构成作品并且不涉及著作权侵权问题。如果"用户衍生内容"所使用的作品并未经过相关作品著作权人的授权，那么这类"用户衍生内容"即使具有独创性，符合"作品"的定义，也可能侵犯相关作品的著作权，从而陷入侵权的泥沼。

与"用户衍生内容"相关的著作权保护制度为合理使用制度。为了实现著作权人、作品利用人与公众的利益平衡，合理使用制度作为对著作权的限制制度应运而生。如果"用户衍生内容"对已有作品的利用符合合理使用制度，那么其使用作品的行为可以无须获得许可，也无须支付报酬。

我国采用的合理使用的标准，参照 WIPO 的三步检验法，即：①限于特殊情况；②不与作品的正常使用相冲突；③不能不合理地损害权利人的合法利益。美国采用的合理使用标准为：①使用的目的和性质；②受版权保护的作品的性质；③被使用部分的数量和与整部作品的比例；④使用行为对被使用作品潜在市场的影响。在判定是否属于合理使用时，美国提出了"转换性使用"理论，指二次使用是否以"不同的目的"或"不同的性质"增加了新内容。[①] 通过合理使用制度，"用户衍生内容"可以在一些特定的情况下无须获得原作品著作权人的授权。

因此，"用户生成内容"在具有独创性、符合法律法规规定的其他条件时可以被认定为"作品"，获得著作权法的保护。"用户衍生内容"中对已有作品的二次未授权使用也可能因合理使用制度而具有合法性。

（二）回归著作权保护立法理念

然而合理使用制度的判定标准较为模糊和不确定，争议较大，用户在生成内容时很难完全确定自己的内容是否符合合理使用标准。如果要求普通用户为了避免侵权，向作品的每位著作权人寻求授权并支付相关费用，对一般不将作品用于商业目的的普通用户而言要求较高。此外，在某些情况下，作品的原始作者无法识别，也无法联系。同时，一些作品的热度时间有限，当寻求授权的时间过长时，用户制作相关内容的热情也将降低。当用户高昂的创作热情与已有作品的著作权保护有所冲突时，笔者认为，仍需回归著作权保护的立法理念进行判断。

著作权法旨在鼓励创作和传播作品，从而促进文化和经济发展。从经济学的角度来看，著作权的目的之一是在有限的时间内为作者提供一定的专有权，使其能够通过著作权获得一定的经济回报，从而鼓励作者进一步创作。用户生成内容在 Web2.0 时代下蓬勃发展，从某种意义上而言也在传

[①] 参见冯晓青、刁佳星《转换性使用与版权侵权边界研究——基于市场主义与功能主义分析视角》，《湖南大学学报》（社会科学版）2019 年第 5 期。

播作品。当"生成内容"的用户需要耗费较大的财力、物力和精力寻求已有的作品授权而自己的"生成内容"最终不会用于商业目的时,用户创作的激情将受到较大打击。但是,这也并不意味着我们不重视非用户的职业人员创作的内容以及利用传统方式创作作品的著作权人的利益。对二者的价值应当进行对比分析。有学者指出适用于在线衍生内容的合理使用分析必须包括适当的公平性测试,必须区分使用者获得的使用价值和权利持有人失去的交换价值。[①] 笔者认同该学者观点,并且针对用户生成内容的合法性问题,仍需回归促进创作和文化传播这一立法理念上,避免因过度保护已有作品而损害广大用户的创作热情。用户衍生内容因为需要使用他人已有作品,因此是用户生成内容的作品认定中较难进行判断的部分。用户衍生内容在网络上最为常见的方式之一便是影视作品和文学作品的衍生创作,这类用户衍生内容一方面使用影视作品和文学作品的片段,另一方面也为该影视作品和文学作品提供所需的热度,这类用户衍生内容不一定有原著作权人的合法授权,但是其却增大了原作品的宣传力度,并且往往不会被用于商业用途。因此结合前述分析,笔者认为在这类用户衍生内容中应当平衡原著作权人和衍生内容创作者的利益,在促进创作理念下,允许合理使用制度适度放宽对非商业用途的衍生内容的要求,这样既利于原作品的传播,也利于生成衍生内容的用户无后顾之忧,创作更多优秀的原作品的衍生内容,实现双赢。

三 用户生成内容已有的著作权保护模式

传统著作权法设计时未明显考虑普通用户的内容创作行为,更多的是针对具备一定实力的作者的作品创作行为,这有一部分原因在于传统著作权法时代,用户生成内容的热情并不高,并且也没有完备的渠道供用户发

[①] 参见 Daniel J. Gervais, "The Tangled Web of UGC: Making Copyright Sense of User-Generated Content", *Vanderbilt Journal of Entertainment and Technology Law*, 2009, 11 (4): 841 – 870。

表其生成的内容。在数字技术和平台快速发展之前，虽然有一些用户生成内容构成作品，但是这类作品在传播时往往容易成为"孤儿作品"，保护模式难以将所有的用户生成内容与其著作权人相对应，也难以建立普通用户与已有作品的著作权人快速联系的通道，并且随着用户创作的热情升高，大量用户生成内容的出现也为著作权法保护 UGC 带来了压力。但是数字技术和平台的发展可以为用户生成内容的著作权保护提供可能性，使需要获取授权的用户衍生内容能够更加便捷地获取授权，使用户衍生内容的合理使用制度更加明晰，并且用户已经生成的内容也可以更加方便地选择对外授权许可方式。此外，针对侵权内容的监测系统也更加完备，这为规制用户复制内容提供了通道，也为保护大量用户原创内容打开了大门。

2019 年 3 月 26 日，欧盟议会通过《数字化单一市场版权指令》（EU 2019/790），其中第 17 条规定了在线内容分享平台的责任机制。[①] 第 17 条的内容要求平台尽最大努力向权利人获得授权，要求按照高行业标准尽最大努力防止权利人事先提供了相关必要信息的作品的上传，还要求针对权利人发出充分实质通知的作品，迅速采取行动，禁止访问或删除所通知的作品。欧盟出台的该指令引发了平台保护用户生成内容模式的争论。一些学者认为这一版权指令为平台设置了"上传过滤器"的义务。[②] 平台对用户生成内容的保护模式往往受到避风港原则和红旗原则的限制，欧盟出台的该指令第 17 条被一些学者认为是对避风港原则的补充。笔者认为，UGC 平台对于用户生成内容应当具有较高的版权审查义务，平台"上传过滤器"的义务有合理之处，需要为其建立完备的著作权保护机制。首先，用户上

---

① 参见 Official Journal of the European Union, Directive (EU) 2019/790 of the European Parliament and of the Council of 17 April 2019 on copyright and related rights in the Digital Single Market and amending Directives 96/9/EC and 2001/29/EC, https://eur-lex.europa.eu/legal-content/EN/TXT/HTML/? uri = CELEX：32019L0790&from = EN#d1e1444 - 92 - 1, 2019 - 04 - 17。

② 参见 Karina Grisse, "After the Storm—Examining The Final Version Of Article 17 of the New Directive (EU) 2019/790", *Journal of Intellectual Property Law & Practice*, 2019, 14 (11): 887 - 899。

传 UGC 需要以平台为中介，同时平台双边市场的特点需要其拥有更多的用户（流量）从而实现盈利。如今平台更加依靠用户带来的流量，没有流量的平台也难以继续存活，一个优秀的内容生成者也将为平台带来更多的流量收益。因此，平台应当对用户承担较高的义务。其次，相较于普通用户而言，平台技术能力较强，能够统筹各类授权资源和通道，也具备更强的维权能力。此外，平台虽然主张"技术中立"原则，但是 Web2.0 时代使得平台越来越依靠流量红利，"技术中立"原则忽略了网络时代下平台营利方式的快速变化，因此这些因素使得内容与流量为王的 UGC 平台要承担比传统著作权法下更高的著作权保护义务。目前，用户生成内容已有的著作权保护模式有以下几种。

1. Content ID 系统

Content ID 系统是一种数字内容识别系统，可以通过扫描用户上传的内容，与先前已经在平台上传的音频、视频（图像）进行匹配，来识别上传的内容中潜在的受著作权保护的部分。如果匹配发生，平台将通知原始著作权人并提交 Content ID 声明。原始著作权人可以针对这一用户生成内容选择一些措施。例如，在 YouTube 平台上可以选择对其取消索赔，可以跟踪用户上传的内容，可以阻止匹配内容的观看，也可以选择允许使用但需在其中插入广告从而获利。2017 年，今日头条宣布引入 Content ID 保护系统。[①] Content ID 系统的优势在于其依托平台，可以使原始著作权人选择相应的措施，并非一封了之，给予原始著作权人和生成内容的用户协调的空间。Content ID 措施中的"跟踪用户上传的内容"对于一些影视同人作品的传播有积极的意义，既可以为影视公司提供宣传的机会，使其了解作品的宣传情况，也可以鼓励各类二次创作的内容传播。Content ID 措施中的"部分阻止"可以阻止匹配到的涉及原始著作权人权益的部分内容的播放，而非完全阻止播放，从而对"用户生成内容"中的"新内容"进行

---

① 参见中国网《站内消重、全网检测、维权赔付，今日头条是这样保护版权的》，http://science.china.com.cn/2017-04/26/content_9455068.htm。

鼓励。Content ID 措施中的"广告获利"更是一种双赢的措施,通过在相关内容中插入广告,原始著作权人可以获取一定的收入,用户也可以使更多人看到自己上传的作品,这部分广告获利也可以看作原始著作权人授权许可费。

2. 知识共享协议

知识共享(creative commons)公共许可协议(简称"知识共享协议")是由知识共享组织提出的,供"那些有权许可公众以著作权或其他特定权利所保护的方式使用其作品(material)的权利人使用的"协议。① 知识共享协议不可撤销。知识共享协议目前的版本如表1,六种许可对相关内容的著作权授权情况进行了较为具体的描述。用户在上传内容时只需选择某个许可协议版本即可明确授权的内容。2012年4月,网易 LOFTER 开始使用知识共享协议。② 此外,知识共享组织还提供了 CC0 共享工具。CC0 表明已经将作品贡献至公共领域,在法律允许的范围放弃所有著作权人在全世界范围内基于著作权法对作品享有的权利。平台采用知识共享协议的模式,可以使用户在上传内容时选择版权声明,明确授权范围,并且其他用户也可以根据这一授权声明选择利用作品的方式,从而提高授权的效率,促进作品的传播,降低著作权被侵犯的可能性。

表1 知识共享协议目前的版本

许可	要求	方式
CC BY	署名* + 没有附加限制**	共享 + 演绎
CC BY - SA	署名 + 相同方式共享*** + 没有附加限制	共享 + 演绎
CC BY - NC	署名 + 非商业性使用 + 没有附加限制	共享 + 演绎
CC BY - ND	署名 + 禁止演绎 + 没有附加限制	共享

---

① 参见 Creative Commons,署名4.0协议国际版,https://creativecommons.org/,2019 - 12 - 10。
② 参见网易科技报道《网易 LOFTER 首推 CC 协议保护原创》,http://tech.163.com/12/0412/13/7UT69JRK000915BF.html。

续表

许可	要求	方式
CC BY – NC – SA	署名 + 非商业性使用 + 相同方式共享 + 没有附加限制	共享 + 演绎
CCBY – NC – ND	署名 + 非商业性使用 + 禁止演绎 + 没有附加限制	共享

注：* 署名的要求为必须给出适当的署名，提供指向本许可协议的链接，同时标明是否（对原始作品）作了修改。

** 没有附加限制的要求为不得适用法律术语或者技术措施从而限制其他人做许可协议允许的事情。

*** 相同方式共享的要求为如果再混合、转换或者基于本作品进行创作，必须基于与原先许可协议相同的许可协议分发新贡献的作品。

资料来源：参见 Creative Commons. Creative Commons Licenses，https://creativecommons.org/use-remix/cc-licenses/。

3. 数字版权管理（DRM）

数字版权管理（DRM）可以采用一系列技术手段，对数字版权信息的使用、管理和分发进行控制。数字版权管理可以通过采用数字签名、数字水印等方式在作品中埋入著作权人的信息。此外，数字版权管理还可以控制作品的下载、分发，对作品加以灵活的保护。数字版权管理是数字化发展的产物，为著作权保护提供了一种新的思考路径。

4. 平台协议授权

由于 UGC 往往需要依靠 UGC 平台，所以平台在用户生成内容著作权保护模式的研究中也举足轻重。2019 年，网易云音乐的《音乐作品授权使用协议书》引发了平台商业化使用用户作品的争议，之后网易云发布说明，明确不会在未经音乐人另行确认的情况下自行对作品进行商业化使用。[1] 在使用 UGC 平台时，用户需要同意平台提供的用户协议才可以使用平台。目前，我国主流的 UGC 平台的用户协议都会涉及知识产权归属、授权许可、责任承担的内容。笔者通过对比网易云音乐、新浪微博、知乎、哔哩哔哩弹幕网、抖音、快手、百度文库、美团点评等 UGC 平台的用户协议（附件一），发现目前我国主流 UGC 平台已经在协议中明确"用户生成内容"的

---

[1] 参见 36 氪《网易云音乐更新歌曲发布条款惹争议，音乐人的权益该如何保护？》，https://baijiahao.baidu.com/s?id=1623448702102730141&wfr=spider&for=pc，2019 – 01 – 23。

知识产权归属，同时往往还会包含用户将部分知识产权授权给平台的相关约定。这种授权往往是全球范围内的、免费的、不可撤销的、永久的、可再许可或转让的非独家著作财产权使用权许可，也有一些平台要求是独家许可（如美团点评），有平台并不要求授权是不可撤销的（如快手）。平台协议授权可以划清平台与用户之间著作权归属与利用的方式，他人寻求UGC 授权时也可以找到平台，平台更有动力保护自己平台上的用户生成内容。

但是由于目前多数 UGC 平台与用户之间签订的著作权授权协议是 UGC 平台单方提供给用户的，并且用户如果不同意该授权协议就无法使用该平台，因此这类授权协议可能涉及格式条款问题。而通过分析我国多数 UGC 平台提供的用户协议，不难发现其中涉及的著作权授权条款往往将著作权侵权责任设定为用户自己承担，而著作权财产权利则免费授予平台，这一条款明显倾斜于平台，不利于用户，可能因违反合同法而无效。因此，平台协议授权的方式虽然可以鼓励平台主动保护平台上的用户生成内容，但目前我国的多数平台协议不太合理，存在无效的可能性。

四 用户生成内容的著作权保护模式完善路径

1. 鼓励平台设置以 Content ID 系统为代表的版权过滤系统

版权过滤系统通过匹配用户生成内容与已有作品，可以及时发现相似度较高的用户生成内容，通知机制可以有效地通知到原著作权人，并且采取屏蔽、封锁、获利、跟踪、授权等一系列措施。版权过滤系统设置的目的并不是发现侵权内容后立即删除，而是建立起有效的原著作权人与上传内容的用户之间的沟通渠道，以优秀作品传播为理念，在保护原著作权人权利的同时也可以更加包容地对待用户生成内容。此外，对于用户衍生内容中未经授权使用他人作品的行为，Content ID 系统也可以及时为原著作权人提供处理方式，在一定程度上弥补了合理使用制度的不确定性。平台在著作权保护模式中的重要性不容小觑，通过版权过滤机制能够对繁多的用户生成内容进行统一审查，既降低了用户生成内容上传至平台后的侵权可能性，也为获取原著作权人的信息提供独特方式。

2. 倡导共享理念，参与知识共享协议

共享经济的到来也带动着知识共享的兴起。用户积极参与内容的创建，丰富了文化生活，知识共享协议可以通过与平台合作的方式，在用户上传内容时选择相对应的授权模式，便于知识产权的共享。著作权应当坚持激励创作、鼓励优秀作品传播的目的，倡导共享理念，实现公众对文化生活的需求与公众积极生成优秀成果之间的衔接，知识共享协议可以为用户衍生内容提供更多优秀的作品，使创作衍生内容的用户更加了解自己对已有作品的使用程度，也促进越来越多的公众积极创造内容。

3. 建设数字版权管理的追踪机制

在用户生成内容蓬勃发展的背景下，由于用户数量庞大，并且 UGC 平台上的各类用户生成内容传播快速、广泛，在传播的过程中极易出现"孤儿作品"的情况，使得 UGC 的保护产生漏洞。因此，应当建设数字版权管理的追踪机制，及时跟踪作品的原著作权人从而便于获取授权，或是帮助原著作权人跟踪自己作品的传播。例如通过追踪机制，根据平台设定的用户生成内容上隐含的随机水印，确定原著作权人的相关信息。目前，新浪微博、网易 LOFTER 等 UGC 平台在上传内容时可以选择添加水印，但是这类固定位置的水印往往容易被截掉或采用其他方式使其消失，采用隐含的随机水印的形式既不会损害作品本身的外观，也不容易被抹去，与追踪机制配套，可以较为有效地确定作品的归属。

4. 完善平台协议的著作权授权方式

目前我国主流 UGC 平台的用户协议中著作权授权方式往往会侧重平台一侧的权利，主要表现为当用户提供的内容构成作品时，平台往往会要求用户授予其全球范围内的、免费的、不可撤销的、永久的、可再许可或转让的非独家著作财产权使用权许可，但是当用户提供的内容侵权时，却要求用户独自承担侵权责任。虽然这种授权条款可能因违反合同法而无效，但是这种平台协议的授权方式为用户带来了风险，也不利于著作权的合理授权。笔者认为，UGC平台的审查义务虽然应该增加，但是不同平台在遵守避风港原则和红旗原则的基础上的审核义务，需要与其用户协议中著作权授权的程度相适应。具体考量因素可以包含是否为独家许可、是否支付许可费、是否可撤销、是否可再许可、许可的时间限制以及在使用或允许他人商业性使用之前是否会通知用户等。当UGC平台从用户那里获得了普遍的更大范围的更占优势的授权许可时，其所承担的责任应当更大，对其平台上的"用户生成内容"审查义务应当更加精细，从而保护构成作品的UGC。而不同的平台类型所需要的著作权授权方式也有所差异，因此笔者认为，应当对UGC平台进行分类和分级管理，根据其类别和级别确定不同的平台协议是否公平，而不应当简单地一刀切。具体而言，当UGC平台属于内容分享平台或内容创作平台时，由于其发展严重依赖平台的UGC作品以及该作品带来的流量，所以这类平台往往需要设置较严格的著作权授权条款，希望能够获得UGC作品的最大范围授权。对于这类平台，应当为其设置更加严格的"上传过滤器"义务，也应当对其比较严格的著作权授权条款进行比较宽松的处理。然而当UGC平台仅仅提供储存功能时，如果其对UGC设置了较严格的授权条款，那么也应当承担对应的内容审查义务，但如果其并未设置著作权的相关授权，那么其设置"上传过滤器"的义务可以是最低程度的。这样对UGC平台进行分类和分级管理，使得免费经济下的平台可以为其流量承担责任，也可以根据其希望从用户那里获取授权的程度承担对应的审查义务。

5. 条件成熟时设立集体管理组织

集体管理组织能够产生较好的集聚效应，一方面，它可以集中一批优秀的UGC作品并代表作者对外授权，另一方面，它也可以代表作者积极维权，运用自身专业的能力，缓解普通用户因维权难而不愿意提起诉讼的困局。除此以外，集体管理组织还可以起到公示查询的作用，如公示"孤儿作品"寻找其著作权人。但建设集体管理组织需要较强的公信力和专业能力，并且需要国家和社会力量的支持，因此这一措施不宜操之过急，需要继续论证，待条件成熟时才能提上日程。

五 结语

Web2.0 时代是用户的时代,"流量为王"与"内容为王"的背景下,如何处理好 UGC 的著作权保护问题迫在眉睫。一方面,UGC 可能大量使用他人的作品,这时需要平衡 UGC 产生的新著作权价值与他人已有作品的著作权价值,在为他人已有作品提供保护的同时把握保护程度,以确保用户的创作热情仍然高涨;另一方面,UGC 自身不能过于封闭,仍需要进行传播与共享,因此需要高效的授权模式和侵权发现模式。UGC 著作权保护需要回归激励创作、促进文化传播的著作权保护理念,与知识共享的背景并行,构建用户生成内容的著作权保护模式。这种形式既鼓励创新,也有助于社会形成尊重著作权的风气。

附件一 UGC 平台的用户协议

网易云音乐－网易音乐人[1]	您通过网易音乐人上传音乐作品的行为即表示您有权且同意将该音乐作品及相关图文信息在全球范围内的信息网络传播权(包括但不限于表演者权、录音制作者权、词曲著作权)授权给网易公司使用,允许网易公司使用、传播、复制、修改、翻译、宣传推广、表演及展示此等授权内容。前述授权是非排他、免费的、永久的、不可撤销的,除非您与网易公司另行有约定。 您承诺并保证,您通过网易音乐人上传的音乐作品系原创作品,并未涉嫌抄袭,且您通过网易音乐人上传音乐作品的行为并未侵犯任何第三方的合法权益。如因您违反上述承诺或保证,给网易公司造成损失的,您同意网易公司有权要求您赔偿因此遭受的一切损失,包括但不限于经济损失、行政罚款、解决争议之和解金、赔偿款、诉讼费、公证费及律师费等
新浪微博[2]	微博运营方对微博内容(微博内容即指用户在微博上已发布的信息,例如文字、图片、视频、音频等)享有使用权。 为了更好地促进信息分享及宣传推广,用户授权微博运营方可在微博及其关联产品和服务上使用微博内容,以及为宣传推广之目的将上述内容许可给第三方使用。用户对微博运营方及其关联公司的前述授权并不改变用户发布内容的所有权及知识产权归属,也并不影响用户行使其对发布内容的合法权利
知乎[3]	知乎上可由多人参与编辑的内容,包括但不限于问题及补充说明、答案总结、话题描述、话题结构,所有参与编辑者均同意相关知识产权归知乎所有。 为了促进知识的分享和传播,用户将其在知乎上发表的全部内容,授予知乎免费的、不可撤销的、非独家使用许可,知乎有权将该内容用于知乎各种形态的产品和服务上,包括但不限于网站以及发表的应用或其他互联网产品

续表

哔哩哔哩弹幕网[4]	您在哔哩哔哩上传或发布的作品，您保证对其享有合法的著作权或相应授权，哔哩哔哩有权展示、散布及推广前述内容。为提高您内容曝光量及发布效率，您同意您在哔哩哔哩的账号所发布的全部内容均授权哔哩哔哩以您的账号自动同步发布至哔哩哔哩及/或关联公司运营的全部产品，包括客户端软件及网站。您在哔哩哔哩发布、修改、删除内容的操作，均会同步到上述产品
抖音[5]	除非有相反证明，您知悉、理解并同意，为使您的作品得到更好的分享及推广，提高其传播价值及影响力，您通过"抖音"软件及相关服务上传、发布或传输的内容（包括但不限于文字、图像、音频、视频、直播内容等各种形式的内容及其中包括的音乐、声音、台词、视觉设计、对话等所有组成部分），您授予公司及其关联方、控制公司、继承公司一项全球范围内、免费、非独家、可再许可（通过多层次）的权利（包括但不限于复制权、翻译权、汇编权、信息网络传播权、改编权及制作衍生品、表演和展示的权利等），上述权利的使用范围包括但不限于在当前或其他网站、应用程序、产品或终端设备等使用。您在此确认并同意，公司有权自行或许可第三方在与上述内容、"抖音"软件及相关服务、公司和/或公司品牌有关的任何宣传、推广、广告、营销和/或研究中使用和以其他方式开发内容（全部或部分）。为避免疑义，您理解并同意，上述授予的权利包括使用、复制和展示您拥有或被许可使用并植入内容中的个人形象、肖像、姓名、商标、服务标志、品牌、名称、标识和公司标记（如有）以及任何其他品牌、营销或推广资产、物料、素材等的权利和许可。基于部分功能的特性，您通过"抖音"软件及相关服务发布的内容（包括但不限于内容中包含的声音、音频或对话等）可供其他用户使用"抖音"软件创作及发布相关内容时使用
快手[6]	为使您的作品得到更好的分享及推广，扩大您的影响力，快手会在获得您授权及不影响您权利完整性的前提下，为您的作品提供额外的一些展示和推广机会。在您可以撤销授权的前提下，您同意将您在使用快手软件及相关服务时发表/上传的文字、图片、视频、音频以及直播表演等内容，授予快手及其关联公司、承继公司全球范围内免费的、非独家使用、可再许可的权利（包括但不限于复制权、改编权、翻译权、汇编权、表演权、信息网络传播权、制作衍生品等），前述授权使用的范围包括使用您授权内容中展示的肖像、音频内容、姓名、商标、品牌、名称、标识等内容。您同意快手可以为宣传推广之目的自行或许可第三方使用上述权利。若您不希望快手继续使用全部或部分已授权内容，可通过快手公示的方式通知快手撤销该授权
百度文库[7]	百度文库是供网友在线分享文档、视频、音频的开放平台，为网友提供的信息存储空间，平台上所累积的文档、视频、音频，均来自热心用户的积极上传。对于用户上传到百度文库上的任何内容，用户同意百度在全世界范围内享有免费的、永久的、不可撤销的、非排他性的使用和再许可的权利。百度享有修改、复制、发行、表演、展览、信息网络传播、改编、翻译、汇编等权利。同时，对于用户上传到百度文库内容的侵权行为，用户授权百度在全世界范围内进行维权

续表

美团点评[8]	用户使用美团点评提供的服务时上传、发布的内容（包括但不限于图片、评论、文章、音频、视频，下同）的知识产权均归用户本人或原始著作权人所有。 用户通过美团点评平台上传、发布的内容（包括但不限于图片、评论、文章、音频、视频等），授予美团点评免费的、永久的、不可撤销的、全球范围内的、可转授权的独家许可（包括但不限于复制权、信息网络传播权、改编权、汇编权、修改权、翻译权、制作衍生品、表演和展示等）。 除美团点评另有书面声明或法律有特别规定外，用户通过美团点评平台发布的信息一经发布即向公众传播，且用户保证不会将已发表于美团点评平台的任何内容和信息，以任何形式发布或授权其他第三方使用

注：①网易公司：《网易音乐人服务条款》，https://music.163.com/nmusician/web/apply/protocolofactor#/，最后访问日期：2020年1月2日。

②新浪微博：《微博服务使用协议》，https://weibo.com/signup/v5/protocol，最后访问日期：2020年1月2日。

③知乎：《知乎协议（草案）》，https://www.zhihu.com/terms，最后访问日期：2020年1月2日。

④哔哩哔哩：《哔哩哔哩弹幕网用户使用协议》，https://www.bilibili.com/protocal/licence.html，最后访问日期：2020年1月2日。

⑤抖音：《"抖音"用户服务协议》，https://www.douyin.com/agreements/?id=6773906068725565448，最后访问日期：2020年2月23日。

⑥快手：《用户协议》，https://www.kuaishou.com/about/policy，最后访问日期：2020年1月2日。

⑦百度文库：《文库协议》，https://wenku.baidu.com/portal/browse/help#help/24，最后访问日期：2020年1月2日。

⑧美团点评：《美团点评知识产权声明》，https://rules-center.meituan.com/rules-detail/69，最后访问日期：2020年1月2日。

激励理论视野下的人工智能生成物著作权归属研究

陈 曦[*]

内容提要：从激励理论出发，著作权存在的根本目的是实现社会福利的最大化，因此被激励的对象一定是追求社会效率的"社会人"，人工智能本身无法成为权利主体。对于人工智能生成物的可版权性，应根据版权体系国家的独创性标准来判断，采用客观主义进路。在构成作品的情况下，根据激励理论将社会公共利益作为权利归属的第一位判断依据，将人工智能生成物的著作权归属于投资者。

关键词：激励理论 人工智能 著作权

引 言

自2016年DeepMind公司研发的围棋人工智能程序AlphaGo在与李世石的比赛中取得压倒性胜利，人工智能逐渐进入公众视野。2017年7月20日，国务院提出了发展人工智能"三步走"的战略目标，[①] 而早在2016年10月，美国就发布了被称为"阿波罗登月计划"的《国家人工智能研究和

---

[*] 陈曦，中国政法大学法学院硕士研究生。
[①] 《国务院关于印发新一代人工智能发展规划的通知》（国发〔2017〕35号文）。

发展战略计划》。① 人工智能已经带来了一场新的技术革命，正如尤瓦尔·赫拉利在《未来简史》中所论断的，人工智能的兴起必将改变世界。②

著作权被称作技术革新的副产品，③ 技术的进步与发展往往会给著作权领域带来挑战，人工智能已经能够出色地完成新闻报道、写诗绘画、作词谱曲，随着人工智能应用范围的不断扩张，著作权法不得不面对一些问题：人工智能生成物是否具有可版权性？它是"作品"吗？如果是作品，著作权又归属于谁？近些年国内外学者对这些问题的讨论层出不穷，但细观学者们的研究成果，大多直接从具体的制度切入，很少会从知识产权法哲学或著作权正当性的角度来抽象地审视这一问题，知识产权法因在实践中较强的应用性，其理论价值经常被掩盖，但是作为一门法学学科，从理论层面入手去研究知识产权问题仍然是极为重要的方式。

关于知识产权的正当性，学界存在着三种主流的理论，分别为劳动权理论、激励理论和人格权理论，其中激励理论的适用最为广泛。激励理论来源于功利主义思想，之后法律经济学从经济分析的角度对其进行了进一步阐释，最终与利益平衡理论相契合，激励理论认为赋予创造者知识产权可以促使更多人投入知识产品的创造活动中，以达到社会总福利最大化的目标。④ 以激励理论为基点进行分析，可以对许多具体的知识产权问题形成连贯且透彻的认识，本文也将从激励理论出发对人工智能生成物的可版权性问题和权利归属问题进行研究。

一 激励理论视角下的著作权法

许多国家现行法的制度设计和立法宗旨都体现出激励理论的思想，18

---

① 参见何波《人工智能发展及其法律问题初窥》，《法律与法治》2017年第4期。
② 〔以色列〕尤瓦尔·赫拉利：《未来简史》，林俊宏译，中信出版集团，2017，第359页。
③ 〔美〕R. F. 沃尔、〔英〕杰里米·菲利普斯：《版权与现代技术》，王捷译，《中外法学》1984年第6期，转引自周贺微《著作权法激励理论研究》，中国政法大学出版社，2017，第95页。
④ 参见张文显《知识经济与法律制度创新》，北京大学出版社，2012，第302页。

世纪英国的印刷商、书商经常在未获作者许可的情况下擅自印刷、出版他人著述,对著作者造成了损害,为了防止将来发生类似行为,同时为了勉励更多人投入著作的撰写中,国家出台《安娜女王法》赋予著作者对其著述的专有权。① 美国宪法中亦载明国会创制知识产权法的目的在于促进科学和艺术的进步。② 我国的立法选择也同样体现了激励理论的思想,从《著作权法》第1条关于立法宗旨的规定可见一斑。可见,激励理论是在当前版权制度下研究著作权相关问题的基点。

(一) 激励理论功利主义基础

近现代以来,随着自然科学和经验主义认识论学派的兴起,"经验"逐渐成为人们日常生活行为的标准,18世纪的英国,以休谟、亚当·斯密为代表的苏格兰学派开创了近代功利主义,到了19世纪,边沁和穆勒将功利主义进一步发展完备,这为知识产权的激励理论提供了理论基础。

边沁认为功利原理是根据利益相关者幸福倾向的增减来肯定或否定任何一项行为。③ 从整个共同体的角度看,如果一个行为能够增大幸福的倾向,并且其数值大于它可能减少的幸福倾向时,就可以说它是符合功利的。④ 边沁将"最大幸福原理"作为评判个人行为和社会立法是否可以被接受的标准,人类一切行为的动机都是对快乐的追求和对痛苦的避免,并由此对各种快乐和痛苦的值进行数量上的估算,以此来分辨善与恶。边沁对功利主义的发展做出了巨大的贡献,但他的理论也存在明显的缺陷,他仅通过数量这唯一的标准来评估快乐的大小,这种做法很容易导致个人主义的倾向。对于边沁对功利主义阐释的缺陷,穆勒则认为在评估快乐时不仅要考虑数量,更要考虑质量,与其做一个满足的傻瓜,不如做一个不满足

---

① 王迁:《著作权法学》,北京大学出版社,2007,第3页。
② 冯晓青:《知识产权法哲学》,中国人民公安大学出版社,2003,第183页。
③ 〔英〕边沁:《道德与立法原理导论》,时殷弘译,商务印书馆,2000,第58页。
④ 〔英〕边沁:《道德与立法原理导论》,时殷弘译,商务印书馆,2000,第59页。

的苏格拉底。[①] 穆勒主张道德基础的信条是"功利"或者说是"最大幸福原理",行为对错的判断标准在于它们增进幸福或造成不幸福的倾向。[②] 而对于他人经常将"功利主义"与"利己主义"画等号的误解,穆勒强调功利主义判断对错的标准是所有相关人员的幸福,而不是单纯的个人幸福,行为者应当努力做到像一个公正无私的、仁慈的旁观者那样,在自己的幸福与他人的幸福之间没有偏倚地进行选择。[③]

功利主义认为一切行为的最终价值在于提升社会福利或个体幸福,任何人、任何行为、任何事物的价值有多少,取决于其在多大程度上能够为增进最终价值做出贡献。[④] 从功利主义角度来分析知识产权的正当性,著作权的存在是为了通过授予作者排他性的权利,以达成社会福利最大化的目标,著作权法的主要目的是造福大多数人,而对于作者的报酬则处于次要地位。[⑤]

(二) 激励理论视角下的著作权法

随着激励理论的发展,有学者从法经济学的角度对其进行论证。1960年前后兴起的法律经济学是将经济学的理论和经验主义方法全面运用于法律制度的分析,[⑥] Guido Calabresi 的论文《关于风险分配和侵权法的一些思考》和 Ronald H. Coase 的论文《社会成本问题》首先将经济分析方法用于法律问题,而理查德·波斯纳则是法律经济学的标志性人物,他的著作《法律的经济分析》全面介绍了法律经济学的理论,在之后与兰德斯合著的《知识产权法的经济结构》中又专门从经济学角度对知识产权法进行了分

[①] 〔英〕约翰·穆勒:《功利主义》,徐大建译,上海人民出版社,2008,第10页。
[②] 〔英〕约翰·穆勒:《功利主义》,徐大建译,上海人民出版社,2008,第7页。
[③] 〔英〕约翰·穆勒:《功利主义》,徐大建译,上海人民出版社,2008,第17页。
[④] 何勤华主编《西方法律思想史》,复旦大学出版社,2005,第184页。
[⑤] 〔美〕罗伯特·P. 墨杰斯、〔美〕彼特·S. 迈乃尔、〔美〕马克·A. 莱姆利、〔美〕托马斯·M. 乔德:《新技术时代的知识产权法》,齐筠等译,中国政法大学出版社,2003,第16页。
[⑥] 〔美〕理查德·A. 波斯纳:《法律的经济分析》(第7版),蒋兆康译,法律出版社,2012,第23页。

析。波斯纳认为，一项财产权包括两个方面，即排除他人的权利和将财产转让给他人的权利，① 也就是对成本和收益的分析。财产权的成本包括三项，分别为交易成本、寻租成本和保护成本。② 具体到一个作品，它的生产成本包括两部分，分别为创作该作品的成本和实际复制件的生产成本，前者是固定成本，后者是可变成本。③ 在作品创作过程中，创作者首先要花费大量的金钱、时间和精力去找寻创作灵感和积累创作素材，正式写作时更是要在经济上和精神上经受消耗与考验。在作品完成之后，创作者需要寻求合适的出版商将作品出版，出版商则要在承担传播风险的情况下将作品投入市场。作品的创作与传播需要大量的经济和精神成本，但是作品的复制成本极低，生产的边际成本甚至接近于零。④ 这导致搭便车的情形屡见不鲜，作者和出版者很难收回其付出的成本，从而减少对作品的创作和传播在时间和金钱上的投资。⑤

随着社会的不断进步，知识逐渐成为核心竞争力，人们对知识产品的需求愈来愈大，从供需的角度，激励创作是必然之举，同时创作者需要从创作这一过程中获得收益，并且达到效率最大化。对于创作者和出版商所付出的成本，首先需要通过经济上的回报给予反馈，赋予创作者对于其作品的专有权可以在一定程度上使其收回创作成本。对于另一些不追求经济利益的创作者而言，更为重要的则是精神上的收益，因此还应给予创作者社会认可与名誉，以期其实现个人价值。人是理性的功利最大化者，⑥ 都会

---

① 〔美〕威廉·M. 兰德斯、〔美〕理查德·A. 波斯纳：《知识产权法的经济结构》，金海军译，北京大学出版社，2005，第 15 页。
② 参见〔美〕威廉·M. 兰德斯、〔美〕理查德·A. 波斯纳《知识产权法的经济结构》，金海军译，北京大学出版社，2005，第 20~26 页。
③ 参见〔美〕威廉·M. 兰德斯、〔美〕理查德·A. 波斯纳《知识产权法的经济结构》，金海军译，北京大学出版社，2005，第 46~47 页。
④ 熊琦：《著作权的法经济分析范式——兼评知识产权利益平衡理论》，《法制与社会发展》2011 年第 4 期。
⑤ 冯晓青：《著作权法之激励理论研究——以经济学、社会福利理论与后现代主义为视角》，《法律科学》（西北政法学院学报）2006 年第 6 期。
⑥ 〔美〕理查德·A. 波斯纳：《法律的经济分析》（第 7 版），蒋兆康译，法律出版社，2012，第 4 页。

本能地趋利避害，当创作者通过考量"成本-收益"的经济模型，发现创作行为带来的收益能够弥补他们为此付出的成本，并能为他们带来可观的收入和满意的社会地位时，那么创作者便会继续进行创作，并且吸引更多的人加入作品创作的行列。这不仅满足了创作者的个人利益，同时也提高了社会的整体利益。

在法经济学分析的基础上，利益平衡理论可以用来进一步分析著作权法的正当性。所谓利益平衡，指的是在各方面因素冲突的情况下，通过法律的权威来调节，使得相关方的利益能够共存和相容，并在此基础上达到优化的、合理的状态。[1] 利益平衡是知识产权法的基石，在著作权法中需要对激励作者创作和促进社会总体福利最大化进行平衡，一边是作者的个人利益，另一边是社会公共利益。对于二者的关系，亚当·斯密在《国民财富的性质和原因的研究》中提出，其实每个人并不会专门去想促进公共利益，也不清楚他到底促进了多少公共利益，实际上他只在意自己能否获利。但是他在进行一个行为时，往往会被一只看不见的手引导去促成一个结果，也许这个结果与他的本意并无关联。在这一过程中，他通过对自身利益的追求而一直在促进社会利益，甚至比他专门想要去促进社会利益还要有效。[2] 社会利益虽然不是由个人利益简单相加，但其由个人利益组成，当每个人的个人利益得到满足，社会利益自然能够增加。根据上一部分从法经济学视角对著作权法进行的分析，通过对创作者进行经济和精神上的激励，可以使创作者因个人利益的满足而投身于作品的创作，从而在社会中源源不断地产生新的作品，满足大众对知识产品的需求，促进社会总福利的增加。由此看来，著作权法所要平衡的作者个人利益和社会公共利益，两者并不是孤立存在的，对作者个人权益的保护同样是维护公共利益的途径，而实现社会利益最大化是著作权法的根本目的，事实上利益平衡理论与激

---

[1] 陶鑫良、袁真富：《知识产权法总论》，知识产权出版社，2005，第17~18页，转引自冯晓青《知识产权法利益平衡理论》，中国政法大学出版社，2006，第11~12页。
[2] 〔英〕亚当·斯密：《国民财富的性质和原因的研究》（下卷），郭大力、王亚南译，商务印书馆，2011，第30页。

励理论殊途同归，只是通过另一种模式来解释知识产权的正当性。[①]

从古典功利主义到法经济学分析，再到利益平衡理论，在激励理论的视角下，著作权制度的设计应达到社会整体效用的最大化。被激励的对象是社会中的个体，他们寻求个人的经济利益和精神利益，因个人利益的满足而去创造和增加公共利益。

二 激励理论视野下人工智能生成物的可版权性

研究人工智能生成物的权利归属，首先需要明确其保护价值，其次需要证明人工智能生成物的可版权性，笔者在本部分将从激励理论出发对这两个问题进行分析。

（一）激励理论视角下的人工智能生成物著作权保护的价值

在激励理论视角下，对人工智能生成物的著作权予以保护具有重要价值，不仅可以满足权利人个人利益的需要，而且可以促进文化产业的发展与公共利益的增加。

首先，从知识产权的激励理论本身出发，人工智能技术在文艺创作领域中迅猛发展，知识产品源源不断地产生，为社会带来巨大的知识财富，社会利益因此得到增加。但从长远考虑，倘若法律未对人工智能生成物的作品属性和权利归属予以规定，将导致在人工智能生成物产出的过程中所涉主体的个人利益并不能得到满足，最终反而会造成社会利益的减损。

其次，从法经济学的角度考虑，在人工智能生成知识产品的过程中，投资者、开发者和使用者均投入了大量时间成本、人工成本、智力成本和经济成本，商业活动的参与者总是利益追逐者，他们通过"成本-收益"模型对商业行为进行分析，使自身利益尽可能最大化。投资商和程序开发者正因为发现通过人工智能来生成"作品"有利可图，才会源源不断地花

[①] 冯晓青：《知识产权法哲学》，中国人民公安大学出版社，2003，第235页。

费时间、精力并将金钱投入其中，试想在耗费大量成本后，人工智能生成物并未被认定为作品，相关主体不能取得在生成物之上的权利，这必然会削弱人工智能的发展势头，而当今世界人工智能产业正处于上升期，这种发展态势可以说是不可逆、不可止的，因此对人工智能生成物的保护是必要的。除此之外，随着科技手段进步，可以预料人工智能生成物会越来越接近人类创作的作品。如果著作权法不将人工智能生成物纳入保护范围，一般人将很难分辨出二者的差别，那么搭便车的行为将无法被禁止，投资者在无法收回成本的情况下，还要花费大量精力去维权，这必然会进一步挫伤投资者的积极性，阻碍人工智能产业的发展。

最后，从维系人类创作作品市场的角度看，随着各国对人工智能研究的不断深入，经由人工智能生成的知识产品的质量也越来越高，甚至与人类创作的作品从表面上很难分辨，达到这种程度的知识产品在许多方面已经能够满足社会对文学艺术的需求，并且与人类创作的作品相比，其花费的时间、金钱成本更少。倘若著作权法不将其作为作品进行保护，那么这些人工智能"作品"最终极有可能会进入公共领域，人类创作的作品的市场份额必然被侵占，创作者通过智力劳动、花费大量成本创作出的作品无法获得预期的收益，将会导致人类创作的积极性降低，最终造成两败俱伤，导致社会的知识产出越来越少，社会利益不断减损。

（二）激励理论背景下人工智能生成物的可版权性判断标准

从我国《著作权法实施条例》第 2 条的规定可以归纳出构成著作权法意义上的作品所需要的三个要件：（1）必须是人类通过智力活动产生的成果；（2）必须是能够被第三人在客观上感知的外在表达；（3）具有独创性。[1] 其中独创性要件在判断可版权性中居于核心地位，世界各国、各地区的立法例一般也将独创性作为作品可版权性的核心要件。[2]

---

[1] 参见王迁《著作权法学》，北京大学出版社，2007，第 6~7 页。
[2] 参见卢海君《版权客体论》（第 2 版），知识产权出版社，2014，第 105~116 页。

当今世界的版权保护模式分为两大阵营：版权体系和作者权体系。前者以英美法系国家为代表，后者则主要集中于大陆法系国家。版权体系国家采用实用主义进路，这些国家的版权相关法律规定，保护版权的目的在于激励作者创作，从而提高社会整体福利；而作者权体系国家则认为只要作者具有创作这一行为，就应当把作品视为作者的财产予以保护，[1]例如德国著作权法认为作品之所以成为作品，是因为作品中的人的因素，作品中体现的独特之处应当源自作者的智力劳动。[2] 从知识产权正当性角度审视，版权体系采用的是激励理论，作者权体系采用的是人格权理论。由于版权体系和作者权体系在立法价值取向上的区别，作者权体系的国家对作品获得版权保护所要求的创作性程度和个性程度比版权体系的国家要高。[3] 对于录音录像制品制作者、表演者、出版商这类权利主体，版权体系将其自然地纳入保护范围，而在作者权体系的国家则需要创制邻接权制度加以保护。除此之外，由于作者权体系注重在创作过程中创作者投入的智力，因此法人无法成为著作权权利主体；但是在版权体系中，将著作权归属于法人却不存在任何障碍。我国著作权法以激励理论为基点，并且赋予了法人权利主体的地位，其制度设计总体上更接近于大陆法系，但同时又明文规定了邻接权制度，兼具作者权体系的特征，导致我国学者对独创性的判断标准界定不一。有的学者采纳作者权体系对独创性的认定标准，认为作品需要体现作者的个性特征，[4] 或者将自然人的智力投入作为衡量所有作品独创性的一般性标准。[5] 也有学者认为采用版权体系的美国 Feist 案标准——（1）独

---

[1] 参见〔德〕西尔克·冯·莱温斯基《国际版权法律与政策》，万勇译，知识产权出版社，2017，第34~35页。
[2] 〔德〕雷炳德：《著作权法》（德国法学教科书译丛），张恩民译，法律出版社，2004，第114页。
[3] 〔德〕西尔克·冯·莱温斯基：《国际版权法律与政策》，万勇译，知识产权出版社，2017，第41页。
[4] 冯晓青、冯晔：《试论著作权法中作品独创性的界定》，《华东政法学院学报》1999年第5期。
[5] 参见姜颖《作品独创性判定标准的比较研究》，《知识产权》2004年第3期；叶菁《论作品的独创性标准》，《法制与社会》2007年第2期。

立完成，(2) 最低程度的创造性①——更为合适。笔者认为，确定独创性的判断标准可以从两个角度着手。其一，从激励理论的角度审视，独创性作为认定作品的核心标准，其目的在于对创作者富于创造性的劳动进行肯定，激励更多的人参与到作品的创作中，以促进社会福利的最大化，独创性的判断标准既需要保障作者对其创作的作品享有的专有权，又要在此前提下平衡公众对作品进行使用的权利。② 因此"作品"的准入门槛不宜太高或太低，作品独创性的制度设计应尽量在激励作者创作和避免垄断阻碍公众利用作品之间寻求平衡。③ 其二，从创作者对作品的创作行为入手，创作者的创作是一种事实行为，事实行为不以意思表示为必要，只需要行为人在客观上实施了某一行为，而不论其处于何种目的，例如行为人在没有任何意识和意愿的情况下按下相机快门，只要这张相片符合最低程度的创造性要求，就可以称之为摄影作品。因此在判断独创性时应当以作品为导向，采用偏向客观的认定方法，主要看表达本身与现存作品或公有领域是否存在重复，判断过程中并不需要加入任何主观的因素。④ 作品导向型的基本分析方法是将作品同已存作品或处于公共领域的材料比较，观察对比组之间的差异，如果达到可区别性的程度则可以受到著作权法保护，⑤ 且这种可区别性程度只需要最低限度的创造性，且可区别的结果应来自创作者，即由作者独立完成。由上述分析可以总结出，在对人工智能生成物可版权性进行判断时，可以采用美国 Feist 案确定的两个标准：(1) 独立完成，(2) 最低程度的创造性。

(三) 人工智能生成物独创性的法经济学分析

独立完成是指创作者的创作物由其独自完成，而不是剽窃或抄袭他人

---

① Feist Publications v. Rural Telephone Service Company，499 U. S. 340 at 345 (1991)．
② 参见赵林青《浅议作品的独创性标准》，《民主与法治》2006 年第 9 期。
③ 参见冯晓青《知识产权法利益平衡理论》，中国政法大学出版社，2006，第 1 页。
④ 孙山：《人工智能生成内容的作品属性证成》，《上海政法学院学报》(法治论丛) 2018 年第 5 期。
⑤ 参见卢海君《版权客体论》(第 2 版)，知识产权出版社，2014，第 156～157 页。

现有成果的结果。从法经济学的角度分析，倘若赋予一个抄袭或者剽窃而来的成果以著作权，那么将会有更多的人采用这种方式来获得收益，社会中有价值的知识产出将会越来越少，社会利益必然会受到损害；同时，由于剽窃行为的存在，原作者在创作时付出的成本无法收回，其创作的积极性将会大大减损。因此，必须是独立完成的创作物才具有可版权性。在人工智能生成"作品"的过程中，大致需要经历三个阶段：（1）从外部环境广泛且大量地获取和收集信息；（2）按照一定的算法处理在上一阶段中获取和收集的信息；（3）被处理之后的信息通过一些输出设备来呈现出各种各样的文学艺术表达。[①] 简单来说，就是先收集信息，再处理信息，最后输出信息的过程。在这一过程中，人工智能根据算法对现有信息进行处理生成新的表达，对于现有成果，人工智能只是进行积累、学习、模仿，正如自然人作者在进行创作时需要学习知识、积累素材、模仿并形成自己的风格，只不过人工智能利用机器更迅速更简易地完成了这一过程。对于人工智能生成物的生成过程，其不是一种汇编，更不是剽窃或抄袭，而是由其独立创作完成，满足独创性之"独"的标准。

在认定人工智能生成物符合独立完成的标准后，接下来要对"最低程度的创造性"进行认定。从法经济学方法的角度，判断"作品"的创造性需要其产生的收益大于所支出的成本。具体而言，可以从以下两个方面认定。其一，在作品的创作过程中应当有成本投入，且交易成本和司法成本在其中占的比例应当尽量小。根据上一部分对我国著作权法中独创性判断标准的界定，对于成本投入的认定应当采用客观标准，无须考虑个性或智力投入等主观因素，只要创作者在客观上花费了一定的时间、金钱、精力用于作品创作，就应当认定是有成本投入的。但是这种投入也不宜太低，因为如果作品的制作成本很低，那么创作者并不会过于在意自己的作品被抄袭或者剽窃，那么其获得的收益也会很少，竞争者也不会费力去创作与

---

① 陈江江：《人工智能·数码交互艺术的创作利器》，《上海工艺美术》2007年第1期，转引自李宗辉《人工智能创作物版权保护的正当性及版权归属》，《编辑之友》2018年第7期。

其有竞争力的新作品,① 这种结果是不符合激励理论要求的。其二,作品应当是有价值的,即作品可以为个人和社会带来收益,这就需要创作的作品与既有作品相比是可区别的。根据上文所述,可区别性变化测试法就是将待认定作品与现存作品进行比较,找出其中的变化,如果这种变化是可区别的,则该作品具有创造性,但是"可区别"的标准不能过低,如果仅仅是尺寸、载体的变化,或者机械性的、体力性的非实质变化,则不能被认定为"可区别",② 否则将会造成过度保护,导致著作权侵权诉讼频发,法官需要在每一个具体案件中花费大量精力去研究作品之间的细微变化,一定程度上会降低诉讼效率,耗费司法资源,使作品的司法成本超过创作成本。

对于人工智能生成物是否具有可版权性的问题,根据上述两个标准,通过法经济学的分析方法逐一对生成物进行"成本-收益"分析,如果是独立完成且具有最低限度的创造性,则满足作品独创性的标准。例如微软小冰出版的诗集"阳光失了玻璃窗"、EMI 谱出的巴赫风格的赞美诗都满足上述两个标准,具有独创性,应当被认定为作品。

三 从激励理论探析人工智能生成物的著作权归属

对于具有独创性、属于作品的人工智能生成物,下一步要探讨其权利归属。我国《著作权法》的立法宗旨以激励理论为基点,目的是促进社会公共利益、保护作者个人权益,著作权的权利主体就是被激励的对象,而被激励的对象一定是社会中的"人",人工智能本身无法成为权利主体。

(一)从激励理论认定版权归属的考虑因素

在研究独创性问题时,笔者曾谈及作者权体系和版权体系之分野,作

---

① 参见熊文聪《作品"独创性"概念的法经济分析》,《交大法学》2015 年第 4 期。
② 参见卢海君《版权客体论》(第 2 版),知识产权出版社,2014,第 143~144 页。

者权体系以人格权理论为哲学基础,坚持只有创作者才可以成为作者;而版权体系则以激励理论为哲学基础,认为法人在一定条件下也可以被视为作者。我国著作权法的制度设计更接近于版权体系,在法律条文中明确规定创作者和法人均可以成为作者,并对法人作品和职务作品作出了规定。因此在我国法律语境下,在认定人工智能生成物的权利归属时,被激励的对象不仅限于自然人,法人也可以成为权利主体。

从激励理论的角度出发,公共利益最大化是制定著作权法的最终目标,向公众提供更多更优质的作品是排在第一位的,先于对作者进行酬报。[1] 因此在以激励理论为基点认定著作权归属时,首先,应当考虑的是社会整体福利,即如何配置权利能够提高社会整体效率,使更多的人愿意投入知识产出,从而满足社会公众的知识产品需求,增加社会公共利益。其次,在认定权利归属时,应当考虑对创作者个人经济利益和精神利益的满足,在创作过程中,作者付出了大量的时间、精力和金钱,需要通过经济上的回报和精神上的满足来支撑下一次更优秀的创作,我国《著作权法》中赋予作者的署名权和报酬请求权所体现的就是对作者权益的保障。因此,在认定著作权权利归属时需要考虑两个因素,首先是社会整体效率,其次是作者个人利益。

(二)人工智能生成物的权利归属——投资者

在判断人工智能生成物具体的权利归属时,应坚持的宗旨和目标是,权利的分配方式可以提高社会的整体福利,能够为公众提供更多优秀的作品。通过权利分配,应当使在作品创作过程中投入的成本得到回报,并能够激励下一次创作,因此,被赋予著作权的主体一定是在创作过程中投入最多,希望通过作品"填平"成本并获得收益的人。

在人工智能创作的过程中,参与的自然人或法人主体包括人工智能的

---

[1] 冯晓青:《著作权法之激励理论研究——以经济学、社会福利理论与后现代主义为视角》,《法律科学》(西北政法学院学报)2006年第6期。

设计者、使用者、所有者、投资者，这些身份在一些主体身上可能会出现重叠，例如投资者往往也兼具使用者和所有者的角色。依通常理解，人工智能创作过程中最主要的参与者为设计者和投资者，前者投入智力设计人工智能程序，后者投入资金和选派人员设计人工智能程序。设计者和投资者的两个身份也可能归于同一人，例如音乐教授兼作曲家大卫·柯普（David Cope）开发的用于模仿巴赫风格谱曲的人工智能音乐作曲系统 EMI，[①] 因其由柯普一人设计与投资，智力来源和资金来源归于同一人，如果它所谱出的曲子具有独创性能够被认定为作品，著作权毫无疑问地归属于柯普。但是随着作品创作分工的不断精细化，作品创作的成本在不断地增加，投资风险也在日益增大，个人如果兼具设计者和投资者的双重角色，需要独自承担创作前期花费的巨额资金和投资失败所带来的风险，[②] 这是不太现实的。在大部分情况下，设计者和投资者的身份是分离的，并且投资者经常作为设计者的雇主或委托人而存在，通过一些企业投入资金、组建研发团队是人工智能设计的常态，例如"微软小冰"就是微软（亚洲）互联网工程院开发的人工智能体系，[③] 谷歌开发人工智能用于绘画艺术创作，美联社、百度、腾讯等公司通过人工智能写新闻稿。

我国《著作权法》第 11 条承认法人在一定情形下可以被视为作者，并规定了职务作品（第 16 条）、委托作品（第 17 条）等具体的作品权利归属，这借鉴了版权体系国家的制度设计，使法人或委托人的权益得到保障，激励他们利用自身的优势资源更多地向文化产业进行投资，从而激发更多更优秀的作品产生。对于通过聘用专业编程人员进行人工智能程序开发设计从而生成作品的情形，雇主投入了资金和人力，并将其作为一种商业模式，希望从中获得收益，这种情况下应适用职务作品的权利归属标准。根据我国《著作权法》第 16 条第 2 款第 1 项的规定，人工智能程序的数据抓

---

① 陈凯：《人工智能：数字时代的生成器》，《中小学信息技术教育》2017 年第 7 期。
② 李晓宇：《人工智能生成物的可版权性与权利分配刍议》，《电子知识产权》2018 年第 6 期。
③ 百度百科：《微软小冰》，https://baike.baidu.com/item/微软小冰。

取、算法处理和作品输出对于个人而言很难完成，主要是利用法人的物质技术条件进行，法人对此承担责任，因此应将著作权归属于雇主，即在投资商与设计者存在雇佣关系的情况下，人工智能生成物的著作权毫无疑问地归属于投资者。在另一种情形下，委托人向设计者支付报酬，设计者按照委托人的要求和意思去开发人工智能程序，这符合委托作品的要件，针对委托作品的权利归属问题，我国《著作权法》第 17 条首先将委托作品的权利归属置于双方合同约定之下，在合同没有约定或约定不明确的情况下再归属于受托人，最高人民法院又对此进行了补充解释，在委托作品归属于受托人时，双方可以约定一个范围，在此范围内委托人可以使用该作品。① 英国版权法虽然没有对委托作品归属进行明确规定，但依据法院判例和学者的解释，委托人和受托人可以合同约定权利归属，否则推定受托人遵守默示义务将权利转让给委托人，② 可见英国版权法的权利归属的第一顺位为意思自治，第二顺位为委托人。尽管各国著作权法对权利归属的规定不尽相同，但是在意思自治前置的前提下，对人工智能生成物的著作权归属问题并不会存在太大分歧。委托人委托设计者开发人工智能程序是一项投入多、风险大的投资，双方在通常情况下一定会签订合同，鉴于委托人付出了经济成本，设计者只是委托人实现商业价值的一个助手，虽然设计者付出了智力劳动，但是他并不是不可替代的，如果设计者的能力不符合投资者的要求或者投资者对设计者的工作不满意，可以选择由其他设计人员替换，因此在委托关系中作为委托人的投资者居于主导地位，委托合同中必然会约定将人工智能生成物的著作权归属于投资者。

综上所述，无论是人工智能设计者和投资者统一还是分离，投资者都是在人工智能生成物创作过程中付出最多成本，最希望从中得到回报的主体。除此之外，由于投资者往往具有较强的经济实力和较大的影响力，他们能够制定合理的开发计划以满足社会公众对知识产品的需求，以更好地

---

① 参见《最高人民法院关于审理著作权民事纠纷案件适用法律若干问题的解释》第 12 条。
② 陈明涛：《著作权主体身份确认与权利归属研究》，北京交通大学出版社，2015，第 168 页。

达到社会效益最大化，因此，从激励理论的视角出发，应当将人工智能生成物的著作权归属于投资者，这不仅在理论上具有优越性，且在现有著作权法制度之下通过职务作品或委托作品的规定进行权利归属也是可行的。

结 论

激励理论作为解释知识产权制度正当性的主流理论，其以古典功利主义为理论基础，法经济学理论与利益平衡理论是激励理论视角下对著作权法进行分析的主要方式，著作权法在发展过程中一直以实现社会整体福利的最大化为最终目的，从激励理论出发，对人工智能生成物加以保护十分必要。

探讨著作权归属问题的前提是人工智能生成物具有可版权性，依据激励理论和对具体制度设置的分析，我国的著作权法更接近于版权体系的立法模式，因此在判断独创性时应偏向于采用客观认定方式，采用独立完成和最低限度创造性两个标准，而无须讨论个性的有无或智力投入与否。通过法经济学分析方法对人工智能生成物进行独创性判断后，具有可版权性的人工智能生成物，研究其权利归属时依然可以从激励理论出发。依据激励理论，作为著作权主体的一定是被激励的"社会人"，作为工具的人工智能本身无法享有作品的著作权，而对于具体的权利归属，首先应考虑社会整体效率，其次是作者个人利益。根据这两个标准，无论人工智能程序的设计者和投资者同一抑或分离，投资者都是付出成本最多、最需要得到回报的主体，通过对投资者进行激励能够更好地实现社会整体效率的最大化，并且现行《著作权法》中关于职务作品和委托作品的规定即可作为认定权利归属的依据，因此将人工智能生成物的著作权归属于投资者是必要且可行的。

遗传资源数字序列信息的法律保护研究

刘 庆[*]

内容提要：遗传资源数字序列信息是近年来合成生物学突飞猛进和 DNA 测序便捷化的产物，数字序列信息的法律保护吸引了越来越多的国际组织的讨论，其中讨论最多的是联合国粮农组织和《生物多样性公约》秘书处。数字序列信息成为与遗传资源相关的国际会议中的单独讨论议题，各缔约国和国际组织纷纷对此问题展开研究。美国、日本和英国对此问题研究颇多，其他国家也在积极追赶。各方关注数字序列信息集中在以下三个方面：数字序列信息的使用类型和程度、对粮食安全的影响以及在粮农遗传资源利用中的角色。由于数字序列信息利用的广泛性和普遍性、对保护生物多样性的潜在影响以及数字序列信息保护为遗传资源获取与惠益分享带来的挑战等原因，我国应该积极应对这一变化。随着《名古屋议定书》的生效，我国应该把数字序列信息放在《名古屋议定书》框架下进行讨论，将其解释为《名古屋议定书》中的"遗传资源"。《生物遗传资源获取与惠益分享管理条例（草案）》不应过分强调利用生物遗传资源的物理材料以及有形性，而应该注重保护与遗传资源相关的信息或数据。

关键词：遗传资源数字序列信息 生物多样性 获取与惠益分享

---

[*] 刘庆，法学博士，杭州电子科技大学讲师。

一 引言

生物技术领域的研究像一把能够打开人类认识生命大门的钥匙，带给人类巨大的憧憬和希望。现代生物学的研究不仅仅是对生物技术本身的研究，而且会与其他相关学科进行融合，如生物信息学，在生物学的研究基础之上，融合了信息学和计算机科学。合成生物学是在现代生物学和系统科学基础上发展起来的融入工程学思想的多学科交叉的研究领域，它利用化学或生物化学方法合成 DNA 或蛋白质生物元件，通过工程化的鉴定，形成标准化的元件库，创造具有全新特征或增强了性能的生物模块、网络、体系乃至生物体（细胞），目的是促进和加快了解、设计、重新设计、制造和（或）改变基因物质、活生物体和生物系统以满足人类的需求。① 现代生物学也从研究型向应用型转变，在药物的研发、疾病的诊断、新能源应用和农业发展等方面都予以利用。人类利用遗传资源的手段更加科技化。在利用"遗传资源数字序列信息"（Digital Sequence Information on Gene Resources，简称 DSI）方面取得了快速进展，遗传资源数字序列信息与《生物多样性公约》（Convention on Biological Diversity，简称 CBD）的三个目标②密切相关。

"遗传资源数字序列信息"是在 2016 年《生物多样性公约》科学咨询机构的科学、技术和工艺咨询附属机构（SBSTTA）第二十次会议的合成生物学议题上提出的。《生物多样性公约》在第十三届缔约方大会上单独提出"遗传资源数字序列信息"议题。③ 联合国粮农组织、粮食和农业遗传资源委员会、《生物多样性公约》秘书处、世界卫生组织、世界知识产权组织、联合国大会等国际机构对遗传资源数字序列信息及相关问题进行了讨论。

---

① Lucentini, L., "Just What is Synthetic Biology", Scientist, 2006, 20 (1): 36.
② 《生物多样性公约》的目标：（1）保护生物多样性；（2）可持续利用其组成部分；（3）公平、公正地分享由利用遗传资源而产生的惠益。
③ 参见 CBD/COP/DEC/XIII/16，公布于 16 December 2016。

各方围绕"遗传资源数字序列信息的公开"问题展开了激烈的争论。如果将有商业价值的遗传基因序列公开,可能出现"数字生物剽窃",使遗传资源提供国的惠益分享受到减损。我国拥有丰富的遗传资源,遗传资源作为国家战略资源,是经济社会可持续发展的基石,也是国家生态安全和生态文明建设的重要物质保障。我国要研判新技术的发展趋势,应对"数字生物剽窃"。

二 遗传资源数字序列信息的术语使用

"遗传资源数字序列信息"在环境可持续发展和生物技术研究中发挥重要作用,通过修改基因为疾病的治愈、新能源的利用提供新方法。数字序列信息还在分类学中发挥重要作用,有助于描述和识别生物多样性、预防外来物种入侵风险、追踪非法贸易、确定产品原产地及规划保护管理。各国获取和交换数字序列信息,有助于解决人类安全、动植物健康、粮食安全及环境可持续发展等至关重要的问题。

但是在国际层面,利益攸关方并未对遗传资源的数字序列信息的概念进行界定。"遗传资源数字序列信息"这一术语目前没有商定的定义。[①] 科学界的术语差异体现了相关材料的差异,因此难以统一术语。"遗传资源数字序列信息"的术语可能不是最适当的术语,而是在议定替代术语之前作为替代术语使用。[②]

《粮食和农业植物遗传资源国际条约》(International Treaty on Plant Genetic Resources for Food and Agriculture,简称ITPGR,下文称《粮农公约》)[③] 和《生物多样性公约》的缔约方广泛使用了"数字序列信息"一词,旨在理解生物分子遗传学的活动中产生的某些数据。联合国粮农组织下设的粮

[①] 《生物多样性公约》COP13/16 和 COP14/20 号决定。
[②] 《生物多样性公约》第14次缔约方大会(COP14/20决议)。
[③] 《粮农公约》秘书处委托的合成生物学研究中使用农业遗传资源数字序列信息。

食和农业遗传资源委员会（Commission on Genetic Resources for Food and Agriculture，简称 CGRFA）在其《探索性的实况调查范围研究》中使用了粮食和农业遗传资源的"数字序列信息"这一术语。研究报告指出该术语具有局限性，例如"信息"范围过于宽泛，"序列"在很大程度上取决于背景材料，尽管"数字"旨在将此类数据与物理材料进行区别，但它也有多重内涵，例如能否包含数字图像？此外，《粮农公约》的全球信息系统使用了"数字对象标识符"这一术语对粮农遗传资源的物理材料进行分类，以此促进获取和利益共享。[1] 根据《联合国海洋法公约》中制定的关于养护和可持续利用国家管辖范围以外区域海洋生物多样性的国际法律文书的第69/292号决议所设筹备委员会的讨论中，不同代表团使用了"电子计算机和数字序列数据中的资源"一词。[2]《生物多样性公约》指出，在更准确的术语和相关定义达成广泛共识之前，暂时使用"遗传资源数字序列信息"（DSI）。[3] 世界卫生组织已采用"基因序列数据"作为"数字序列信息"的替代术语，《粮农公约》的一些缔约方表示"基因序列信息"仍然是相关术语中的首选项。

英国同意采用"数字序列信息"术语，但承认在任何多边决定程序中依靠科学提供依据的重要性。各国纷纷对遗传资源的数字序列展开研究，明确了遗传资源数字序列信息与物理遗传资源确定遗传资源的保护路径和方法的不同。日本认为"基因序列数据"是最合适的术语，因为它是目前使用最广泛的，并且在科学界被认为是一个明确的术语。[4] 德国、巴西等国

---

[1] 联合国粮食和农业组织，Submission of Views and Other Information on "Digital Sequence Information"，http://www.fao.org/plant-treaty/overview/mypow/dsi/en/。

[2] Sarah A. Laird and Rachel P. Wynberg, A Fact-Finding and Scoping Study on Digital Sequence Information on Genetic Resources in the Context of the Convention on Biological Diversity and the Nagoya Protocol. CBD/DSI/AHTEG/2018/1/3 at Page 8.

[3] 《生物多样性公约》科学、技术和工艺咨询附属机构第22次会议通过的 CBD/SBSTTA/REC/22/1。

[4] Views and Other Information on Digital Sequence Information from Japan to the Eighth Session of the Governing Body, http://www.fao.org/3/ca4356en/ca4356en.pdf，最后访问日期：2020年3月16日。

都认可"数字序列信息"的使用。

美国坚决反对使用"遗传资源数字序列信息"这一术语,而赞成使用粮食和农业植物遗传资源的"基因序列数据"(Gene Sequence Data,简称 GSD),该术语描述了植物起源的遗传物质中 DNA 或 RNA 中核苷酸的顺序,对食品和农业具有实际或潜在的价值。① 美国认为基因序列数据既不是遗传材料也不是遗传资源,必须区分遗传物质本身和与该材料相关的数据,同时也否认"基因序列数据"属于《生物多样性公约》和《名古屋议定书》的保护范围。韩国认为之所以对该术语产生歧义,很大程度上是因为该术语本身的歧义。遗传资源数字序列信息不是科学界普遍接受的术语,而是一个替代性术语。韩国认为应将"遗传资源数字序列信息"中的"信息"(information)替换成"数据"(data),因为信息代表了更加广泛的意义,会增加该术语的不确定性。② 韩国也认为应该采用"基因序列数据",而它并不属于遗传资源。③

本文在全文论述中使用"遗传资源数字序列信息"。根据《生物多样性公约》第 XIII/16 号和《名古屋议定书》第 NP - 2/14 号决定,在更准确的术语出来之前,"遗传资源数字序列信息"能够包含核酸和蛋白质序列的信息以及源自具体针对遗传资源细胞的生物和代谢过程的信息。创建数字序列信息要获得物理遗传资源,数字序列信息是遗传资源获取、利用的新形式,这种紧密的联系并不能使数字序列信息被排除出《生物多样性公约》和《名古屋议定书》的范围。提供遗传资源的缔约国政府可以获得分享遗传资源的惠益。

---

① U. S. Submission of Views and Information on "Digital Sequence Information" on Plant Genetic Resources for Food and Agriculture,http://www.fao.org/3/ca4195en/ca4195en.pdf,最后访问日期:2020 年 3 月 16 日。
② Republic of Korea's Submission of Views and Information on Digital Sequence Information to FAO,http://www.fao.org/3/ca4809en/ca4809en.pdf,最后访问日期:2020 年 3 月 16 日。
③ 韩国认为《生物多样性公约》的第 2 条中遗传资源的定义是"任何含有遗传功能单位的植物、动物、微生物或其他来源的材料",这与"基因序列数据"的含义不符。因此"基因序列数据"不属于"遗传资源"。

三 遗传资源数字序列信息的保护实践

遗传资源数字序列信息成为遗传资源相关国际会议讨论的单独议题，足见其在遗传资源获取与惠益分享、生物多样性方面的重要性，对数字序列信息的范围的界定将会直接影响遗传资源的获取和惠益分享。

（一）遗传资源数字序列信息的国际法保护

2017 年，粮食和农业遗传资源委员会（The Commission on Genetic Resources for Food and Agriculture）[①] 在其第十六届常会上建立了粮食和农业遗传资源数字序列信息新的工作流程。它要求编写一份《粮食和农业遗传资源数字序列信息的探索性实况调查范围研究报告》（以下简称《实况调查报告》）[②]，旨在审议"数字序列信息"的使用对粮食和农业遗传资源保护及可持续利用的影响，包括对遗传资源交换、获取及其利用所产生惠益的公正公平分享的影响。

《实况调查报告》[③] 阐述该领域使用的术语、数字序列信息的利益攸关方、使用粮食和农业遗传资源数字序列信息的类型和程度，以及数字序列信息与粮食安全的关联性。这份报告得出以下结论。（1）全球制造和共享 DNA 序列的能力增强，使得遗传资源利用者不用受限于获得 DNA 信息或者物理遗传资源，就可以获得包含大量价值的数据序列信息。获得数字序列信息就足以表征生物多样性和改良育种。现有 1700 个数据库包含数字序列

[①] 粮食和农业遗传资源委员会是粮农组织（FAO）中专门处理粮食和农业生物多样性问题的永久性政府间机构，起初只关注植物遗传资源，1995 年粮农组织大会拓宽了遗传委职能，将粮食和农业相关的所有生物多样性组成部分囊括在内。

[②] Exploratory Fact-Finding Scoping Study on "Digital Sequence Information" on Genetic Resources for Food and Agriculture, by Jack A. Heinemann, Dorien S. Coray and David S. Thaler.

[③] 该报告包括五个部分，分别是背景介绍、术语和定义、生物技术中利用数字序列信息管理草地和农业生态系统的类型和程度、数字序列信息在研究和产品开发以及粮食和农业遗传资源管理中扮演的角色、参与者与数字序列信息的获取。

信息，获得这些信息并不需要获得遗传资源提供国的许可。在技术可能的情况下，数字序列信息有取代遗传资源 DNA 的能力。① （2） 与生物信息学和合成生物学复杂团体和不断发展的实践脱节的简单而精确的数字序列信息定义可能没有什么价值。换句话说，数字序列信息的精确内涵已经不重要了，重要的是和生物信息学和合成生物学与时俱进。（3） 数字序列信息可以从所有种类的粮食和农业遗传资源（GRFA）中产生，它积极作用于分类学描述、特征识别、育种、认证、保存原材料和研发新产品。（4） 数字序列信息已经达到了"大数据"规模，将会有更大的价值和更多的营收。大数据的应用将会把数字序列信息及粮食和农业遗传资源联系起来，同时也为拥有、使用和管理遗传资源的人提供帮助和产品。（5） 未来将会有更多的参与人和机构利用数字序列信息。这些信息对于全球范围内管理遗传资源也是非常有益的。不难看出，这份报告对数字序列信息的地位和影响给予了积极的肯定。

2019 年，遗传委认识到需要进一步审议粮食和农业遗传资源数字序列信息，并且同意在下届会议上讨论粮食和农业遗传资源数字序列信息带来的创新机会，数字序列信息获取和利用能力受到的挑战，数字序列信息对粮食和农业遗传资源保护、可持续利用及利益分享的影响。

《生物多样性公约》缔约方第十四届会议和《名古屋议定书》缔约方第三次会议审议了遗传资源的数字序列信息问题，并各自通过了 COP 第 14/20 号决定和 COP-MOP 第 NP - 3/12 号决定。在第 14/20 号决定中，缔约方认识到遗传资源数字序列信息对《生物多样性公约》目标的重要性，仍然需要进一步工作，在概念上厘清遗传资源数字序列信息。缔约方还认识到，获取和使用遗传资源数字序列信息有助于科学研究、生物多样性、粮食安全、人类和动植物健康等领域的非商业活动和商业活动。许多国家需要进一步提高获取、使用、产生和分析遗传资源数字序列信息的能力，并鼓励

---

① Exploratory Fact-Finding Scoping Study on "Digital Sequence Information" on Genetic Resources for Food and Agriculture, by Jack A. Heinemann, Dorien S. Coray and David S. Thaler, page 69.

缔约国政府和有关组织酌情支持能力建设和技术转让，以协助获取、使用、产生和分析遗传资源数字序列信息，最终保护和持续利用生物多样性以及惠益分享。

《生物多样性公约》缔约方大会第 XIII/16 号决定设立遗传资源数字序列信息特设技术专家组（Ad Hoc Technical Expert Group On Digital Sequence Information on Gene Resources，简称 AHTEG）。根据第 NP－2/14 号决定，特设技术专家组还将为《名古屋议定书》服务。《生物多样性公约》缔约方大会请执行秘书委托进行一项研究，研究成果为《〈生物多样性公约〉和〈名古屋议定书〉背景下关于遗传资源的数字序列信息的实况调查和分类研究》①（以下简称《数字序列信息的实况调查和分类研究》），以澄清术语和概念，并评估在《生物多样性公约》和《名古屋议定书》范围内使用遗传资源数字序列信息的程度和条件。《数字序列信息的实况调查和分类研究》得出以下结论。（1）数字序列信息是保护和可持续利用生物多样性的重要手段和工具，利用此数据可以为货币惠益分享和非货币惠益分享创造新的机会。同时数字序列信息为遗传资源获取与惠益分享带来新的挑战。（2）应对现有这些挑战的潜在新方法是确定数字序列信息的来源，将包含元数据的序列确定在保护范围之内，为研究人员提供标示来源的唯一标识。数据库用户的通知协议可以成为可能的利益共享的方法。（3）与日新月异的科学技术发展相匹配的是政策与法律的创新。开放的、多方合作以及分散性研究网络，这种创新方法可以为遗传资源提供国带来新的惠益，但是对它的价值和实施效果需要深入研究。

（二）遗传资源数字序列信息的比较法保护

数字序列信息不仅在国际层面受到了广泛的关注，许多国家都开始着

---

① A Fact-Finding and Scoping Study on Digital Sequence Information on Genetic Resources in the Context of the Convention on Biological Diversity and the Nagoya Protocol, by Jack A. Heinemann, Dorien S. Coray and David S. Thaler, https://www.cbd.int/doc/c/079f/2dc5/2d20217d1cdacac787524d8e/dsi-ahteg－2018－01－03－en.pdf，最后访问日期：2020 年 3 月 25 日。

手研究如何保护数字序列信息。开展研究的国家主要关注如下几个方面。

1. 数字序列信息的使用类型和程度

遗传资源数字序列信息应用在生物多样性的识别和描述、粮食保障、追踪非法贸易、缓解受威胁物种面临的风险等方面，具有非常重要的价值，研究和开发遗传资源数字序列信息是大势所趋。[①] 随着基因组学科学研究的推进和基因测序成本的降低，数字序列信息已经成为诸多科学领域研究的必备条件。在英国预育种研究中，从事植物遗传学研究的大学、研究所、公司和其他组织都或多或少地使用生物信息学程序处理数字序列信息。已经开发出了许多基因组学技术，这些技术使用数字序列信息了解基因功能并通过遗传表征单个植物和种群来实现作物物种的遗传改良。[②] 英国的数字序列信息的主要用户"基因改善网络"（The Genetic Improvement Networks，简称 GINs）利用数字序列信息识别抗病虫害性状。商业育种者利用数字序列信息培育高产作物。英国的公共资助研究（例如 GINs）旨在研发抗病虫害、抗干旱的作物。就豆类作物而言，研究还旨在改善种子质量，以鼓励耕种轮作中的种植者更多地采用。

虽然德国目前还没有关于粮农遗传资源数字序列信息产生和利用的详细情况，但上述活动对德国的保护管理和科学研究产生影响，并已大幅提高了德国植物育种的效率。[③] 德国的莱布尼茨植物遗传和作物植物研究所（IPK）及其国内和国际合作者共同开发了重要作物的参考序列，包括小麦（triticum aestivum）、大麦（hordeum vulgare）和黑麦（secale gragale）。公开的序列信息将有利于新品种和改良品种的开发，这些品种更好地适应不断变化的环境和气候条件，并对植物病虫害具有更强的抵抗力。

[①] 李保平、薛达元：《遗传资源数字序列信息在生物多样性保护中的应用及对惠益分享制度的影响》，《生物多样性》2019 年第 27 期。

[②] Submission of Views and other Information on "Digital Sequence Information"，http://www.fao.org/3/ca5306en/ca5306en.pdf，最后访问日期：2020 年 3 月 22 日。

[③] German Contribution 29.03.2019，Submission of Views and other Information on "Digital Sequence Information"，http://www.fao.org/3/ca4237en/ca4237en.pdf，最后访问日期：2020 年 3 月 22 日。

为了在易受气候变化、干旱、高盐分和土壤贫瘠影响的发展中国家建立稳定和可持续的农作物生产，日本国际农业科学研究中心（Japan International Research Center for Agriculture Sciences，简称 JIRCAS）目前正在利用数字序列信息开发适应这些不利环境的高产作物的育种材料和育种技术。日本国际农业科学研究中心正在研究开发耐高温、耐干旱、耐低磷和高氮素利用效率的水稻育种材料；同时也积极开发耐干旱和高盐的大豆育种材料。英国倡导建立标准化的生物信息系统及存储和共享数字序列信息的平台。

英国的全球挑战研究基金和达尔文倡议旨在帮助发展中国家开展此领域的数字序列信息相关的能力建设。水稻是第一种全基因组序列被完整、准确解码的作物。解码是由多个公共实验室联合完成的，这些实验室分布在日本、美国、英国、中国、法国、印度、韩国、巴西、泰国。该测序项目的数据库由日本国家农业和食品研究组织运营，除日本外，共有 143 个国家访问了该数据库。[1]

2. 数字序列信息对生物多样性及其组成部分的影响

《名古屋议定书》旨在保护生物多样性及其组成部分的可持续利用，[2]从而将获取与惠益分享与《生物多样性公约》的其他两个目标联系起来。数字序列信息用于若干不同的目的，以支持养护生物多样性和可持续利用，包括分类学、育种、监测和控制目的，以及公共卫生和粮食安全。

德国在其提交的报告中肯定了数字序列信息的作用。基因测序和基因组技术促进了作物抗病、适应气候变化及其他环境挑战相关性状的遗传结构的研究。随着基因组信息的应用，育种技术更高效、育种时间更短、育种更精确。[3] 美国

---

[1] 欧洲 47 个、亚洲 22 个、南美洲/中美洲 24 个、非洲 31 个、大洋洲 2 个、北美洲 2 个、中东 15 个访问了该数据库。总共访问了 1312614 页（2016 年 1 月 1 日至 12 月 31 日）。Views and Other Information on Digital Sequence Information from Japan to the Eighth Session of the Governing Body from Japan.

[2] 《生物多样性公约》的其中两个目标。

[3] German Contribution 29.03.2019, Submission of Views and Other Information on "Digital Sequence Information", http://www.fao.org/3/ca4237en/ca4237en.pdf，最后访问日期：2020 年 3 月 22 日。

认为数字序列信息①的使用直接有助于《粮农公约》的三个目的实现。世界各地的研究人员依靠数字序列信息将粮农遗传资源描述为推进科学知识和技术创新的重要工具。使用和交换描述粮农遗传资源特征的数字序列信息可以提高作物生产力和恢复力，有利于消除世界各地饥饿和贫困以及实现共同发展目标。②

韩国认为数字序列信息为粮农植物遗传资源的鉴定、育种和保护提供了重要工具。例如，遗传资源的 DNA 标记被用来识别物种和品种，预测性状，提高育种效率，并选择保护样本库，以最大限度地提高遗传多样性。数字序列信息还广泛应用于基础科学领域，包括分类学、分子和生态学研究。数字序列信息（数据）也是分享和验证科学发现的关键，因此许多期刊都要求提交研究中分析的基因序列数据。③

3. 数字序列信息在粮食和农业遗传资源利用中的角色

粮食和农业遗传资源的养护和可持续利用对于农业粮食系统多样化和加强粮食和营养安全至关重要。研究和开发粮农遗传资源的国际合作和共同努力对实现必要的食物数量、营养密集型食品的可获得性和可负担性，以及改善世界范围内的饮食多样性积极且必要。德国认为测序和"数字序列信息"的使用对于粮食和农业植物遗传资源相关活动而言十分必要，包括但不限于：（1）识别和表征，例如，实现优先考虑目标的粮农遗传资源的原地、农场或迁地的保护；（2）保护濒危物种；（3）收集基因和管理基因库，例如用于识别重复、多样性评估、建立核心种质等；（4）育种和遗传改良，例如确定关键农艺性状。④ 巴西认为在分类鉴定、新物种鉴定、作

---

① 美国在提交的报告中并没有使用遗传资源数字序列（DSI），本文为了写作中术语的一致性，都将"基因序列数据"（GSD）替换成"遗传资源数字序列信息"（DSI），但并不影响美国官方立场和观点的表达。

② U. S. Submission of Views and Information on "Digital Sequence Information" on Plant Genetic Resources for Food and Agriculture, http://www.fao.org/3/ca4195en/ca4195en.pdf, 最后访问日期：2020 年 3 月 22 日。

③ Republic of Korea's Submission of Views and Information on Digital Sequence Information to FAO, http://www.fao.org/3/ca4809en/ca4809en.pdf, 最后访问日期：2020 年 3 月 22 日。

④ German Contribution 29.03.2019, Submission of Views and Other Information on "Digital Sequence Information", http://www.fao.org/3/ca4237en/ca4237en.pdf, 最后访问日期：2020 年 3 月 22 日。

物和植物新品种的开发、改良和育种、抗病虫害和病原体保护、可持续利用遗传资源、保护生物多样性和生态系统等方面都能找到数字序列信息的身影。美国认为遗传资源数字序列信息有助于定义、区分和识别植物种群，描述植物种群内部和种群之间的遗传多样性，更好地理解感兴趣的植物性状。所有这些用途都为保护、管理和使用粮食和农业遗传资源提供决策依据，进而促进粮食安全和经济发展。①

研究人员可以利用数字序列信息来区分外观、性状和其他特性上看起来相同但在遗传上截然不同的植物种群，这对于推进粮农遗传资源的保护尤为重要。例如，研究人员利用作物基因库诊断核苷酸序列（nucleotide sequence）的差异性从而识别未知样本，保持这些样本的遗传真实性，并为特定的研究或者育种目的选择最佳样本。②

四 开放创新下的数字序列信息保护的必要性

遗传资源数字序列信息已经成为很多科学领域研究的必备条件。各国认识到保护遗传资源数字序列信息的重要性，生物合成技术发展强国，如美国、日本、英国，它们更希望建立共享的数据库和平台，它们认为对数字序列信息的任何监管都会阻碍科学研究和可持续利用数字序列信息。但是巴西、德国更希望发展与数字序列信息相关的技术。

（一）数字序列信息利用的广泛性

近年来，随着生物领域开源运动的兴起，任何个人和机构都能自由获取科学研究成果。无论是发达国家还是发展中国家，都能够利用这些成果。

---

① U. S. Submission of Views and Information on "Digital Sequence Information" on Plant Genetic Resources for Food and Agriculture, http://www.fao.org/3/ca4195en/ca4195en.pdf, 最后访问日期：2020 年 3 月 22 日。

② U. S. Submission of Views and Information on "Digital Sequence Information" on Plant Genetic Resources for Food and Agriculture, http://www.fao.org/3/ca4195en/ca4195en.pdf, 最后访问日期：2020 年 3 月 22 日。

收录国际遗传资源数字序列信息的国际核苷酸序列数据库（International Nucleotide Sequence Database Collaboration，简称 INSDC 数据库）的统计表明：在 2014 年至 2016 年，有多达 172 个国家使用过该数据库。① 包括《科学》和《自然》在内的大多数国际学术期刊都要求披露数字序列信息作为发表研究的依据标准。这种类型的披露和数字序列信息的公开对科学创新及其可持续利用起到了重要作用。②

各国的科研机构和公共实验室利用共享的基因序列或遗传数据取得了丰硕的成果。不难预测数字序列信息应用于粮食和农业植物遗传资源中所产生的知识和创新，数字序列信息对保障粮食和营养安全具有重要的战略意义。利用数字序列信息促进和加快作物新品种的开发，选择更适合于新的环境条件和气候灾害的粮食和农业植物遗传资源等。例如许多国家的公共实验室联盟对水稻进行全基因测序，水稻的基因序列解码有助于人类分析玉米和小麦等其他物种。

用于研究基因及其功能的基因组技术产生了前所未有的信息量，使这一领域成为一个数据非常丰富的领域。因此，生物信息学（收集、分类、存储和分析复杂生物数据）与基因组技术一起发展，以便存储、检索和分析这些海量且不断增长的信息和产生的大规模数据集。③ 在 20 世纪 70 年代末，当 DNA 序列数据开始在科学文献中积累时，早期的数据库被用来存储和组织这些序列，并很快成为公布新的遗传序列的最佳的科学实践。世界核酸三大数据库收录了丰富的数据资源，而且这些数据每天都在不断地增加。④

---

① 欧洲 46 个、亚洲 43 个、南美/中美洲 35 个、非洲 32 个、大洋洲 14 个，和北美洲 2 个，Website access：1，621，300 page views。
② Views and Other Information on Digital Sequence Information from Japan to the Eighth Session of the Governing Body，http://www.fao.org/3/ca4356en/ca4356en.pdf，最后访问日期：2020 年 3 月 25 日。
③ Pavel Pevzner & Phillip Compeau，*Bioinformatics Algorithms：An Active Learning Approach* (2015)，Active Learning Publishers.
④ 核酸序列三大数据库分别是 Genbank、ENA 和 DDBJ。

DivSeek 是向各相关部门、机构开放且主要联系公共和学术组织的倡议，其目标是"推动育种者和研究人员利用遗传变异加速作物改良，为利用作物多样性实现粮食和营养安全、创造社会经济效益的单个活动建立联系、提供支持并增加价值"。[①] 这些建立的数据库都在使越来越多的基因序列数据被商业或非商业利用。

(二) 数字序列信息对生物遗传资源保护的潜在影响

数字序列信息是遗传资源获取与惠益分享的补充形式，物理材料与数字序列之间有着天然的联系。遗传资源的保护从数字序列的使用中不断受益。

(1) 鉴定和表征：使用数字序列信息可以更快、更精确地鉴定和表征育种者感兴趣的性状。研究人员还使用数字序列信息来确定种群内和种群之间的遗传差异和多样性程度。了解和量化种群内的多样性对于农作物的适应性研究十分必要；研究人员可以根据适应性来确定种群是否有能力适应环境变化，从而有助于发展有弹性的生产系统。例如培育未来的应用小麦基因组学创新实验室（Feed the Future Applied Wheat Genomics Innovation Lab），该实验室是美国政府的一个研究合作项目，包括巴基斯坦、印度、孟加拉国和尼泊尔的研究人员，该实验室正在利用数字序列信息、降雨量和土壤信息，旨在提高在南亚筛选小麦品种的精确度。选育并培养适应环境和气候变化的农作物，利用数字序列信息进行新品种的研发，不仅节省财力和物力，还能缩短研发时间，提高育种效率。使用传统植物育种方法所花时间大约是利用数字序列信息的作物产品开发的 10~20 倍。[②]

(2) 管理和恢复：通过确定、表征和保护生物遗传资源，有可能更好地了解特定的生态系统，以便以可持续的方式探索生物遗传资源，对其进行保护或恢复。联合国粮食及农业组织通过审查粮食和农业遗传资源的数

---

① 该倡议网站上列出 68 个伙伴，主要是研究机构、大学、其他国家和国际机构和组织。
② Notifications NCP GB8 – 016 MYPoW/DSI and NCP GB8 – 020 MYPoW/DSI, Inputs by Brazil.

字序列信息的使用情况，认为遗传数字序列信息可以用来描述粮食和农业植物遗传资源的多样性，有助于农作物遗传资源的保护和可持续利用。国际农业研究磋商组织利用 DNA 测序技术对土豆、玉米、小麦等农作物中的遗传变异要素进行分析，对这些栽培作物的基因多样性有了新的认识。

（3）提高育种能力。研究人员还使用遗传资源数字信息来确定种群内和种群之间的遗传差异和多样性程度。了解植物种群内和种群间的遗传多样性也有助于维持和利用种质中的遗传多样性，并减少不必要的近亲繁殖，这两者对于选择育种和超低温保存等保护活动都很重要。在植物育种中，了解亲本之间的遗传关系是成功的先决条件，特别是在生产玉米、高粱、向日葵和其他蔬菜及果树杂交种方面。这些作物的杂交品种优势使产量和产品质量大大超过非杂交作物。

（三）数字序列信息保护为遗传资源获取与惠益分享带来新的挑战

《生物多样性公约》和《名古屋议定书》在审议遗传资源数字序列信息对公平和公正分享惠益的潜在影响时，特设技术专家组的专家们一致认为，缔约方大会和《名古屋议定书》缔约方会议尚未决定将遗传资源数字序列信息纳入《生物多样性公约》和《名古屋议定书》的范围。[①]

1. 利用遗传资源的方式的改变

使用数字序列信息会给遗传资源的利用带来革命性的变化。利用数字序列信息进行研发或育种，商业用途和非商业用途的区别不明显。用户访问现有的数据库，只需要同意使用许可协议，并不区分商业使用和非商业使用。各缔约方并未就数字序列信息的范围达成一致，特设专家组的专家认为数字序列信息可能包含的内容分为两类。第一类是描述遗传资源的遗传和/或生化组成的信息，包括核酸序列读数和相关数据；关于序列组装、其注释和基因图谱的信息，这种信息可以描述整个基因组、单个基因或其片段、条形码、细胞器基因组或单核苷酸多态性；基因表达的信息；大分

[①] 参见《遗传资源数字序列信息特设技术专家组的报告》CBD/SBSTTA/22/INF/4。

子和细胞代谢物的数据。第二类数据包含与遗传资源相关的观测数据，包括关于生态关系和环境的非生物因素的信息；功能，如行为数据；结构，包括形态数据和表型；分类方面的信息；使用方式。这些数据可能产生于遗传资源的获取或利用过程中，这些属于背景信息。获取或利用遗传资源过程中产生的这些信息，或者观察得出的这些信息，有利于更好地利用遗传资源。[①]

利用遗传资源数字序列信息未必一定要获取物理材料，可以通过访问数据库，或者通过一片叶子就能获得数字序列信息。获取与惠益分享能否最终实现取决于对遗传资源本身和原始提供者的识别，下一步才能共同商定条件并建立相关协议。事实上，随着数据的激增、用户的增加，序列信息的来源也会发生改变。[②]

2. 事先知情同意程序的虚置

数字序列信息的利用，在某些情况下可能会消除用户获取原始有形遗传资源的需要，对遗传资源获取和惠益分享的实施提出挑战，从而有可能使用户绕过事先知情同意的程序。例如越来越多的公共实验室和育种企业依赖于基因序列数据，而不是物理材料，这有可能破坏事先知情同意程序，从而影响惠益分享。

全球产生和共享 DNA 序列的能力的提高，足以大量利用来自生物遗传资源的数字序列信息来表征生物多样性。除了核苷酸序列，有关粮食和农业的遗传资源数字信息还包括其他类型有价值的数据，例如以蛋白质或代谢物形式存在的生物科技材料。对于许多机构和用户来说，访问这些信息并不需要访问《粮农公约》全球信息系统，也不需要获得遗传资源提供国的许可。

遗传资源及相关传统知识获取问题成为获取与惠益分享概念中的核心

---

① 参见《遗传资源数字序列信息特设技术专家组的报告》CBD/SBSTTA/22/INF/4。
② Welch E, Bagley MA, Kuiken T, Louafi S (2017) Potential Implications of New Synthetic Biology and Genomic Research Trajectories on the International Treaty for Plant Genetic Resources for Food and Agriculture. FAO, Rome.

部分。《名古屋议定书》有很多条款对此有所涉及。第 6 条第 1 款强调了国家拥有自然资源的主权。它再度阐明遗传资源必须得到提供国的事先知情同意，除非另有规定。第 6 条第 2 款规定了遗传资源的获取。如果遗传资源被确认为土著或者为地方社区所有，这种情况下，应确保获得土著或地方社区的事先知情同意或其核准及参与。土著或地方社区要签发许可证，获取证书或等同文件以证明获取土著或地方社区事先知情同意或核准，拟定了共同商定条件，并相应地通告获取与分享信息交换所。如果绕开了事先知情同意或批准和参与的程序，后面的惠益分享将不可能展开。

3. 利用数字序列信息的监测困难

任何个人或机构收集到的生物遗传材料后期都可能被用于各种目的的开发利用。因此，监测遗传资源的使用情况对惠益分享显得更为重要。有效的监测可以防止嗣后对遗传资源进行多个环节的商业化应用。事实上，数字序列信息远比传统的遗传资源更难监测，因为随着时间的推移，序列信息被修改，来源身份会被掩饰。被修饰过的序列信息，很难找到其来源，就不能将序列信息的来源和遗传资源的原始提供者相联系，这将会影响遗传资源的惠益分享。而这些行为的发生未必是用户出于逃避惠益分享的责任，而仅仅是因为不确定谁是遗传资源的提供者。

五　我国保护数字序列信息的路径

近年来各国纷纷意识到遗传资源的重要性，在国内法中加强保护遗传资源。2014 年，张高丽副总理主持召开中国生物多样性保护国家委员会会议，审议通过了《加强生物遗传资源管理国家工作方案（2014—2020 年）》，要求原环境保护部会同相关部门尽快制定生物遗传资源获取与惠益分享专门法律法规。中央国家安全委员会和国务院分别把《生物遗传资源获取与惠益分享管理条例（草案）》列入国家安全立法规划和国务院立法工作计划。我国在 2016 年 9 月 6 日正式成为《名古屋议定书》的缔约国。环境保护部成立了立法工作领导小组，起草了《生物遗传资源获取与惠益分享管理条例（草案）》。

尽管我国目前发布实施了一系列与生物资源相关的法律法规,如《野生动物保护法》《畜牧法》《种子法》《野生植物保护条例》《濒危野生动植物进出口管理条例》等,但现行法律法规主要是对部分物种或遗传资源的采集、猎捕、出境进行管理,普遍缺乏共同商定条件和惠益分享的规定,特别是在微生物资源、生物遗传资源相关传统知识、衍生物、生物遗传资源数字化信息等的获取与惠益分享方面存在立法空白,致使相关实践活动无法可依。

我国在《生物遗传资源获取与惠益分享管理条例(草案)》中不应过分强调利用遗传资源的物理材料和有形性,而是应该侧重保护遗传资源的信息,这样才能应对新技术发展带来的新问题。尽管"数字序列信息"是一个过渡性术语,将得到遗传资源数字序列信息特设技术专家组(AHTEG)的进一步审议,但我们根据第 XIII/16 号和第 NP-2/14 号决定在草案中可以使用该术语,从而将"数字序列信息"纳入保护范围。

数字序列信息的法律属性,可以根据《名古屋议定书》中的相关规定进行解释。《名古屋议定书》与《生物多样性公约》是相互独立的两个条约,《名古屋议定书》定义的新术语相对较少,但是它的两个创新——"利用遗传资源"和"衍生物"解决了《名古屋议定书》协商中的一些主要争论。它们与"生物技术"这个重复的定义一起构成了《生物多样性公约》缔约方大会第 10 次会议由日本主席经协商在最后一天提出的一揽子折中方案,它们也构成了《名古屋议定书》的主要执行条款。① 定义深受 2008 年 12 月在纳米比亚温得和克召开的关于概念、术语、工作定义和部门方式问题法律和技术专家组会议提交的报告的影响。② 而数字序列信息可以放在《名古屋议定书》框架下进行解释,认为"数字序列信息"属于"利用遗传

---

① ElsaTsioumani, "Access and Benefit Sharing-The Nagoya Protocol", *Environmental Policy and Law* 40 (6), pages 288–302. Matthias Buck & Clare Hamilton, "The Nagoya Protocol on Access to Genetic Resources and the Fair and Equitable Sharing of Benefits Arising from their Utilization to the Convention on Biological Diversity", *Review of European Community & International Environmental Law*, volume20, 2011 (04), pages 47–61.
② 〔德〕格赖伯等:《遗传资源获取与惠益分享的〈名古屋议定书〉诠释》,薛达元、林燕梅校译,中国环境出版社,2013,第 59 页。

资源"这个术语的保护范围。遗传资源包括生成遗传材料中自然产生的化合物（如代谢的提取物、DNA 片段的合成及复制生成）。① 与这个问题相关的术语需要更多的讨论。这些讨论的总体目标是找到术语之间的平衡，一方面是适应的、动态的，足以反映科技、市场和其他变化的步伐，另一方面又足够清楚和细致，能够提供法律确定性，并围绕获取与惠益分享的范围提供解决方案。

遗传资源数字序列信息用于非商业性研究和开发，应根据国内立法简化措施，以便更快地推进科学研究，促进生物经济发展、可持续利用和保护生物多样性，以及公平地分享从遗传资源数字序列信息商业利用中获得的利益。面对这一变化，我国应该积极对这一议题展开研究，参与国际谈判，同时提升数字序列信息的建设能力。

---

① 概念、术语、工作定义和部门方式问题法律和技术专家组，UNEP/《生物多样性公约》/WG－获取遗传资源并公正和公平分享通过其利用所产生惠益/7/2，2008 年 12 月 8 日。

判解／实务研究

从飞书与微信纠纷看平台竞争问题

黄 晋[*]

内容提要： 平台动态竞争的压力使得平台经营者之间的纠纷日趋激烈。当前，运用《反垄断法》和《反不正当竞争法》规制平台竞争、维护消费者合法利益已经成为学界热议的话题。在互联网领域内，合同自由原则仍然是平台经营者之间的基本原则；适用法律理论应与经济社会发展实践相一致；司法和反垄断执法机构对互联网新兴领域的监管有必要保持相对谨慎的态度，对"搭便车"等不正当竞争行为应保持零容忍态度；同时有必要推动平台经营者发展自治规则，以维护市场的公平竞争和保护消费者的利益。

关键词： 平台竞争 必需设施 反垄断 反不正当竞争

近日，字节跳动旗下的办公软件"飞书"与腾讯旗下的社交软件"微信"之间发生的争议引发社会各界广泛关注，已经成为人们热聊的话题。两家企业争议的内容其实非常简单：字节跳动旗下办公软件飞书发布的官方公告2月宣称，飞书相关域名被微信"封禁"，并且被单方面关闭微信分享的API接口。在飞书App内，无法直接跳转分享二维码名片、会议链接等内容到微信。

然而，网民们对该争议却是仁者见仁，智者见智。鉴于该争议涉及一

---

[*] 黄晋，中国社会科学院国际法研究所副研究员，竞争法研究中心副主任兼秘书长。

系列法律问题，本文仅就该争议涉及的部分法律问题作进一步分析。

一 《反垄断法》对合同自由原则的限制是有条件的

历史上，大企业与小企业间合同谈判能力的差异一直存在，随着社会大生产的出现，由于大企业和小企业之间不平等的合同关系日益影响市场的公平竞争，为了维护有效竞争，《反垄断法》才被逐渐引入各个国家的法律体系。

然而，《反垄断法》对合同自由原则的限制是有条件的。以企业拒绝提供商品或者服务为例。在欧盟，为表明当事人存在拒绝提供商品或者服务违反《反垄断法》的情形，需要证明如下内容：一是，是否存在拒绝提供商品或者服务的情形；[1] 二是，被指控企业在上游市场是否存在市场支配地位；[2] 三是，接入商品或者服务是否对下游市场希望接入的经营者必不可少；[3] 四是，拒绝提供接入是否会导致在下游市场消除有效竞争；[4] 五是，拒绝提供商品或者服务是否有合理原因。

其中，为了证明第三点，即"接入商品或者服务是否对下游市场希望

---

[1] 实践中，直接拒绝（direct refusal）和推断拒绝（constructive refusal）提供商品或者服务均可能会引起竞争关注。其中，以当事人不可能接受的不合理条件要约提供商品或者服务会被反垄断执法机构和欧盟法院推断拒绝提供商品或者服务。

[2] 这里需要考虑的问题有三个，分别是：（1）界定上游市场必然会受界定下游市场的影响；（2）具有市场支配地位的企业可能根本没有在上游市场运营，它可能不会向任何寻求接入的经营者提供投入品，但这并不意味着该经营者对争议的投入品不存在市场势力；（3）许多成员国存在对经营者附加义务的法律，无论经营者是否具有市场支配地位，均要求经营者有向处于经济依赖位置的客户提供商业或者服务的义务。例如，《法国商法典》第L420-2条第2款和《1957年德国反对限制竞争法》第20条的规定。此外，关于实施条约第81条和第82条制定的竞争规则的（EC）第1/2003号理事会条例第3（2）条允许对单边行为适用比第102条更为严格的成员国国内法。

[3] 许多欧盟案例法已经表明，纵向一体化的经营者仅因在某个上游市场具有市场支配地位是没有义务必须与其在下游竞争的客户进行交易的。

[4] 在微软诉欧盟委员会案中，欧盟普通法院指出，欧盟委员会无须证明市场内的所有竞争都会被消除，而只需证明拒绝提供商品或者服务对消除所有有效竞争应承担责任或有可能消除所有有效的竞争。

接入的经营者必不可少",法院发展出了"必需设施理论"。必需设施理论是指上游市场中的一家具有市场支配地位的企业控制了下游生产不可或缺且不可复制的包括基础设施、技术和自然条件等必要设施,则该企业有义务让下游经营者以适当的商业条款使用该设施,以避免反竞争的后果。

需要指出的是,必需设施理论只是在特别情形下才可以适用于具有市场支配地位的企业拒绝提供商品或者服务的情形。然而,在竞争法领域,包括欧盟和美国在内的国家对拒绝提供商品或者服务是否违反《反垄断法》一直存在争议。

第一,在市场经济条件下,大多数国家的法律制度允许企业与其他经营者自由达成合同,即合同自由原则。欧盟法院总法律顾问 Jacobs 就曾指出:选择自己的贸易伙伴和自由处置自己财产的权利为成员国法律所普遍承认;侵入这些权利需要慎重和正当的理由。[①] 欧盟委员会在其《关于欧盟运行条约第 102 条执法优先指南》中重复了这些观点。[②]

第二,如果"搭便车者"能够利用市场内其他企业的投资,则强迫具有市场支配地位的企业提供商品或者服务对竞争没有好处。Jacobs 也指出,短期来看,允许竞争者接入具有市场支配地位企业的"必需设施"从而使其能够进入市场似乎是有利于竞争的,然而当该结果使经营者不再寻求建立该设施且该设施是进入市场的首期必要投资时,这种迫使经营者开放必需设施的决定可能最终只起到了反竞争效果。竞争法的主要目的是阻止扭曲市场竞争的行为,而不是保护特定的竞争者。[③]

第三,在考虑拒绝提供商品或者服务的法律时,需要注意横向和纵向封锁的差别。在欧盟,大多数拒绝提供商品或者服务的案件都涉及对下游市场的损害,也就是说纵向封锁,而拒绝提供商品或者服务的横向封锁多涉及基于国籍的歧视,以及阻止向高价格地区或者国家平行进口商品或者

---

① Case C-7/97EU:C:1998:264.
② https://ec.europa.eu/competition/antitrust/art82/.
③ Case C-7/97EU:C:1998:264.

服务的情形。关于纵向封锁问题，欧盟法院发展的判例法表明，纵向一体化的企业不需要仅仅因为在上游市场上占有市场支配地位就有义务与下游市场竞争的经营者进行交易。

第四，具有市场支配地位的企业可以因排除竞争对手以外的理由拒绝提供商品或者服务，例如经营者是不良债务人，已经有信用风险或未能遵守其合同义务等。① 需要指出的是，欧盟法院在 United Brands 案中援引了"比例"原则，指出与其他经营者一样，具有市场支配地位的企业有权采取措施保护其合法的商业利益，但这些措施必须与它所面临的威胁是相称的。②

为了证明接入商品或者服务对下游市场希望接入的经营者必不可少，欧盟法院的前身欧共体法院在 Oscar Bronner GmbH 一案（简称"Bronner案"）中作了较为深刻的解释。③ 在该案中，Bronner 是一家奥地利日报发行商，它希望能够使用规模大得多的竞争对手 Mediaprint 高度发达的入户配送系统；Bronner 主张，Mediaprint 拒绝提供该系统构成滥用市场支配地位。奥地利法院对 Bronner 的主张存在怀疑。奥地利法院随后向欧共体法院询问这种拒绝行为是否会违反第 102 条的规定。欧共体法院指出，"成员国国内法院的首要任务是确定奥地利报纸的入户配送系统是否属于单独的市场……Mediaprint 在奥地利境内的配送系统和其他区域间的配送方案是否构成不充分的替代。若该市场属于全国范围内的报纸入户配送系统，那么成员国法院有义务作出，Mediaprint 存在垄断，并且由于它影响和扩展到了奥地利全境，因此这种垄断达到了欧共体内部市场的实质性程度"。④ 关于滥用的问题，欧共体法院指出，知识产权所有人只有在极特殊情况下拒绝向第三方

---

① 具有市场支配地位的经营者需要证明拒绝提供商品或者服务在客观上是必要的，因为它追求的是合法利益，而不是自己的商业利益，且它的行为是呈比例的。这些正当理由包括：经营者是一名不良债务人，已经有信用风险或未能遵守其合同义务；经营者为非法目的使用投入品；具有市场支配地位的经营者有供给限制，无法提供接入商品或者服务；具有市场支配地位的经营者需要实现发展投入品业务所需的足够投资回报；准予进入可能会对具有市场支配地位的经营者的创新动机和下游竞争者的动机产生负面影响。
② Case 27/76 EU：C：1978：22，para 189.
③ Case C - 7/97 EU：C：1998：569.
④ Case C - 7/97 EU：C：1998：569，paras 32 - 36.

当事人许可知识产权才构成滥用；拒绝在下游市场上向竞争对手提供商品或者服务的关键性法律点是设施的"必不可少或者不可或缺"。① 寻求准许进入的"设施"必须是不能复制的，或是很难复制的。因此，一项"设施"在下列情况下才可能是必不可少的，即复制是物理上不可能，如在建立深海港时，国家的岸线资源可能只有某个特定区域；法律上不可能，如经营者拥有知识产权；经济上不可行，如欧共体法院在 Bronner 案中指出的，小公司主张因为规模小就有权使用其竞争对手是大公司的基础设施是不够的。经济上的不能复制要求确认市场容量是否足够大到能容纳如具有市场支配地位企业系统一样的第二套设施。② 换句话说，这也就意味着针对非价格滥用的有效竞争者标准是有效的。

需要指出的是，"必不可少"的要求意味着接入方便或者有用是不充分的，接入必须是不可或缺的。欧盟在确定"设施"是不是必不可少的时，一般要评估竞争者在可以预见的将来是否能够复制；复制意味着能够建立充分供应的替代来源，能够允许竞争者在下游市场对具有市场支配地位的企业构成竞争限制。

在飞书与微信的相关争议中，微信很难被认定为"必需设施"，因为飞书进入市场竞争的渠道非常广泛，微信只是其中一个渠道，并非"必不可少的"。这个可以从 2019 年抖音（字节跳动旗下的短视频产品）和微信争议事件后续情况得到佐证——即使微信曾经对其采取了限制措施，也不影响抖音月活用户数在短时间内迅速飙升到 5 亿。

其实，若微信在即时通信领域中的卓越表现可以被认为属于"必需设施"，那么每一个互联网的细分领域都将会出现"必需设施"，包括抖音、淘宝、滴滴、携程等这些在短视频、电子商务、在线出行、在线预订等互联网细分领域都具有卓越表现的经营者均将负有向竞争对手开放的义务，这显然是不符合实际的。

---

① Case C-7/97EU：C：1998：569，para 39.
② Case C-7/97EU：C：1998：569，para 44.

二　法律理论的适用与社会经济发展密切相关

　　法律理论的适用与国家社会经济发展密切相关，反垄断法律理论也不例外。以欧盟为例，根据欧盟司法和行政执法实践，符合《欧盟运行条约》第102条必不可少的必需设施主要涉及港口、机场、铁路网、天然气管道、储油设施、通信网络、机顶盒、联程航线、计算机航空预定系统、跨境支付系统、跨境证券清算和结算服务、邮政网络、优质电视内容、知识产权或者专有信息、特定产品的配件、废品收集设施等。① 这些行业很多被欧盟各成员国国家所控制或者属于国家所有，可以看出，该反垄断法律理论的适用与欧盟长期以来所提倡的垄断行业解除管制息息相关。

　　然而，需要指出的是，美国法院结合自己的社会经济实践，在一些法律理论适用时更为谨慎。与欧盟绝大多数成员国不同，美国更为强调自由竞争。根据《2019年世界投资报告》，全球国有跨国公司有近1500家，欧洲的国有跨国公司占全部国有跨国公司的1/3以上。② 近年来，美国最高法院已经逐步在避免使用必需设施理论。③ 在美国，第一个涉及必需设施理论的案件被认为是美国诉圣路易斯终端铁路协会案，尽管这一术语并没有在

---

① See Sealink/B&I-Holyhead, Port of Rodby OJ［1994］L l55/52; Sealink/B and Holyhead Interim Measures［1992］5CMLR255; Flughafen Frankfurt/Main AG, OJ［1994］L72/30; GVG/FS OJ［2004］L 11/17; ENI Commission decision of 29 September 2010; Disma, Commission's XXIIIrd Report on Competition Policy (1993); Commission Notice on the Applicability of the Competition Rules to Access Agreements in the Telecommunications Sector OJ［1998］C 265/2, paras 49 – 53 and 87 – 98; Case JV. 37 BSky/KirchPayTV, Commission Press Release IP/00/279. 21 March 2000; London European-Sabena OJ［1988］L 317/47; British Midland/ Aer LingusOJ［1992］L 96/34; Commission Notice on the Application of the Competition Rules to Cross-border Credit Transfers OJ［1995］C 251/3; Clearstream (Clearing and Settlement), Commission decision of 2 June 2004; Commission Notice in the Applicability of the Competition Rules to the Postal Sector OJ［1998］C 39/9; Case 22/78 Hugin Kassaregister v. Commission EU: C: 1979: 138; ARA Foreclosure, Commission decision of 20 September 2016.

② See UNCTAD, World Investment Report 2019, https://worldinvestmentreport.unctad.org/world-investment-report-2019/ch1-global-trends-and-prospects/#FDI-fell-for-the-third.

③ See Richard Whish & David Bailey, *Competition Law* (nineth edition), Oxford University Press, 2018.

该案件中使用。① 然而，在威瑞森通讯公司诉柯蒂斯和多林克律师事务所案中，美国最高法院采用了对必需设施理论明显不热心的态度。② 当事人根据《谢尔曼法案》第 2 条提起诉讼，主张第三方有权接入威瑞森通讯公司的本地电信网络。纽约和联邦通信监管机构调查了威瑞森通讯公司，并得出结论。原告不满足监管机构的结论，基于反垄断法提起诉讼。美国最高法院驳回了原告的诉讼请求，认为强制要求威瑞森通讯公司提供网络可能会减少垄断者、竞争对手或者两者在有经济效益领域进行投资的动力。③ 毫无疑问，最高法院不愿意让原告通过反垄断私人诉讼达到它在主管电信行业的公共机构未能实现的目标。④

由上述内容可以看出，各国尽管存在相同或者类似的法律理论，但是在适用时，均要结合本国的经济社会发展实践，从而最大限度维护和促进本区域或者本国市场的公平竞争。

同时，竞争规则在数字经济时代的适用，应当充分考虑平台竞争的特点，包括网络效应、用户多栖性、高动态性、不同平台之间的低转换成本等。日新月异的技术更迭和商业模式更替让该领域的竞争精彩纷呈，也让任何一个平台都面临更多的"跨界竞争"和创新带来的压力。

三 反垄断法律理论适用于互联网领域应持谨慎态度

传统工业经济下的反垄断法律理论能否适用于当前新经济下的市场环境已经成为各国司法和行政机关着重考虑的问题。实践中，各国对此研究得多，但真正大规模适用仍然是较为谨慎的。

---

① United States v. Terminal Railroad Association of St Louis, 224 US 383 (1912).
② Verizon Communication Inc. v. Law Offices of Curtis Trinko, 540 US 398, 408 (2004).
③ 540 US 398, 408 (2004).
④ Federal Trade Commission, "Is there Life After Trinko and Credit Suisse? The Role of Antitrust in Regulated Industries", FTC Statement of 15 June 2010, https://www.ftc.gov/sites/default/files/documents/public_statements/prepared-statement-federal-trade-commission-courts-and-competition-policy-committee-judiciary-united/100615antitrusttestimony.pdf.

在我国，考虑到互联网领域的创新性和动态竞争的特点，法院对反垄断相关法律理论适用于互联网领域同样也持谨慎的态度。实践中，最高人民法院第78号指导案例奇虎诉腾讯案和徐书青诉腾讯案都指出，在互联网领域，市场份额在认定市场支配力方面的地位和作用需要根据案件具体情况确定，市场份额只是判断市场支配地位的一项比较粗糙且可能具有误导性的指标；互联网环境下的竞争存在高度动态的特征，相关市场的边界远不如传统领域那样清晰，更不能高估市场份额的指示作用。① 此外，在奇虎诉腾讯案中，最高人民法院还进一步指出，"……互联网竞争一定程度地呈现出平台竞争的特征。互联网经营者通过特定的切入点进入互联网领域，在不同类型和需求的消费者之间发挥中介作用，以此创造价值。互联网应用平台之间争夺用户注意力和广告主的竞争以其提供的关键核心产品或者服务为基础。互联网应用平台的关键核心产品或者服务在属性、特征、功能、用途等方面上存在较大的不同"。②

同时，需要特别指出的是，微信对飞书的处置行为虽然发生在微信的社交软件平台上，但该行为的本质很难说是针对社交行为，确切地讲应当是针对软件应用的分发行为。该行为是否构成滥用，应当分析微信在软件应用分发市场上是否具有市场支配地位，而不应当简单地以微信在即时通信领域的市场份额下结论，在适用反垄断规则的时候应当特别谨慎，以避免干扰企业的正常商业行为。

四 《反不正当竞争法》不鼓励"搭便车"和不劳而获的行为

需要指出的是，包括中国在内的各个司法辖区均反对企业的"搭便车"

---

① 最高人民法院：《互联网领域相关市场界定及滥用市场支配地位行为的分析方法》，http://ipc.court.gov.cn/zh-cn/news/view-21.html，最后访问日期：2020年3月27日。另见，徐书青诉腾讯案，http://wenshu.court.gov.cn/website/wenshu/181107ANFZ0BXSK4/index.html?docId=b15f063cc0f2423cba5ea9c700c56170，最后访问日期：2020年3月27日。

② 最高人民法院：《互联网领域相关市场界定及滥用市场支配地位行为的分析方法》，http://ipc.court.gov.cn/zh-cn/news/view-21.html，最后访问日期：2020年3月27日。

和不劳而获的行为。市场经济毕竟有其商业道德和交易规则，企业之间尤其是有竞争关系的企业间肯定会强调合同对价，要求无对价的分享不利于鼓励企业创新和投入。国内法院在淘宝诉美景案等相关判决中也已经明确指出，"……未付出劳动创造，将数据产品直接作为获取商业利益的工具，此种据他人劳动成果为己牟利的行为，明显有悖公认的商业道德，属于不劳而获'搭便车'的不正当竞争行为"。①

五　平台有权依据规则限制第三方的行为

互联网平台有权依据规则限制第三方的行为，这也为法院所承认。在新浪诉脉脉案中，国内法院已经明确指出，"……应当遵守诚实信用原则和公认的商业道德。如果不加节制的允许市场主体任意地使用或利用他人通过巨大投入所获取的信息，将不利于鼓励商业投入、产业创新和诚实经营，最终损害健康的竞争机制。第三方获取用户信息时应坚持'用户授权平台经营者'+'平台经营者授权第三方软件'+'用户授权第三方软件'的三重授权原则"。②

在大众点评诉百度地图案中，法院强调，"对于擅自使用他人收集的信息的行为是否违反公认的商业道德的判断上，一方面，需要考虑产业发展和互联网环境所具有信息共享、互联互通的特点；另一方面，要兼顾信息获取者、信息使用者和社会公众三方的利益，既要考虑信息获取者的财产投入，还要考虑信息使用者自由竞争的权利，以及公众自由获取信息的利益；在利益平衡的基础上划定行为的边界。只有准确地划定正当与不正当使用信息的边界，才能达到公平与效率的平衡，实现反不正当竞争法维护

---

① 安徽美景信息科技有限公司、淘宝（中国）软件有限公司商业贿赂不正当竞争纠纷案，http://wenshu.court.gov.cn/website/wenshu/181107ANFZ0BXSK4/index.html? docId=cdb39154e9ac4f3e8b2aa9dc00b17d01，最后访问日期：2020年3月27日。
② 参见微梦创科网络技术有限公司与北京淘友天下技术有限公司、北京淘友天下科技发展有限公司不正当竞争纠纷一审民事判决书，https://v1.iphouse.cn/cases/detail/228228.html，最后访问日期：2020年3月27日。

自由和公平的市场秩序的立法目的。这种边界的划分不应完全诉诸主观的道德判断，而应综合考量上述各种要素，相对客观地审查行为是否扰乱了公平竞争的市场秩序"。①

此外，在徐书青诉腾讯案中，最高人民法院同时指出，对于任何平台经营者而言，合理规制平台使用者的行为，防止个别使用者对平台整体具有负外部性的不当行为发生和蔓延，有利于提升平台经营者的利益和平台用户的长远利益。② 本案中，"腾讯计算机公司和腾讯科技公司设定关于微信表情不得包含与表情内容不相关的其他信息及任何形式的推广信息等投稿要求，其目的在于保证微信投稿表情纯粹用于增加用户在微信聊天中的乐趣，防止微信表情开放投稿平台被用于商业推广的微信表情所充斥，进而影响用户的聊天体验……"③ 这是法律所允许的。有鉴于此，平台经营者有权设定合理的平台管理和惩戒规则，以实现良好的平台管理。

---

① 参见北京百度网讯科技有限公司与上海汉涛信息咨询有限公司其他不正当竞争纠纷二审民事判决书，http://wenshu.court.gov.cn/website/wenshu/181107ANFZ0BXSK4/index.html?docId=41dbc2267514473886a6a7f90124a13c，最后访问日期：2020年3月27日。
② 徐书青诉腾讯案，https://susong.tianyancha.com/4d77fa74d6aa4281870f119815c3dbb6，最后访问日期：2020年3月27日。
③ 徐书青诉腾讯案，http://wenshu.court.gov.cn/website/wenshu/181107ANFZ0BXSK4/index.html?docId=b15f063cc0f2423cba5ea9c700c56170，最后访问日期：2020年3月27日。

中国《反不正当竞争法》的修订*

〔德〕克劳斯·卡默勒** 著　张广亚*** 译

中华人民共和国全国人民代表大会常务委员会（简称"全国人大常委会"）于2017年11月4日通过了对《反不正当竞争法》（简称"'反法'"）的修订，这是该法自1993年12月1日生效以来第一次得到修订。修订后的"反法"① 于2018年1月1日生效。重大变化包括：吸纳了处理互联网不正当竞争行为的条款、扩大了类型化的不正当竞争行为的适用范围（禁止不当利用他人成果、禁止商业贿赂、禁止误导性的宣传和有奖销售），强化了行政执法机关可以实施的行政处罚，并删除了与其他法律重合的规定。最后，立法者承认了业已在司法中作为一般条款使用的"反法"第2条的一般条款地位。

一　背景

中华人民共和国全国人民代表大会常务委员会一般每隔两个月召开会议，在2017年2月末的会议上，初次审议了由国务院提请的《中华人民共

---

* 本文载于德国法学期刊 Wettbewerb in Recht und Praxis（《竞争法与实践》）2018年第10期，第1160~1166页。
** 〔德〕克劳斯·卡默勒（Claus Cammerer），德国路德律师事务所研究员。
*** 张广亚，武汉大学法学硕士，现供职于华为技术有限公司。
① 在本文翻译过程中，全国人大常委会于2019年4月23日通过了对《反不正当竞争法》的再次小幅修正，因此需要在此特别指出，本文的"'反法'"或者"新'反法'"指的是2017年修订的版本，"原'反法'"仍指的是1993年通过的版本。——译者注

和国反不正当竞争法（修订草案）》（简称《修订草案》）。本次全国人大常委会会议特别指出，"反法"的修订是必要的，其原因在于自"反法"于1993年12月1日生效以来，新的商业模式与商业活动在产生的同时也带来了"反法"中尚未规定的新型不正当竞争行为。① 不正当竞争行为的处罚体系也不尽如人意，"反法"与随后颁布的《反垄断法》②《招标投标法》③ 等法律之间不仅存在重叠，甚至还存在抵触。④ 会后，《修订草案》面向公众征求意见。在2017年11月4日"反法"修订最终通过之前，全国人大常委会还进行了两次进一步审议，包括对草案进行适当调整。⑤ 修订后的"反法"于2018年1月1日生效。

二 新内容

修订过的"反法"现在由32个条文组成，此前则有33个条文。一共删去了11个条文。就新加入的条文观之，要么为新内容，要么为对现有其他法律有关规定的复述。此外，对所有保留下来的条文仅做了轻微的、几处语言表述上的调整。

（一）一般条款及法律定义

"反法"第2条第1款的一般条款被修订。按照修订后的条款，经营者在生产和经营中应当遵循自愿、平等、公平、诚信的原则，遵守法律和商业道德。"遵守法律"的义务是新加入的，这样立法者可能无意中不可低估

---

① 《关于〈中华人民共和国反不正当竞争法（修订草案）〉的说明》，《中华人民共和国全国人民代表大会常务委员会公报》2017年第6号，第810页。
② 德文版：ZChinR 2007，第307页以下。
③ 德文版：Chinas Recht v. 30. 8. 99/2。2017年12月27日，该法进行了小范围的修订，第13条第2款第3项和第14条第1款被删去，以及第50条第1款关于严重情形时的处罚期限得到了修订。
④ 《关于〈中华人民共和国反不正当竞争法（修订草案）〉的说明》，《中华人民共和国全国人民代表大会常务委员会公报》2017年第6号，第810页。
⑤ 在8月末召开会议之后，全国人大常委会又一次公开经过修订的草案，供公众讨论。

地扩大了一般条款的适用范围,①因为至少根据字面意思,违反现行法律就可能依据"反法"导致民事责任,而并不仅限于违反例如"反法"之外的、以市场行为为对象的法律条文。②"生产和经营"代替了此前使用的"市场交易"的概念,这样可能扩大了"反法"的适用范围。③此外,修订后的"反法"不再要求仅须遵守"公认的"商业道德,造成对个人道德或社会道德进行考察的风险,④该风险本来根据最高人民法院2011年公布的意见⑤已足以避免。

与"反法"第2条第1款的变动相适应,对"反法"第2条第2款的不正当竞争行为和第2条第3款的经营者的法律定义也进行了修订。根据"反法"第2条第2款,当经营者在生产或经营活动中违反"反法"、扰乱市场竞争秩序以及损害其他经营者或者消费者的合法权益,不正当竞争行为即成立。此前,违反"反法"即已构成不正当竞争,并不考虑是发生在生产、经营中还是在其他时间点这一要件。现在根据法律定义,除了损害经营者,损害消费者也可能导致竞争行为被视为不正当。"反法"第2条第3款的经营者的定义不再基于商品经营和以营利为目的的服务提供,而是增加了商品生产这一规定,不再要求服务具有营利性。

只要未涉及"反法"第二章中列举的类型化不正当竞争行为,司法机关长期以来都将"反法"第2条第1款作为一般条款援用。⑥但在2006年

---

① 郑友德、王活涛:《新修订反不正当竞争法的顶层设计与实施中的疑难问题探讨》,《知识产权》2018年第1期。
② 德国《反不正当竞争法》将违法行为作为不正当竞争行为,但所违反的法律应当以市场行为为调整对象。该法第3a条规定,违反行为市场参与者利益而规制市场行为的法律规定,该违法行为足以显著地损害消费者、其他市场参与者或竞争者利益的,构成不正当竞争行为。——译者注
③ 宁立志:《〈反不正当竞争法〉修订的得与失》,《法商研究》2018年第4期。
④ 宁立志:《〈反不正当竞争法〉修订的得与失》,《法商研究》2018年第4期。
⑤ 《最高人民法院关于充分发挥知识产权审判职能作用推动社会主义文化大发展大繁荣和促进经济自主协调发展若干问题的意见》第24项最后一句。
⑥ 参见吴峻《反不正当竞争一般条款的司法适用模式》,《法学研究》2016年第2期;郑友德、伍春艳《论反不正当竞争法的一般条款——兼论〈反不正当竞争法(修订草案送审稿)〉第二条的完善》,《电子知识产权》2016年第6期,包含司法判决的引用。

通过的也是到目前为止唯一的关于"反法"的司法解释[①]中，最高人民法院放弃了对"反法"第 2 条第 1 款进行解释。在最高人民法院 2015 年发布的第十批指导案例[②]中，第 45 号指导案例[③]将"反法"第 2 条作为一般条款适用。尽管在司法裁判中第 2 条第 1 款的作用看起来似乎明确，但是在文献中，对于将其解释为一般条款的观点既有支持者也有反对者。[④] 反对者的主要观点在于，当时的立法者希望确保行政处罚不会超出在类型化的不正当竞争行为中提到的行为方式，因为如果第 2 条第 1 款被解释为一般条款，行政执法就有作出其他处罚的可能性。[⑤] 但随着《行政处罚法》[⑥] 于 1996 年 10 月 1 日，或者说最迟于 1997 年 12 月 31 日[⑦]起生效（因为《行政处罚法》在生效后仍然为所有截至当时仍然适用的法律规范保留了一段时间用于调整），即便"反法"第 2 条第 1 款被解释为一般条款，在行政执法中适用一般条款的上述可能性不再存在，因为《行政处罚法》第 3 条第 2 款规定，作出行政处罚必须要有法律基础，由于"反法"对于违反第 2 条第 1 款并未设定相应的行政处罚，作出的此种行政处罚无效。行政机关也不能自己为违反该款设定行政处罚，因为根据《行政处罚法》第 10 条以下，行政机关只能在法律框架内对法律明确规定的行政处罚进行细化。因此，立法者

---

① 《最高人民法院关于审理不正当竞争民事案件应用法律若干问题的解释》（后文简称"反法司法解释"），对此参见 Pflüger, GRUR Int. 2007, 789 – 790; Zhou, GRUR Int. 2009, 202 – 203。
② 德文版：ZChinR 2017, 第 302 页以下。
③ 关于这些指导案例的拘束效力参见 Ahl, ZChinR 2012, 第 14 ~ 15 页。
④ 郑友德、伍春艳：《论反不正当竞争法的一般条款——兼论〈反不正当竞争法（修订草案送审稿）〉第二条的完善》，《电子知识产权》2016 年第 6 期，包含引用。
⑤ 王先林：《论反不正当竞争法调整范围的扩展——我国〈反不正当竞争法〉第 2 条的完善》，《中国社会科学院研究生院学报》2010 年第 6 期。
⑥ 德文版：Robert Heuser, Sozialistischer Rechtsstaat und Verwaltungsrecht in der VR China (1982 – 2002), 2003, 第 406 页以下。2009 年 8 月 27 日和 2017 年 9 月 1 日，该法分别在很小的范围内修订：2009 年第 42 条和 61 条调整了对其他法律条款的援引，2017 年在第 38 条添加了一款有关组织性质的条款。
⑦ 《行政处罚法》第 64 条第 2 款。该款规定，"本法公布前制定的法规和规章关于行政处罚的规定与本法不符合的，应当自本法公布之日起，依照本法规定予以修订，在 1997 年 12 月 31 日前修订完毕"。——译者注

在修订"反法"时认为并无修改第 2 条的必要。① 更确切地说,立法者认可了司法裁判的理解。②

因此,立法者把《修订草案》的第 15 条删除,在逻辑上显得与前述观点相吻合,被删去的第 15 条允许行政机关将尚未被"反法"类型化列举的行为认定为不正当竞争行为。③ 将该条删除的理由在于,不正当竞争行为优先作为民法的调整对象,因此不宜为行政机关配备这种能力。④

(二) 类型化的不正当竞争行为

1. 不当利用他人成果

根据原"反法"第 5 条第 1 项,禁止假冒他人的注册商标。另据原"反法"第 5 条第 4 项,禁止在商品上伪造或冒用质量标志,或伪造产地,对商品质量作引人误解的虚假表示。因为该禁止与《产品质量法》⑤、《商标法》⑥乃至原"反法"第 9 条第 1 款⑦重复,故删去。

---

① 在 2017 年 2 月的会议之后公开的草案中,《反不正当竞争法》第 2 条第 2 款尽管一度作出如下改动,行为违反第 2 条第 1 款即可认定为不正当,而无须违反《反不正当竞争法》的具体规定,但是后来又改回了原样。参见《全国人民代表大会法律委员会关于〈中华人民共和国反不正当竞争法(修订草案)〉审议结果的报告》,《中华人民共和国全国人民代表大会常务委员会公报》2017 年第 6 号,第 814~815 页。

② 参见由全国人大常委会法工委经济法室主任主编以及由全程参与修订《反不正当竞争法》的全国人大常委会法工委经济法室的同事编著的《反不正当竞争法》的评注:王瑞贺主编《中华人民共和国反不正当竞争法解读》,中国法制出版社,2017,第 6~7、44 页。

③ 即便《修订草案》第 15 条作出了这样的规定,其对于行政法层面的效果也非常有限,因为其没有规定行政机关也被允许设定相应的处罚。在民法层面已经有《反不正当竞争法》第 2 条第 1 款的一般条款,一般条款涵盖了未被法律列举的情形。因此,这样扩张行政职权的意义并不大。

④ 《全国人民代表大会法律委员会关于〈中华人民共和国反不正当竞争法(修订草案)〉修订情况的汇报》,《中华人民共和国全国人民代表大会常务委员会公报》2017 年第 6 号,第 813 页。

⑤ 德文版: Chinas Recht v. 22.2.93/1。参见《产品质量法》第 5 条和第 53 条有关对产品的质量的标识或产地的虚假描述的禁止,但均仅涵盖商品而无服务。因此对于服务必须援引《反不正当竞争法》第 6 条第 4 款新增的兜底条款。

⑥ 德文版: MarkenR 2014, 第 181 页以下。参见《商标法》第 57 条有关对模仿他人注册商标的禁止。

⑦ 此后不允许企业通过广告或其他方式就产品的质量作出引人误解的虚假陈述。在修订后的《反不正当竞争法》中该条又规定在第 8 条第 1 款。

原则上，禁止擅自使用他人知名商品特有的或者与他人知名商品近似的名称、包装或装潢（原"反法"第 5 条第 2 项）、禁止擅自使用他人的企业名称或者姓名（原"反法"第 5 条第 3 项）的有关规定得以保留，二者均以混淆商品来源为目的，根据"反法司法解释"第 4 条，这种混淆包括误认为与知名商品的经营者具有许可使用、关联企业关系等特定联系。

"反法"第 6 条第 1 项（原"反法"第 5 条第 2 项）现在对"名称、包装、装潢"采用列示性而不再是封闭式的表述。① 此外，相较于以前的"知名商品特有的名称、包装、装潢"，现在采用的是"有一定影响的标识"。"知名"和"有一定影响"这对概念仍然同等适用。② "反法"第 6 条第 2 项（原"反法"第 5 条第 3 项）中同样新增"有一定影响"的要求。③ 此外，该项禁止还扩展至社会组织名称。新增"反法"第 6 条第 3 项，禁止擅自使用他人有一定影响的网站名称、域名主体部分、网页等。就上述三项列举情形而言，（造成）对商品来源的混淆或者与他人存在特定联系的混淆是其目的，其中与"反法司法解释"不同的是，"与他人存在特定联系"现在成为一个独立的目的。在"反法司法解释"第 4 条第 1 款列举的情形之外，存在赞助协议或广告协议是此类特定联系的其他例子。④ 最后，在"反法"第 6 条第 4 项纳入了一条兜底条款。但让人颇感惊讶的是，与第 6 条第 1~3 项（仍需结合第 1 款的要件认定构成可能的混淆）相反，兜底条款（所描述的情形）已足以构成可能的混淆。

2. 商业贿赂

根据原"反法"第 8 条第 1 句，以销售或者购买商品为目的进行贿赂

---

① 最高人民法院在"反法司法解释"第 3 条中将"装潢"具体化为，其中至少包括营业场所的装饰、营业用具的式样、营业人员的服饰，只要经营者以此构成了具有独特风格的整体营业形象。
② 王瑞贺主编《中华人民共和国反不正当竞争法解读》，第 16~17 页；孔祥俊：《论新修订〈反不正当竞争法〉的时代精神》，《东方法学》2018 年第 1 期。
③ 最高人民法院"反法司法解释"已经在第 6 条第 1 款第 2 句对企业名称以及第 6 条第 2 款第 2 句对姓名规定了相应的知名性要求。
④ 王瑞贺主编《中华人民共和国反不正当竞争法解读》，第 17 页。即足以引人误认为存在商业冠名或广告代言等特定联系。——译者注

是被禁止的。"反法"第 7 条第 1 句现在涵盖了更为广泛的适用范围，谋取交易机会或者竞争优势都有可能构成商业贿赂。此外，"反法"第 7 条第 1 款列举了不允许被贿赂的人，包括交易相对方的工作人员、受交易相对方委托的人员，或者利用职权或者影响力影响交易的外部人。对后者而言，通常包括可以对交易相对方作出的决定，或者对交易相对方的工作人员或受交易相对方委托的人员的行为施加影响的国家机关、国有企业及其工作人员。[①]"反法"第 7 条第 3 款明确，经营者为其工作人员从事的商业贿赂行为承担责任，除非经营者可以证明，该工作人员的行为与为经营者谋取交易机会或者竞争优势无关。

3. 误导性宣传

根据原"反法"第 9 条第 1 款，经营者不得通过广告或其他方法对商品的特性作引人误解的虚假宣传。因于 1994 年制定并在 2015 年第一次修订[②]的《广告法》[③]包含了有关虚假广告的详细规定，[④]故在"反法"第 8 条第 1 款中，（原"反法"中的）"用广告或其他方式"这一段被删去。[⑤]此外，该款现在所禁止的商业宣传要么是引人误解的，要么是虚假的。因此，"反法"第 8 条第 1 款包含了不展示广告的引人误解的或虚假的商业宣传。[⑥]在营业场所内对商品进行演示和说明、上门推销、召开宣传会或推介会等属于商业宣传。[⑦]因为商业宣传的概念包括了商业广告，[⑧]"反法"第 20 条第 2 款有关发布虚假广告违反"反法"第 8 条的法律责任，援引了《广告法》的有关规定。

在例如在线交易等新的商业活动的背景下，原"反法"第 9 条第 1 款

---

① 王瑞贺主编《中华人民共和国反不正当竞争法解读》，第 19~20 页。
② 关于第一次修订参见 Richter, ZChinr 2016, 第 104 页以下。
③ 德文版：ZChinR 2016, 第 144 页以下。
④ 参见《广告法》第 28、55、56 条。
⑤ 王瑞贺主编《中华人民共和国反不正当竞争法解读》，第 24~25 页。
⑥ 根据《广告法》第 2 条第 1 款，广告必须通过一定媒介和形式得到传播。
⑦ 王瑞贺主编《中华人民共和国反不正当竞争法解读》，第 25 页。
⑧ 王瑞贺主编《中华人民共和国反不正当竞争法解读》，第 25 页。

示范性地列举的商品特性得到了更新。新的特性包括销售状况、用户评价或曾获荣誉等。被删去的特性[1]同样继续落入"反法"第 8 条第 1 款的适用范围，因为该款的列举不是封闭性的，原"反法"第 9 条第 1 款中的列举也是如此。根据"反法"第 8 条第 1 款，商业宣传必须导致了欺骗和误导消费者的结果。原"反法"第 9 条第 1 款并未规定这一前提。

新增的"反法"第 8 条第 2 款，禁止经营者通过组织虚假交易或者采用其他方法，帮助其他经营者进行虚假或者引人误解的商业宣传。

4. 有奖销售

"反法"第 10 条列举了三种不正当的有奖销售行为。与原"反法"第 13 条的规定相比，删除了一种有奖销售的类型，新增了另一种类型，以及调整了奖金的最高额度。被删除的是禁止利用有奖销售的手段推销质次价高的商品，这是因为，有关具体规定已经包含在《产品质量法》和《消费者权益保护法》[2] 中。[3] 新增的规定为，不得因所设奖的种类、兑奖条件、奖金金额或者奖品等有奖销售信息不明确而影响兑奖，[4] 以此防止经营者通过（提供）过少的信息，给消费者兑奖制造困难，借此降低设奖行为的成本。[5] 根据"反法"第 10 条第 3 款，抽奖式的有奖销售设定的最高奖的金额不得超过人民币 5 万元，此前的上限是人民币 5000 元，最高额随着经济社会的发展以及人民收入的增长而提高。[6]

5. 互联网不正当竞争行为

新增的"反法"第 12 条涉及互联网上的不正当竞争行为。第 12 条第 1 款首先明确规定，"反法"的所有条文同样适用于在互联网上从事生产经营

---

[1] 原"反法"第 9 条第 1 款列出的特性，除了已经被纳入新"反法"的性能和质量，还包括制作成分、用途、生产者、有效期限和产地。
[2] 德文版：ZChinR 2014，第 69 页以下。
[3] 《产品质量法》第 5、32、39 条以及《消费者权益保护法》第 10、23、56 条。参见王瑞贺主编《中华人民共和国反不正当竞争法解读》，第 44 页。
[4] 原国家工商行政管理总局于 1993 年发布的《关于禁止有奖销售活动中不正当竞争行为的若干规定》第 6 条第 1 款已经作出了类似的规定。
[5] 王瑞贺主编《中华人民共和国反不正当竞争法解读》，第 45 页。
[6] 王瑞贺主编《中华人民共和国反不正当竞争法解读》，第 35 页。

的企业。"反法"第 12 条第 2 款列举了在互联网上禁止的行为，经营者不得使用技术手段，妨碍、破坏其他经营者合法提供的网络产品或服务的正常运行。该款非封闭性地列举了未经其他经营者的同意插入链接或强制跳转（第 1 项）、欺骗用户改变或者删除其他经营者的网络产品或服务（第 2 项），或者恶意对其他经营者的网络产品或服务实施不兼容（第 3 项）。"反法"第 12 条第 2 款第 4 项最后包含了一个兜底条款。这些被禁止的行为方式主要来自法院判决。[1] 因此，由于法院判决的特性，"反法"第 12 条第 2 款第 1~3 项的适用范围可能非常有限。[2] 此外根据"反法"第 12 条第 2 款第 3 项，恶意不兼容有可能构成滥用市场支配地位，而后者是反垄断法的一部分，从而可能更适宜由反垄断法进行规制。[3]

（三）行政机关对竞争行为的调查

1. 管辖权

像此前一样，县级以上的工商行政管理机关负责在管辖区域内调查竞争行为的正当性，其可依职权或者应举报等请求而启动调查。[4]

根据"反法"第 5 条第 1 款（原"反法"第 4 条第 1 款），国家鼓励、支持和保护一切组织和个人对不正当竞争行为进行社会监督。新增加的第 16 条对该条规定进行了具体化，第 16 条第 1 款规定，对涉嫌不正当竞争行为，任何单位和个人有权向监督检查部门举报，监督检查部门接到举报后应当依法及时处理。根据第 16 条第 2 款第 1 句，监督检查部门应当向社会公开受理举报的电话、信箱或者电子邮件地址，并为举报人保密。对实名举报并提供相关事实和证据的，监督检查部门应当将处理结果

---

[1] 孔祥俊：《论新修订〈反不正当竞争法〉的时代精神》，《东方法学》2018 年第 1 期。关于一些典型判例的英文概要参见 Chai, GRUR Int. 2018, 第 640 页。

[2] 宁立志：《〈反不正当竞争法〉修订的得与失》，《法商研究》2018 年第 4 期。

[3] 孔祥俊：《论新修订〈反不正当竞争法〉的时代精神》，《东方法学》2018 年第 1 期；郑友德、王活涛：《新修订反不正当竞争法的顶层设计与实施中的疑难问题探讨》，《知识产权》2018 年第 1 期。

[4] 参见《工商行政管理机关行政处罚程序规定》第 16 条。

告知举报人。

2. 行政措施

此前,监督检查部门在监督检查不正当竞争行为时,有权进行询问、要求提供资料,① 查询和复制该资料(原"反法"第17条第1、2款)。在可能的不当利用他人成果的案件中,监督检查部门可以检查相关的财物,以及责令不得转移(原"反法"第17条第3款)。监督检查部门的职权通过此次修法得到了提升,现在其还可以进入经营场所进行检查,查封、扣押财物,以及查询经营者的银行账户。("反法"第13条第1款第1、4、5项)

3. 行政工作人员的义务

"反法"第15条新增了监督检查部门对调查过程中知悉的商业秘密负有保密义务(的规定)。若违反该义务,其工作人员根据"反法"第30条受到相应处罚,处罚的形式在《公务员法》② 第56条中有相应规定。③ 另外,"反法"第30条④同样适用于工作人员滥用职权、玩忽职守、徇私舞弊的情形。⑤

4. 阻碍调查

妨害监督检查部门履行职责,拒绝、阻碍调查的,监督检查部门现在可以依据"反法"第28条前半句对个人处以5000元以下的罚款,对单位可以处以5万元以下的罚款。此前,这种情况必须交由公安机关处理。⑥ 根据"反法"第28条后半句,其仍可移交公安机关,但公安机关不得再次处以罚款,因为根据《行政处罚法》第24条,对于违法行为仅能处以一次罚

---

① 根据原《反不正当竞争法》第17条第2款或新《反不正当竞争法》第13条第1款第3项,资料包括但不限于协议、账簿、单据、文件、记录以及业务函电。

② 德文版:Chinas Recht v. 27. 4. 05/1。2017年9月1日该法在小范围内得到修订,第23条新增了一款,第45条第3款新增了部分,均为对行政工作人员施加的资格要求。

③ 可作出的处罚措施包括:警告,记过,记大过,降级,撤职和开除。

④ 参见"反法"第30条(对应原"反法"第31、32条)。

⑤ 与保密义务相反,该条禁止性规定已经包含在了《公务员法》第53条第9、3、7项中。

⑥ 依据《治安管理处罚法》第50条第1款第2项,可以处以警告、罚款人民币200~500元、拘留5~10日。

款。因此公安机关仅能采取警告或者拘留的措施。

（四）处罚

根据"反法"第 27 条前半句的规定，经营者若违反本法，应当同时承担民事、行政和刑事责任。若其财产不足以支付，应当根据第 27 条首先承担民事责任。该条文主要是对《民法总则》① 第 187 条的复述。② 第 27 条旨在保护受损害者，在实施不正当竞争行为的经营者的财产不足以同时支付损害赔偿和行政罚款或刑事罚金时，使受害者无须与行政机关或司法机关陷入竞争关系。③

1. 民事法律后果

民事请求权条款（"反法"第 17 条第 1 款）现在规定得更为广泛。若因违反"反法"给其他经营者造成损害（原"反法"第 20 条第 1 款），此前（"反法"）仅规定了（受损害的经营者享有）损害赔偿请求权。现在，"损害赔偿"的概念被"民事责任"的概念所取代，因此根据《民法总则》第 179 条，（受损害的经营者）除了（享有）损害赔偿请求权，还享有排除妨害或者赔礼道歉等请求权。不过，在"反法"修订前，受损害的经营者已经可以依据《民法通则》第 106 条第 2 款、第 134 条请求排除妨害或者赔礼道歉。④

受损害者不再仅仅是"经营者"，而是"他人"，例如可以是消费者。令人惊讶的是，"反法"第 17 条第 2 款并未作出与之相应的修改，因为依

---

① 德文版：ZChinR 2017，第 209 页以下。
② 于 2017 年 10 月 1 日生效的《民法总则》的第 187 条规定，仅一部分为新内容。因为 1997 年中国刑法典第 36 条第 2 款已经规定了，只要被告的财产不足以支付，损害赔偿责任必须优先于刑事罚金赔偿。事实上新的内容仅为，当财产不足以支付时，损害赔偿相对于行政罚款优先。自 1996 年施行的《行政处罚法》未作该规定。此外，1987 年制定的《民法通则》第 110 条规定，民事责任不排除行政或刑事处罚。
③ 王瑞贺主编《中华人民共和国反不正当竞争法解读》，第 77 页。
④ 最高人民法院民事判决书（1996）京终字第 264 号；最高人民法院民事判决书（2002）民三终字第 9 号；临沂市中级人民法院民事判决书（2010）临沂民三初字第 34 号；北京知识产权法院民事判决书（2016）京 73 知民终字第 275 号。

据该款规定,仍旧仅有受损害的经营者而非受损害的他人,在其权利因不正当竞争行为遭受损害时,方可向法院起诉。① 这就意味着,消费者或者消费者组织针对违反"反法"的行为必须继续求助于《消费者权益保护法》等法律,但该法相较于"反法"而言对诉权的要求更高。②

在确定损害赔偿的数额时,根据"反法"第 17 条第 3 款,以实际损失为主,以侵权获利为辅。此前,当二者难以确定时,可根据"反法司法解释"第 17 条在特定的违反"反法"的情形③下,适用中国《专利法》或《商标法》关于损失计算的规定,这些规定还额外允许对损害赔偿金额的概括确定。现在对于违反"反法"第 6 条(不当利用他人成果)和第 9 条(侵犯商业秘密),不再需要这种援引,因为根据"反法"第 17 条第 4 款,对于违反其中任意一条规定造成的损害,可以由法院依据行为的轻重概括地确定最高达 300 万元人民币的赔偿。对于违法程度的判断,可以考虑主观过错程度、侵害行为的方式以及其持续时间等因素。④

2. 行政法律处罚

从现在起,行政法律处罚覆盖了每一种类型化的不正当竞争行为。⑤ 此前,违反"反法"第 11 条的商业诋毁并不能被处以行政处罚。对于违反一般条款的,将继续不赋予行政执法机关处罚权。

行政执法机关可使用的处罚措施包括但不限于责令停止违法行为、没收违法商品或违法所得、行政罚款或者吊销营业执照,后者通常仅在情节严重时适用。⑥ 修订后的"反法"对行政罚款的最高额进行了调整,从人民

---

① 在 2016 年国务院公开征求意见的政府草案中还规定了消费者的诉权,但在 2017 年 2 月末向全国人大常委会提交审议的《修订草案》中,消费者的诉权被删去了。
② 参见程子薇《〈反不正当竞争法〉修订视野下的消费者保护研究——以消费者诉权为线索》,《南京大学学报》(哲学·人文科学·社会科学)2018 年第 1 期。
③ 原"反法"第 5 条(不当利用他人成果)、第 9 条(误导性宣传)、第 10 条(侵犯商业秘密)以及第 14 条(商业诋毁)。
④ 王瑞贺主编《中华人民共和国反不正当竞争法解读》,第 78 页。
⑤ 参见"反法"第 18~24 条。
⑥ 吊销营业执照可能适用于违反"反法"第 6 条(不当利用他人成果),在"反法"修订后也适用于违反"反法"第 7 条(商业贿赂)和第 8 条(误导性宣传)。

币20万元提升到人民币300万元。①

根据"反法"第25条,当违反"反法"没有造成危害后果时,行政执法机关可以不予行政处罚,或者当不正当竞争行为的经营者主动消除或减轻违法行为后果时,可以减轻处罚。若经营者因违反"反法"受到行政处罚,根据"反法"第26条记入信用记录并予以公示。这两条规定都是"反法"的新规定,同样也主要是对既存法律规定的复述,"反法"第25条部分地复述了《行政处罚法》第27条。

根据"反法"第29条的规定,行政决定的相对人依旧可以申请行政复议②或者提起行政诉讼③。④

3. 刑事法律处罚

与德国"反法"第16条及其以下条款的规定不同,"反法"并未包含刑事处罚的构成要件。

换句话说,之前的"反法"在部分条文中作了附加规定,当一个特定的行为构成犯罪时,例如销售伪劣商品,当事人需要承担刑事法律责任。⑤这些附加规定现已被完全删除,取而代之的是,"反法"第31条作了一般

---

① 该最高额适用于所有类型化的不正当竞争行为,除了违反第6条(不当利用他人成果:5倍违法收入)、第8条(误导性宣传:人民币200万元)以及第10条(不正当有奖销售:人民币50万元)。

② 对此的法律基础为《行政复议法》。德文版:前引Robert Heuser书,第318页以下。2009年8月27日和2017年9月1日,该法分别在很小的范围内发生修订。2009年第30条中的措词"征用"改成"征收"。2017年第3条加入了组织的性质一款。

③ 对此的法律基础为《行政诉讼法》。德文版:ZChinR 2015,第384页以下。关于该法2014年第一次修正参见Sprick, ZChinR 2015,第349页以下。2017年6月27日该法被小幅修改,第25条扩展了一款,涉及行政机关不作为时检察机关的权力。

④ 在修订之前,根据原"反法"中相应的规定,只有对行政处罚决定可以申请行政复议或者提起行政诉讼,而对一般的行政决定则不行。此外还包含可以申请复议或复议未果后可以起诉的期限。提起行政复议的期限是15日,即便与1999年生效后《行政复议法》的第9条相抵触,后者规定的是60天,而且不得低于该期限。

⑤ 原"反法"第21条第2款为销售伪劣商品、第22条为商业贿赂、第31条为行政机关工作人员滥用职权和玩忽职守以及第32条为行政机关工作人员徇私舞弊。因为1993年适用的刑法典仅为这些行为设置刑罚,因此在"反法"中,侵害商业秘密(原第25条)或者误导性宣传(原第24条)等(类型化的不正当竞争行为)一开始未被纳入有关刑事处罚的相应附加部分。

性的规定,即违反"反法"并构成犯罪者,应承担刑事法律责任。在中国刑法典修订的背景下,这种处理看起来比个别列举的方式更为实用。①

(五) 删除的规定

因为在 1993 年"反法"通过的时候,《反垄断法》和《招标投标法》尚不存在,"反法"中采纳了一些在通常情况下规定在《反垄断法》或《招标投标法》中的规定。随着 1999 年《招标投标法》和 2007 年《反垄断法》的通过,这些规定显得过时,有些地方甚至相互冲突。② 因此共有 8 个与《反垄断法》③ 和《招标投标法》④ 有关的条文被删除,并且没有替代性条文。此外,删除了原"反法"第 16 条有关行政机关的监督检查权限的规定,该条款与原"反法"第 3 条第 2 款没有重大差别,删除了原"反法"第 18 条关于行政工作人员在进行调查时的出示检查证件义务的规定,以及删除了原"反法"第 28 条含有的对违反原"反法"第 17 条第 3 款的保管义务的处罚条文。

三 结语

从"反法"的修订来看,立法者承认了"反法"第 2 条的一般条款地

---

① 因为不然的话,"反法"需要对刑法典的每一处改变进行相应的调整。1997 年《刑法》大修,导致侵害商业秘密(《刑法》第 219 条)、商业诋毁(《刑法》第 221 条)以及误导性宣传(《刑法》第 222 条)等被纳入刑法典成为新的犯罪构成。但并未导致这样的结果——仅仅因为在原"反法"中欠缺了刑事追究的附加规定,一个根据原"反法"第 10 条侵害商业秘密的行为不能依据刑法第 219 条受到刑事处罚。因此,"反法"第 31 条甚至完全可以被放弃,除非"反法"第 31 条被立法者视为对违反"反法"同样会导致刑事责任的指引。

② 《关于〈中华人民共和国反不正当竞争法(修订草案)〉的说明》,《中华人民共和国全国人民代表大会常务委员会公报》2017 年第 6 号,第 810 页。

③ 原"反法"第 6 条(公用企业限定购买商品)、第 7 条(行政机关限定购买商品以及限定本地市场)、第 11 条(低价倾销)、第 12 条(搭售)以及在"反法"第 23、30 条规定的相应的处罚条款。在《反垄断法》中的第 17、32、33、47、51 条可以找到相应的条文。

④ 原"反法"第 15 条(投标者串通)以及规定在第 27 条中的相应的处罚条文。在《招标投标法》第 32 条和第 53 条中可以找到相应的规定。

位。另一方面，将"遵守法律"增加到该条款，使一般条款的适用范围似乎没有了限制，但可以通过修订"反法司法解释"对此予以补救。现在，类型化的不正当竞争行为规定更加细致，增加了互联网条款，减少了对一般条款的援用。其他积极的地方是，在整部法律中，与其他法律重合的地方得以调整。在这个背景下，出人意料的是，立法者又将一些已在其他法律中加以规定的条文纳入了"反法"，以至于"反法"变得冗长。此外，提高行政处罚是与时俱进的。遗憾的是，未在"反法"中赋予消费者协会诉权。

征稿启事

《知识产权与市场竞争研究》是由武汉大学知识产权与竞争法研究所、湖北省法学会竞争法学研究会联合主办，由武汉大学知识产权与竞争法学科带头人宁立志教授担任主编的以书代刊形式的学术性连续出版物，每年出版两辑。本刊力求汇集百家观点、砥砺学术思想、凝聚学术共识、研拟法治策略，赓续往学，推陈出新，力争为推动中国知识产权法与竞争法理论与实务研究的不断深入和发展略效绵力。在此，热诚期盼学术界、监管部门、司法部门以及其他对知识产权与市场竞争理论和实践问题感兴趣的各界贤达赐稿！

作为知识产权法与竞争法以及两者交叉领域学术传播和思想交流的重要园地，《知识产权与市场竞争研究》始终坚持在选稿、用稿上的科学标准，突出学术导向，追求学术创新，鼓励学术争鸣，弘扬学术精神，尤其强调贴近中国现实，服务中国进步。每辑拟设"本辑特稿""理论聚焦""学术专论""判解/实务研究""域外法治"等栏目，不划界自囿，不拘泥于稿件类型和作者身份，要求来稿选题新颖，内容充实，观点明确，论证严谨。来稿篇幅以1万~2万字为宜，并在正文前加列"内容提要"与"关键词"。内容提要为文章主要观点之提炼，字数一般控制在300字以内，关键词一般为3~6个。

为保证用稿质量和水平，《知识产权与市场竞争研究》将采用双向匿名审稿制。稿件一经刊用，编辑部将给予适当稿酬，并采取"优稿优酬"原则。来稿请以电子邮件的方式惠寄至编辑部专用邮箱：whuiprmc@163.com。请在邮件的标题中注明作者姓名和文章题目。所有稿件请采用Word文档格式，以保证文字信息的兼容性。

《知识产权与市场竞争研究》编辑部

图书在版编目(CIP)数据

知识产权与市场竞争研究. 第 6 辑 / 宁立志主编. --
北京：社会科学文献出版社，2020.11
　ISBN 978 - 7 - 5201 - 7573 - 9

　Ⅰ.①知… Ⅱ.①宁… Ⅲ.①企业 - 知识产权 - 关系
- 市场竞争 - 研究 - 中国　Ⅳ.①D923.404

中国版本图书馆 CIP 数据核字(2020)第 214902 号

知识产权与市场竞争研究 第 6 辑

主　　编 / 宁立志

出 版 人 / 谢寿光
组稿编辑 / 刘骁军
责任编辑 / 易　卉
文稿编辑 / 张　娇

出　　版 / 社会科学文献出版社·集刊分社 (010) 59367161
　　　　　 地址：北京市北三环中路甲 29 号院华龙大厦　邮编：100029
　　　　　 网址：www.ssap.com.cn
发　　行 / 市场营销中心 (010) 59367081　59367083
印　　装 / 三河市龙林印务有限公司

规　　格 / 开本：787mm × 1092mm　1/16
　　　　　 印 张：18.25　字 数：263 千字
版　　次 / 2020 年 11 月第 1 版　2020 年 11 月第 1 次印刷
书　　号 / ISBN 978 - 7 - 5201 - 7573 - 9
定　　价 / 98.00 元

本书如有印装质量问题，请与读者服务中心 (010 - 59367028) 联系

▲ 版权所有 翻印必究